WINE

BASIC
와인 & 소믈리에 서비스

김효근 저

SEROMI

머리말

신이 인간에게 내려준 가장 아름다운 선물인 와인은 현대 사회에 있어서 중요한 테이블문화가 되었다. 가족모임, 비즈니스 미팅, 친목회의, 와인애호가 동호회, 연인사이에도 자연스럽게 찾을 수 있는 음료가 된 것이다. 이러한 사회적 요구에 따라 호텔을 비롯한 외식업계에서는 보다 매력적이고 우수한 와인을 구입하여 소믈리에의 세련된 서비스를 통해 고객에게 제공하고 있다.

오늘도 많은 학생들이 대학을 비롯한 교육훈련기관에서 소믈리에게 요구되는 와인 이론과 현장실무를 습득하고 있다. 하지만 생소한 외국어 표기와 까다로운 매너, 서비스요령은 그들의 자연스러운 접근을 막는 걸림돌이 되고 있으며, 기존의 많은 저서들은 내용의 범위와 깊이가 너무 심오하여 처음 와인을 접하는 학생들과 일반인들에게 많은 어려움을 주고 있는 실정이다.

따라서 본서는 와인을 처음 배우기 시작하는 초보자와 소믈리에가 되기를 희망하는 전공학생들에게 요구되는 기본적인 소믈리에 서비스 실무와 와인에 대한 기초적 이론을 알기 쉽게 체계적으로 정리하여 제시하였다. 또한 생소한 와인용어를 명확히 부록에 설명하였다. 본서는 저자의 독창적 기술 뿐 만 아니라 국내외 저서와 연구논문, 간행물을 참조하여 집필하였다. 이를 통하여 세련된 와인매너와 서비스 습득을 위한 초석이 되기를 간절히 희망한다. 하지만 의욕으로 자신 있게 시작하였으나 다소 부족함이 있음을 깊이 자성하면서 이에 대한 비판과 평가도 겸허하게 받아 향후 수정하고 보완할 것을 약속드린다.

끝으로 본서가 출간되기까지 많은 자료와 조언을 해 주신 국제소믈리에학회 여러 교수님께 감사드리며, 지원을 아끼지 않은 새로미 출판사 모흥숙 대표님과 편집부에도 이 기회를 통해 감사를 드린다.

2022년 8월 저자 올림

머리말 3

제1부 와인의 이해

제1장 와인의 개요 10

1. 와인의 개념 10
2. 와인의 역사 12
3. 와인의 분류 16
4. 와인의 건강 21

제2장 포도재배 24

1. 떼루아 24
2. 포도재배 28

제3장 포도품종 32

1. 레드와인 주요 포도품종 33
2. 화이트와인 주요 포도품종 41

제 4 장 **와인제조** 48

1. 와인제조 과정 49
2. 와인별 와인제조 특성 54

제 5 장 **와인테이스팅** 64

1. 시각에 의한 테이스팅 64
2. 후각에 의한 테이스팅 67
3. 미각에 의한 테이스팅 71
4. 테이스팅에 대한 총평 73

제 6 장 **국가별 와인** 76

1. 프랑스와인 76
2. 이탈리아와인 95
3. 독일와인 102
4. 스페인와인 109
5. 포루투갈와인 115
6. 호주와인 121
7. 미국와인 124
8. 칠레와인 128
9. 아르헨티나와인 131
10. 뉴질랜드와인 134
11. 남아프리카공화국와인 136
12. 한국와인 137

제2부 와인서비스의 이해

제1장 와인서비스 기물관리 ········ 142

1. 와인글라스 ········ 142
2. 와인오프너 ········ 145
3. 와인쿨러(Wine Cooler) ········ 146
4. 디켄더(Decanter) ········ 147
5. 와인 스톱퍼(Wine Stopper) ········ 147
6. 와인 베큠 세이버(Vacuum Saver) ········ 148
7. 와인셀러(Wine Cellar) ········ 149

제2장 와인구입 ········ 150

제3장 와인서비스 ········ 154

1. 와인서비스의 개요 ········ 154
2. 와인과 서비스 온도 ········ 156
3. 와인 추천과 주문 ········ 157
4. 와인서비스 요령 ········ 159
5. 고객 불평불만 관리 ········ 165

제4장 와인보관 및 저장관리 ········ 171

1. 와인보관 ········ 171
2. 와인 저장관리 ········ 173

제5장 와인과 음식 ··· 175
1. 와인과 음식 ··· 175
2. 와인과 치즈 ··· 177

제6장 와인영업장 경영 ··· 186
1. 식음료원가관리의 이해 ··· 186
2. 식음료원가계산의 이해 ··· 188
3. 음료의 원가계산 ··· 194

제7장 와인소믈리에 ··· 195
1. 와인소믈리에의 기본자세 ··· 195
2. 와인소믈리에의 직무 ··· 212

부록

부록1 와인 용어 해설 ··· 218

부록2 와인매너와 상식 ··· 253

참고문헌 ··· 258

WINE

BASIC
와인 & 소믈리에
서비스

제1부

와인의 이해

제1장. 와인의 개요

제2장. 포도재배

제3장. 포도품종

제4장. 와인제조

제5장. 와인테이스팅

제6장. 국가별 와인

제1장

와인의 개요

1 와인의 개념

우리 인간의 신체 구성요건 가운데 약 70%가 물이라고 한다. 그리고 이를 유지하기 위해 끊임없이 수분을 보충해야만 생명을 유지할 수 있다. 인간의 생명과 밀접한 관계를 가지고 있는 것이 물, 즉 음료라는 것을 생각할 때 음료가 우리 일상생활에 있어서 얼마나 중요한 것인가를 실감하게 된다. 하지만 현대인들은 여러 가지 공해로 인하여 순수한 물을 마실 수 없게 되자 대체할 음료를 연구하고 개발하게 되었다. 이에 여러 가지 음료가 등장하게 되어 그 종류가 다양해졌으며 나아가 각자의 기호에 맞는 음료를 선택할 수 있는 단계에 이르게 되었다.

음료라고 하면 우리 한국인들은 주로 비알콜성 음료만을 뜻하는 것으로 알콜성 음료는 '술'이라고 구분해서 생각하는 것이 일반적이다. 하지만 음료는 크게 알콜성 음료(Alcoholic Drink)와 비알콜성 음료(Non Alcoholic Drink)로 구분되는데, 알콜성 음료는 술을 의미하고, 비알콜성 음료는 청량음료, 영양음료, 기호음료 등을 의미한다. 우리나라 주세법에서는 알콜 1% 이상 함유한 음료를 술로 정의하고 있으며 의약품인 경우 6% 이상인 경우 모두 술로 인정하고 있다.

하지만 서양인들은 음료에 대한 개념이 우리와 다르다. 물론 음료라는 범주에서 알콜성, 비알콜성 음료로 구분을 하지만 마시는 것은 통칭 음료라고 하며 어떤 의미로써는 알콜성 음료로 더 짙게 표현되기도 한다.

와인은 넓은 의미로서 과일에서 추출한 단맛을 지닌 과일즙에 효모를 넣어 발효시킨 만든 모든 종류의 알코올성 음료이며, 좁은 의미로서는 적포도와 청포도를 으깨어 나온 과즙의 당분(포도당과 과당)이 자연발생적인 과정의 발효가 되면서 알코올로 변화되어 풍부한 유기산과 복잡한 풍미를 지닌 천연 그대로의 신이 인간에게 준 최고의 선물인 살아있는 음료이다.

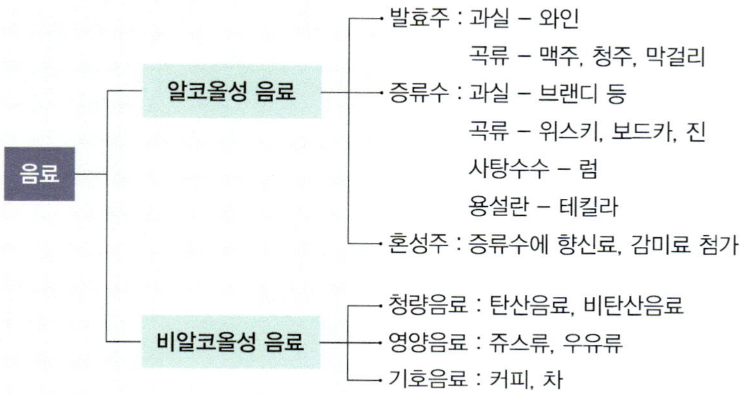

그림 1-1 음료의 분류

와인의 어원은 '포도나무로부터 만든 술'의 라틴어 비넘(Vinum)으로 이탈리아의 비노(Vino), 독일의 바인(Wein), 프랑스의 뱅(Vin), 포르투갈의 비뇨(Vinho), 미국과 영국의 와인(Wine)으로 불리고 있다.

와인의 맛은 토질, 기온, 강수량, 일조시간 등 자연조건과 포도재배방법, 양조기술에 따라 나라마다 지방마다 와인의 향과 맛의 품질에 차이가 있다.

지구상에는 약 8,500종정도의 포도종류가 있다. 하지만 모든 포도로 와인을 제조할 수 있는 것은 아니다. 이중에서 와인을 만들 수 있는 양조용 포도(Vitis Vinifera)는 약 100종 정도에 불과하다. 양조용 포도는 식용포도에 비해 포도알이 작고 촘촘하며 껍질이 두껍다. 특히 당도와 산도의 함유가 높으며 당분을 알코올과 탄산가스로 분해시킬 수 있는 천연 효모의 양이 많은 특징을 가진다.

포도나무는 5년이 지나야 상업용으로 사용될 수 있으며, 10~15년이 지나면 최고의 와인을 생산할 수 있고, 평균 수명은 30~40년 정도이다. 알카리성 음료인 와인 한병 (750ml)을 생산하는데 필요한 포도의 양은 약 1kg정도로서 와인 한 병을 마시는 것은 포도 1kg을 먹는 것과 같다.

2 와인의 역사

인류는 자신이 숭배하는 신에게 와인을 바쳤으며 의식, 축제, 상거래 등에서 매우 중요한 수단으로 사용하였다. 아직까지 와인을 누가 처음 발명했는지는 아무도 모르지만 그리스 신화에 나오는 술의 신 디오니소스(Dionysus)는 인류에게 와인 만드는 법을 가르쳐 주었다고 전하고 있으며, 플라톤(Plato)은 '와인은 신이 인간에게 내려준 최고의 선물'이라고 하였으며, 히포크라테스(Hippocrates)는 '알맞은 시간에 적당한 와인을 마시면 인류의 질병을 예방하고 건강을 유지할 수 있다'고 주장한 것으로 보아 와인은 이들 시대 이전에 이미 제조되고 소비된 것으로 추정되고 있다.

인류가 최초로 포도를 이용한 시기는 크로마뇽인들이 라스코동굴 벽화에 그린 포도 그림을 통해 약 30,000~40,000년 전으로 추정하고 있다. 신석기시대에 토기가 등장하면서 고대인들은 어느 한 곳에 정착해서 농사를 짓고 음식을 보관한 것으로 보아 포도농사를 지어 그 즙으로 와인을 만들어 토기에 보관했을 것으로 추측하고 있다. 즉 와인은 인류에 있어 원시 유목생활에서 농경 문명사회로의 변화를 의미한다. 인류 역사에 처음으로 포도경작이 있었던 곳은 BC 8,000년경 코카서스산맥과 더불어 티그리스와 유프라테스 두 강의 하류에 있는 메소포타미아 유역의 흑해 연안의 그루지아로 알려지고 있다. BC 7,500년경 이집트와 메소포타미아에서 발견된 와인 저장실, BC 4,000~3,500년에 사용된 와인을 담은 항아리, BC 3,500년경 사용된 것으로 보이는 이집트의 포도재배, 와인제조법이 새겨진 유물 등이 있다. 그 후 BC 2,000년 바빌론의 함무라비 법전에 와인에 관련된 최초의 기록으로 주벽이 있는 자에게는 와인을 팔지 못한다거나 와인을 과도하게 마셔서는 안 되고, 와인에 물을 섞는 것을 금지한다는 등의 상거래에 대한 내용이 기록되어 있다. 이후 포도를 압착하던 도구가 유물로 남아 있는 것을 보면 대략 6,000년 전부터 본격적으로 인류가 와인을 만들어 마시기 시작한 것으로 추측하고 있다.

지중해 연안의 온난한 기후에서 최대의 자연환경으로 자라던 포도 재배와 와인을 양조한 그리스인들에 의해 발견되었고 유럽전역, 영국일부, 지중해 연안의 아프리카 지역을 식민지로 가진 로마시대에 이르러 더욱 부흥을 맞는다. 이때 조성

그림 1-2 와인의 역사

된 포도재배지역은 프랑스의 마르세이유 부근, 론지방, 보르도, 부르고뉴, 독일의 라인 강 유역 등이다. 하지만 로마제국이 몰락하면서 게르만족의 침입으로 사회가 혼란해지고 인구감소, 포도경작지 황폐화 등이 초래되어 포도주생산량은 줄고 기술은 퇴보한 와인의 암흑시대를 맞이하게 된다.

이후 십자군 원정과 수도원(동 페리뇽, Dom Perignon, 1639~1715의 샴페인 제조법 발견)의 활발한 노력으로 다시 부흥을 맞이하고 파스퇴르의 발견(1860, 미생물에 의해 발효와 부패가 발생한다.)과 와인 기술(포도재배와 양조기술)은 수도원(베네딕트 수도원, 시토 수도회 등)을 중심으로 기독교 전파와 함께 점차 프랑스, 이탈리아, 독일 등으로 보급되어 발전하게 된다. 프랑스와 영국의 백년전쟁(1337~1453), 영국과 포르투갈의 메쑤언조약(Methuen Treaty, 1703), 프랑스 대혁명(1789~1799), 필록세라(philloxerra, 1860~1880) 등이 역사적 사건이 와인산업에 큰 영향을 끼쳤다.

그림 1-3 백년전쟁, 프랑스대혁명

근대에 들어서는 생활의 향상과 명문 와인 샤또의 등장, 와인병에 넣어 보관하는 방법의 개발, 편리한 운반 교통(도로, 운하, 철도 등)의 발달 등으로 생산과 교역이 활발해졌으며, 아시아개발도상국의 경제가 발전함에 따라 와인의 보급은 더욱 왕성하게 진행된다. 제1차 세계대전과 금주법, 대공황과 제2차 세계대전으로 인해 세계의 와인산업은 큰 타격을 받았지만 프랑스의 원산지등록제도 등의 와인품질관리 노력에 힘입어 발전하게 된다. 현대에는 와인양조기술의 발달에 의해 유럽 전통 와인생산국 뿐만 아니라 신흥 와인생산국(미국, 호주, 남아프리카공화국, 칠레, 아르헨티나 등)에서도 양질의 와인을 생산하고 있으며, 오늘날에 전 세계 약 50개국의 850만 헥타르의 포도원에서 연간 약 250억 병의 와인이 생산 소비되고 있다.

서양의 포도나무는 BC 128년 한나라 때 실크로드를 개척한 장건이 포도묘목을 중국으로 가져오면서 아시아에 알려지게 되었다. 국내 와인의 역사는 중국 원나라 세조가 사위인 고려 충렬왕에게 포도주를 하사한 기록이 있으며 인조 14년(1636) 대일통신부사 김세렴이 서구식 레드와인을 대마도에서 마셨다는 기록이 있으며, 1653년 네덜란드 하멜이 제주도에 상륙하여 레드와인을 지방관에게 상납했

그림 1-4 동 페리뇽 . 파스퇴르

다는 기록이 있다. 고종시기 독일인 오펠트가 레드와인, 세리와인, 샴페인은 고종 3년, 보르도와인은 고종13년, 사과주는 고종24년, 포트와인은 고종20년, 브랜디, 럼, 진, 위스키 등이 전해지게 된다. 조선시대에 비로서 포도가 재배되기 시작하였다(증보산림경제, 임원경제십육지).

이후 구한말 외국 선교사들과 천주교 신부들에 의해 와인에 대한 관심을 가지게 된다. 해방 후 상업적인 와인의 수입은 금지되었으며 관광호텔에서만 외국 와인을 수입판매하였다. 국내에서 생산된 국산와인이 정식으로 생산된 것은 1968년 5월 농어촌개발공사가 일본 산토리사와 합자로 한국산토리(주)를 설립하여 선리프트와인, 로제와인, 팸 포트와인이다. 이후 1970년대부터 해태주조, 동양맥주, 백화양조, 진로, 금복주, 태양 등이 포도원을 조성하여 올림피아, 위하여, 노블와인, 샤또몽블르, 엘레지앙, 그랑주아 등을 생산하였으며 1980년대 국내산 와인생산의 전성기를 가진다. 특히 독일의 양조기술을 바탕으로 경북 청하와 경남 밀양에 포도원을 조성하여 리슬링과 세이벨, 무스캇을 재배하여 현재까지 국내 와인으로 유명한 마주앙(현재 수입원액과 국산포도원액 블랜딩)이 유명하다. 1987년 와인수입개방으로 발전의 계기가 마련되었다. 1983년부터 1987년까지 국내 경기의 호조와 저알코올선호, 건강 중시의 소비패턴으로 고성장세를 보였으나, 이후 고급맥주와 생맥주의 등장, 수입와인사의 공격적 마케팅전략과 고품질에 고전을 면하지 못하고 있다. 특히 최근에는 각국과의 자유무역협상으로 불리한 상황에 놓여 있다. 국내 와인은 자연조건에 의한 와인제조 포도재배의 한계에 따라 어려움을 겪고 있으며 대개는 현지에서 상표를 붙여서 가져오는 O.E.M. 방식이며, 국산 레드와인이라고 해야 수입원액과 혼합하여 우리 상표를 붙여 파는 정도만 하고 있는 실정이다. 최근에는 와인에 대한 관심과 와인을 마시는 인구가 증가함에 따라 농가형 와이너리(충북 영동, 경북 영천, 전북 무주 등)은 증가하고 있는 추세를 보이고 있다.

3 와인의 분류

전 세계의 수많은 와인은 이름도 성격도 다양하다. 와인초보자들이 처음에 힘들어하는 점은 너무 많은 와인종류가 있기 때문이다. 하지만 와인은 크게 색깔, 당도함량, 용도, 무게감, 탄산가스 유무, 알코올 도수, 저장기간, 생산지역에 따라 구분하여 설명할 수 있다.

1) 색깔에 의한 분류

(1) 레드와인(Red Wine)

제조과정에서 적포도의 씨앗, 껍질, 알맹이를 모두 사용하며 제조시간의 길이에 따라 적포도의 껍질 속에 있는 색조(안토시아닌) 및 탄닌 성분으로 적색과 떫은맛의 차이가 난다. 일반적인 알코올 농도는 12~14% 이며, 상온(섭씨 18~20도)에서 마신다.

(2) 화이트와인(White Wine)

제조과정에서 적포도와 청포도의 알맹이만을 사용하며 탄닌 성분이 레드와인보다 상대적으로 적어 맛이 상쾌하며 과일향이 풍부하다. 일반적인 알코올 농도는 10~13% 이며, 섭씨 8~12도로 반드시 차게 해서 마신다.

(3) 로제와인(Rose Wine)

레드와인과 같이 주로 적포도를 원료로 사용하지만 제조과정에서 발효 초기과정에서나 중간에 포도의 껍질을 제거함으로써 엷은 붉은 색이나 분홍색을 띤다. 보존기간이 짧으면서 오래 숙성하지 않고 마시게 되는 로제와인은 색깔로는 화이트와인과 레드와인의 중간이지만 맛은 화이트와인에 가깝다. 일반적인 알코올 농도는 8~10%이며, 섭씨 10~12도에서 마신다.

2) 당도 함량에 의한 분류

(1) 드라이와인(Dry Wine)

포도즙의 발효과정에서 포도당이 모두 발효되어 단맛이 거의 없는 와인(잔류 당이 0.2% 이내)으로서 식전용이나 식사 중에 음식과 함께 주로 마신다.

(2) 미디엄 드라이와인(Medium Dry Wine)

포도즙의 발효과정에서 약간의 포도당이 남아있어 약간 단맛이 나는 와인이다.

(3) 스위트와인(Sweet Wine)

포도즙의 발효과정에서 포도당이 남아있는 단맛이 나는 와인으로 디저트와인이다. 대표적인 와인으로는 프랑스 보르도의 소테른 바작지역의 디저트 와인, 헝가리 토카이, 독일 모젤지역 와인 중 베렌아우스레제, 트레켄베렌아우스레제(TBA)급의 와인이 있다.

3) 용도에 의한 분류

(1) 식전용 와인(Aperitif Wine)

손님에게 권하는 첫 번째 와인으로 식사 전에 입맛을 돋우어주는 와인으로서 스파클링 와인이나 드라이한 맛의 화이트와인 또는 드라이 쉐리 와인, 마데이라, 캄파리, 드라이 버무스가 있다.

(2) 식사용 와인(Table Wine)

메인 요리와 함께 마시는 와인으로서 모든 와인이 가능하다. 단 음식과 어울리는 와인선택이 중요하다.

(3) 식후용 와인(Dessert Wine)

식사 후에 입안을 개운하게 하기 위해 마시는 와인으로서 후식과 함께 마시는 단맛의 스위트와인으로 포트와인, 크림쉐리와인, 스위트한 샴페인 등이 있다.

4) 무게감에 의한 분류

(1) 풀 바디 와인(Full bodied Wine)

입 안에서 무겁게 채워주는 듯한 진한 맛의 와인으로서 오래 숙성시켜 알코올 도수가 높거나 탄닌 성분이 많아서 특유의 우아한 향과 부드러운 맛을 가진 와인으로 까베르네 소비뇽으로 만든 와인이 주로 해당된다.

(2) 미디엄 바디 와인(Medium bodied Wine)

입 안에서 무겁지는 않지만 적절한 무게감을 느낄 수 있는 와인으로서 풀바디 와인보다는 부드럽고 라이트바디 와인보다는 다소 중후한 맛을 가진다.

(3) 라이트 바디 와인(Light bodied Wine)

가볍고 경쾌한 맛을 느낄 수 있는 와인으로서 프랑스 보졸레 지역의 와인(보졸레 누보)과 로제와인이 있으며 약간 차게 마시는 것이 좋다.

5) 탄산가스 유무에 의한 분류

(1) 비발포성 와인(Still Wine)

대부분의 와인으로서 포도당이 분해되는 과정 중에 발생되는 탄산가스를 완전히 제거한 와인이다.

(2) 발포성 와인(Sparkling Wine)

발효가 끝난 일반와인에 다시 설탕을 추가하여 다시 발효를 거쳐 와인 속에 기포가 있는 와인으로서 프랑스 샹파뉴지방의 샴페인, 알자스, 부르고뉴의 크레망(Crement), 뱅무스(Vins mousseux)과 이탈리아의 스푸만테(Spumante), 독일의 섹트(Sect)가 대표적이며 알코올 농도는 9~14%, 대부분이 화이트와인이며 맛은 드라이한 것에서부터 매우 스위트한 것까지 다양하다. 대개 3~4기압 정도로 탄산가스가 농축되어 있다.

6) 알코올 도수에 의한 분류

(1) 주정강화 와인(Fortified Wine)

와인제조 과정에서 높은 알코올도수의 와인과 변질을 방지하기 위하여 증류주를 첨가한 와인으로서 알코올 농도는 18~21%이다. 식전주, 식후주, 칵테일의 베이스 또는 요리의 풍미를 더하기 위해 사용되며 디저트와인으로 마시기도 한다. 프랑스의 뱅 두 리퀘르, 뒤보네(Dubonnet), 스페인의 쉐리와인, 포르투갈의 포트와인, 마데이라, 베르무트(Vermoth) 등이 유명하다.

(2) 비강화 와인(Unfortified Wine)

알코올을 첨가하지 않은 일반적으로 마시는 와인이다.

7) 저장 기간에 의한 분류

(1) 영 와인(Young Wine)

발효과정이 끝나면 별도로 숙성기간을 거치지 않고 바로 병에 담아 판매되거나 1~2년 보관이 가능한 품질이 낮은 저가와인이다.

(2) 올드 와인(Old Wine)

발효가 끝난 후 지하 창고에서 5~15년 이상의 숙성기간을 거친 품질이 우수한 와인이다.

(3) 그레이드 와인(Great Wine)

발효가 끝난 후 지하 창고에서 15년 이상의 숙성기간을 거친 품질이 우수한 최고급와인이다.

8) 생산 지역에 의한 분류

(1) 구세계 와인(Old World Wine)

유럽에서 생산되는 와인으로서 전통의 와이너리와 생산지역을 중시하며 섬세하다.

(2) 신세계 와인(New World Wine)

자본력과 양조기술을 기반으로 포도품종을 중시하며 과일의 향과 맛이 강하다.

4 와인의 건강

오래 전부터 와인이 건강에 좋다는 것은 민간요법이나 과학적이고 객관적으로 알려진 사실이다. 역사적으로 와인은 단순히 술이라기보다는 전투에 나가는 군인들의 필수품이었으며, 특히 물이 좋지 않은 유럽에서는 세균 감염을 방지하기 위해서 와인을 물에 타서 마셨으며, 소화불량과 두통 등 질병치료 목적으로 사용되기도 하였다.

예로부터 와인은 신이 내려주신 '생명의 물'로 부를 정도로 건강에 도움을 주는 술로서, 의학의 아버지라 불리는 히포크라테스는 '적당한 양의 와인으로 질병을 치료할 수 있다.'고 했고, 알렉산더(Alexander)는 '와인은 정신에 도움이 되는 음식이고, 고기는 육체에 도움이 되는 음식이다.'라고 칭하였으며, 플라톤은 '와인은 노인의 간호사다.'라고 했으며, 파스테르(Pasteur)는 '와인은 최고의 건강 음료이며 가장 위생적인 음료이다.'라 칭하였다.

얼마 전 까지만 해도 미국 사람들은 맥주나 칵테일을 즐겨 마셨다. 1991년 미국의 텔레비전 방송에서 '프렌치 패러독스(French Paradox)'를 방송하면서부터 와인 소비량이 급속도로 증가하였다. 프랑스 사람들의 지방 섭취량은 미국 사람들 보다 많고, 콜레스테롤 수치도 비슷한데, 심장병 사망률은 미국의 경우 인구 10,000명당 182명인데 비해 프랑스는 102~105명 정도로 낮게 나타난 것이다. 프랑스에서도 와인이 많이 생산된 지역(툴루즈 지방)에서는 다른 프랑스 지방에 비해 심장병 사망률이 78명이었다. 이에 대한 원인은 버터 섭취가 적고 빵, 채소, 과일, 치즈, 식물성 기름, 와인의 섭취가 많은 지중해식 식사와 특히 프랑스 사람들이 와인을 많이 마셨기 때문이라는 연구결과에 따라 미국사람들은 와인에 더 많은 관심을 갖게 되었으며, 지금은 미국의 와인 생산량은 세계 4위이며, 일인당 와인 소비량은 유럽 국가들에 비하면 아직은 낮은 수준이지만 꾸준히 증가하게 된 계기가 되었다.

포도에는 건강에 유익한 전화당을 비롯한 유기산과 미네랄, 탄닌, 각종 비타민이 함유되어 있다. 와인은 12% 정도의 알코올과 85% 수분, 나머지 3% 내외의 당분, 비타민, 유기산, 각종 미네랄 등으로 이루어져 있는 알칼리성 무공해 완전식품이므로 부적절한 식생활로 인한 우리 인체의 산성증을 예방해 주기도 하는 알칼리성 건강 음료이다.

특히 포도의 껍질(30%)과 씨(70%)에 많이 들어 있는 폴리페놀이 혈소판의 응집을 방해하고 항산화제로 작용하여 각종 성인병에 효과가 있다는 연구가 꾸준히 발표되고 있다. 특히 레드와인은 껍질과 씨를 함께 발효시키고, 오크통에서 숙성하는 과정에서 페놀(Phenol)계 화합물의 플라보노이드(Flavonoid) 성분이 많이 발생한다. 화이트와인은 페놀 함량이 적은 청포도나 적포도의 주스만을 발효시키기 때문에 페놀 성분이 레드와인 보다 적게 포함되어 있다. 하루에 두세 잔의 와인을 마시면 와인에 함유되어 있는 페놀 유사 화합물인 폴리페놀들이 비타민C, 비타민E와 같이 혈장 내에서 각종 질병을 유발하는 활성 산소를 제거해주는 항산화작용을 강화시켜 체내에 콜레스테롤을 운반하여 우리 몸에 해로운 콜레스테롤인 LDL(저밀도 지방단백질)의 산화를 막아주기 때문에 협심증, 동맥경화, 뇌경색, 뇌졸중 등과 같은 심혈관 질환을 예방시켜 준다.

또한 레드와인(카베르네 프랑, 메를로, 진판델)이 유산균등 몸에 도움이 되는 세균에는 해가 되지 않으며 병을 일으키는 식중독 유발균으로 부터 인체를 보호하여 식품이나 물을 통해 전염된 위궤양을 잘 일으키는 헬리코박터균에 대해 특히 방어 효과가 있는 것으로 알려지고 있다. 뿐만 아니라 위장액 분비를 도와 소화를 촉진하며, 뛰어난 살균작용으로 박테리아, 장티푸스, 콜레라를 예방하는 소화력 증진의 효능을 가진다. 와인의 진정제 성분은 스트레스와 피로를 없애주기도 하고 감기 바이러스 등을 이겨내는 면역력을 가진다. 최근에는 와인을 지속적으로 마시게 되면 탄수화물과 당분에 대한 섭취 욕구를 저하시키는 효과가 있기 때문에 다이어트에 도움에 된다는 연구결과가 보고되고 있다.

하지만 과음은 오히려 건강에 이롭지 않으며 하루에 1~2잔 정도의 음주가 적당하다. 와인 한잔을 분해하기 위해서는 약 1시간가량이 소요된다고 한다. 우리가 섭취하는 알코올의 90%는 간에서 분해되며, 간에서 알코올은 아세트알데히드로 분해되고, 식초산으로 변한다음 물과 탄산가스로 변하여 몸 밖으로 빠져나간다. 사람에 따라 해독능력에 차이가 있으며 동양인은 서양인보다, 여성은 남성보다 알코올 분해 능력이 떨어진다.

■ 표 1-1 와인의 성분과 주요 효능

와인 성분	주요 효능
칼슘 · 칼륨	인체에 알칼리성분을 발휘하여 산성체질화를 방지하므로 성인병과 골다공증 예방에 효과
유기산	위액과 유사한 성분으로, 식욕촉진과 소화에 도움을 주며, 피로회복과 피부미용에도 효과
무기질	호르몬 분비를 촉진시켜 성장에 도움
비타민	지용성 비타민 작용으로 모세혈관을 강하게 함
폴리페놀	고혈압, 동맥경화, 심장병 등 성인병 예방과 노화방지에 효과
라스베라트롤	해독작용과 노화방지, 암 발생을 예방

제 2 장

포도재배

1 떼루아

프랑스어인 떼루아(Terroir)는 좁은 의미로 토양을 의미하며, 넓은 의미로는 포도가 자라는데 영향을 주는 여러 복합적인 자연환경 요소(포도밭의 입지, 지형, 토양, 기후 등)가 서로 얽혀 와인 생산에 영향을 미치는 총체적인 자연적인 요소이며 와인의 품질을 결정하는 핵심적인 내용을 뜻한다. 세부적으로는 기후적인 조건(햇빛, 습도, 기온, 강수량, 일조량, 바람 등), 지형적인 조건(고도, 경사도, 토양의 성분, 토양의 유효성분, 미생물 등), 인위적인 조건(포도품종, 재배법, 양조방법, 관개시설 등)으로 구분하여 설명하고 있다.

1) 기후적인 조건

포도는 기후의 차이에 의해 포도의 품질과 수확량이 차이가 난다. 포도재배에서 기후는 포도를 자라고 익게 하는데 중요한 요소로서 기온, 일교차, 여름과 겨울의 기온차, 채광, 강수량, 습도, 일조시간, 바람, 서리 등이 있다.

포도나무는 다양한 기후적 배경에서 자라지만 포도나무가 자라기 적당한 지역은 연평균 기온이 10~20도 정도이며(최적은 14~15도), 여름의 평균 기온은 최소 19도 이상, 겨울은 영하 1도 이상으로 포도가 충분히 성장할 만큼 계절이 길고 따뜻하며 꽃봉오리와 어린 싹에 피해를 주는 봄 서리가 없는 온난한 지역에서 잘 자란다. 따라서 세계의 주요 와인산지는 독일의 경우를 예외하고 대부분 북위와 남위가 30~50도 부근으로서 포도 생육적지(와인 벨트)가 형성되어 있다. 특히 가장 좋은 기후는 여름에 약간의 비가 내리고, 가을은 건조한 다소 선선한 기후, 즉 겨울에 대부분의 강수량이 집중되고, 비교적 높은 기온이 바닷바람으로 적당히 조절되는 지중해성 기후가 포도 재배의 최적의 기후 환경이다.

식물의 광합성은 자체의 신진대사를 위해서 뿐만 아니라 당분의 축적을 위하여 필요하다. 또한 포도의 완숙(빛깔과 당분)에 영향을 준다. 일조량이 적으면 당도가 떨어지고 산도가 높게 되며, 일조량이 많으면 당도가 높고 산도가 낮게 된다. 포도의 성장조건에 필요한 요소들로는 일조시간이 1,250~1,500시간이 필요하다. 작물의 생육에 필요한 열량을 나타내기 위한 지표로서 적산온도(winkler scale)는 생육일수와 일평균 기온을 곱한 값이다. 포도의 유효적산온도는 1,000~4,000℃이며 포도재배 집중지역의 적산온도는 2,000℃ 전후이다.

포도재배에서 강우량은 포도 수확의 양과 질에 영향을 미치는 요인으로 강우의 총량이 중요한 것이 아니고, 비가 일 년 동안 어떻게 분배되어 내렸느냐는 것이 더 중요하다. 강우량이 너무 많으면 포도열매는 커지지만 당도가 떨어져 대략 연 670mm의 비가 필요하며, 신선한 겨울과 봄에 걸쳐 대부분의 비가 내리고 여름에는 포도나무의 성장을 보장할 정도의 비만 내리는 것이 가장 이상적으로, 특히 수확하기 전에는 건조한 날씨가 중요하다. 연간 강우량은 500~800mm정도가 적당하고 포도가 자라는 기간 중에는 300~350mm 정도의 강우량이 필요하다.

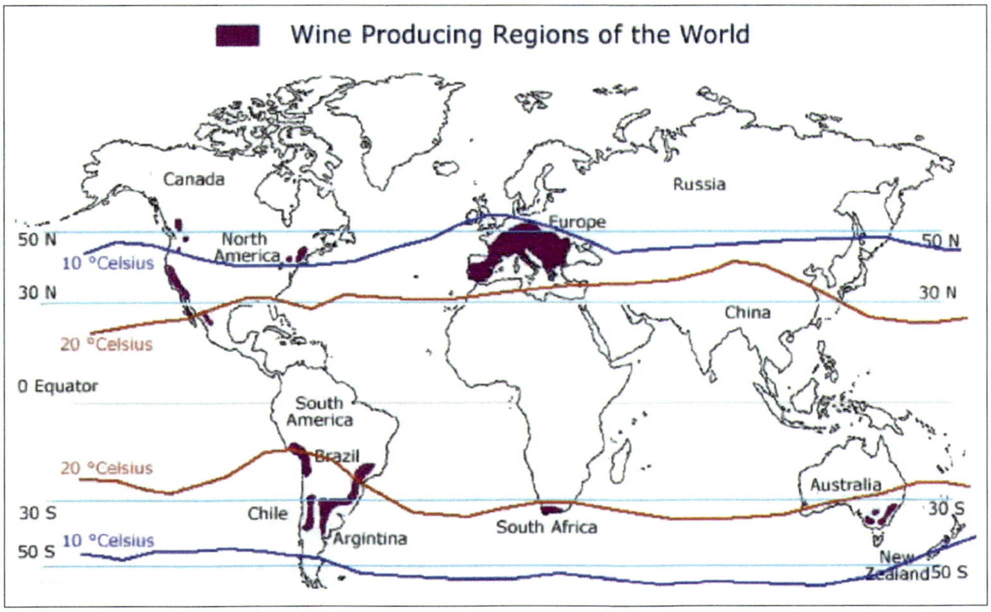

그림 1-5 와인 생산지역

자료 : http://winesection.blogspot.kr/2013_04_01_archive.html.

2) 지형적인 조건

같은 포도품종이라도 다른 토양에서 자란 포도는 와인차이가 분명하다. 토양은 포도나무에 물과 영양분을 공급한다. 대개의 농작물은 양분이 많은 밭에서 자라야 풍성한 열매를 맺을 수 있다. 그렇지만 와인 양조용 포도는 영양이 많은 밭에서 자라게 되면 가지와 잎이 너무 많이 자라게 되어, 포도 알맹이로 가야할 양분이 적어져 포도의 질이 떨어지게 된다. 따라서 포도나무는 오히려 척박한 자갈밭처럼 메마르고 배수가 잘되는 토양에서 양질의 포도를 맺는다. 영양이 적은 메마른 밭에서 포도는 괴로워하며 영양분을 찾아 땅속 깊이 뿌리를 내리고, 그 결과 여러 지층으로부터 여러 가지 영양분과 수분을 흡수하여 복잡한 느낌의 맛을 지니게 된다. 포도밭의 토양을 구성하는 모래, 자갈, 석회석, 편암, 진흙 암반 등의 토양에 포함되어 있는 각종 미네랄 성분 등에 의해 와인의 맛은 미묘하게 달라지고 그것이 와인의 맛과 향에도 영향을 주게 된다. 같은 포도 품종이라도 지역에 따라 와인의 맛이 다른 이유가 여기에 있다. 따라서 오랜 기간 동안 양질의 포도를 생산하기 위해서는 포도밭의 토양관리가 무엇보다 중요하다.

포도밭의 방향, 언덕의 기울기와 고도 등은 포도밭의 주요 요인이다. 일반적으로 포도밭의 방향은 남향, 남동향이 이상적이며, 포도밭의 일조량과 배수에 큰 영향을 미치는 포도밭의 경사도는 포도밭의 고도에 따라 포도의 생육 조건은 차이가 발생하며, 고지대의 포도는 산도가 강하고 거칠며, 저지대의 포도는 가볍고 부족한 특징을 보인다. 북반구에서는 남향이, 남반구에서는 북향이 햇볕을 받기에 가장 좋다. 아주 더운 지역에서는 오히려 그 반대쪽 사면에 심어 포도가 더위에 피해가 나지 않도록 재배한다.

그림 1-6 경사면의 포도밭

■ **표 1-2 토양유형과 와인의 특성**

자료 : 김대철(2009), 와인과 포도, 한올. p.176.

토질 유형	와인의 특성
 자갈 토양	가볍고 아로마가 풍부한 와인 라이트한 와인
 석회질 토양	부드럽게 조화를 이루는 와인 탄닌 성분이 풍부한 와인 풀바디한 와인
 점토질 토양	생산량은 적게 산출 고품질의 구조가 단단하게 느껴지는 와인
 진흙 토양	구조가 견고한 와인 강건하고 좋은 색상의 와인 높은 알코올의 와인 탄닌 성분이 풍부한 와인
 석회암 토양	섬세한 와인 높은 알코올의 와인 부케향이 풍부한 와인

2 포도재배

양질의 와인을 만드는 첫 번째 과정은 포도나무 재배에서 시작한다. 흔히 포도나무는 심고 나서 약 5년이 지나야 상업용으로 사용할 수 있게 된다. 좋은 와인을 만드는 포도나무의 평균 수명은 30~35년 정도이며 100년 이상 되는 것도 있다.

포도재배는 포도나무 생장주기에 따른 관리가 필요하며 계절과 기후에 따라 최상의 방법으로 포도나무가 성장할 수 있도록 관리하여야 한다.

1~2월은 포도나무의 휴식기로서 포도가 잘 자랄 수 있는 환경을 조성하기 위하여 가지치기, 가지정리, 밭갈이 작업이 필요하다. 3월은 양수기로서 물을 흡수하여 발아가 시작하는 시기이다. 연속적인 포도 수확으로 인해 부족한 토양의 필수성분을 보충해주고 이 시기부터 포도나무의 생장주기가 시작된다. 4월은 새순이 나오기 시작하는 발아기로서 포도나무가 늘어선 줄 가운데로 흙을 모아주는 데뷔따쥬(Le debuttage)작업을 실시하여 토양이 숨을 쉴 수 있도록 한다. 평균온도가 10℃ 이상을 유지하면 발아가 시작되는데 유럽의 추운 지방에서는 4월 중순쯤 보호 털로 덮인 새싹이 나오기 시작한다. 5월은 잎이 자라기 시작하는 전엽기로서 곰팡이, 바이러스, 박테리아 유발의 병에 노출되지 않도록 관리한다. 6월은 꽃이 피기 시작하는 개화기로서 4~8일 간에 걸쳐 진행되며 일반적으로 기온이 16~21℃에서 개화를 시작하여 20~21℃가 되면 절정이 된다. 포도 수확시기를 결정하는 중요한 시기이므로 주의해야 한다. 7~9월은 비로서 포도열매가 익어가는 결실기(성숙기)이다. 생장을 위하여 포도가지치기를 하고 포도송이의 일조량을 위해 주변 잎들을 정리하며 8월 중순부터 포도열매의 색이 점차 짙은 보라색이나 반투명의 노란색으로 변하게 된다. 포도는 초기에는 산도가 매우 높고 당도는 낮지만 성숙해 가면서 점차 당도가 증가하고 산도는 감소하며 향기가 생기기 시작한다. 포도알은 바깥부분부터 안쪽으로 익어가기 때문에 껍질 근처의 과육은 씨 쪽 보다 당도는 높고 산도는 낮은 특징을 보인다. 화이트와인용 포도는 일정한 산도를 보존하고 신선한 과일 향을 간직하기 위하여 포도가 완전히 익기 전에 수확하며, 레드와인용 포도는 진한 색상과 잘 익은 포도의 향을 강화시키기 위하여 충분히 익은 후에 수확한다. 10월은 본격적인 수확기로서 포도를 수확하고 11월에는 흙을 그루터

기에 부어주어 겨울의 추위에 견딜 수 있도록 관리해야 한다. 11월은 늦은 수확이 가능한 시기이며, 세계적으로 많이 알려진 독일의 아이스바인이나 케나다의 스위트와인을 만드는 귀부포도는 12월에 수확하기도 한다. 12월은 포도나무 잎이 떨어지는 휴식기로서 포도나무가 긴 휴식 기간에 들어간다. 겨울에 포도나무는 동면을 취하게 되는데 프랑스와 같은 추운 날씨는 이 기간 동안 포도나무의 성장을 중단시킨다. 이는 다음 계절을 위하여 포도나무와 토양을 준비하는 것이다. 토양은 겨울 동안 잡초를 제거하고 포도나무의 얼림을 방지한다. 또한 양질의 품질의 포도와 질병을 예방하기 위해 소독약을 뿌리고 토양을 기름지게 한다.

■ **표 1-3 포도재배 과정**

월	구분	사진	작업내용
1~2월	휴면기		가지치기, 가지정리, 밭갈이
3월	양수기		포도나무의 생장주기 시작심기, 비료살포, 솎기, 밭갈이
4월	발아기		새순이 나오기 시작발아, 싹눈 정리
5월	전엽기		잎이 자라기 시작첫 손질, 농약살포 및 꽃피는 시기, 서리방지
6월	개화기		꽃이 피기 시작개화, 결실

월	구분	사진	작업내용
7~8월	결실기		포도 열매가 익어가는 시기상순 자르기, 열매따기, 농약살포잎 따기, 착색, 수확준비
9월	성숙기		성숙기, 양조 준비
10월	수확기		본격적인 수확기
11월	낙엽기		잎이 떨어짐, 휴식기 시작
12월	휴면기		휴식기두둑 만들기, 동면

포도나무의 줄기 모양은 지역의 지형(산악지역, 평야지역 등)이나 기후조건, 토양조건(비옥도, 경사도, 배수조건 등), 포도품종의 특성에 따라 관리하게 된다. 이러한 포도줄기 관리방법에는 크게 줄기 가지치기(Cane Pruning)와 눈 가지치기(Spur Pruning)이 대표적이다. 줄기 가지치기에는 프랑스 보르도 지역에서 가장 많이 쓰이고 있는 기요(Guyot Trellis)방식이 있으며 기요 심플(Guyot Simple)과 기요 더블(Guyot Double)이 있다. 그밖에 보들래즈(Bordelaise Trellis)방식, 버티컬(Vertical Trellis)방식이 있다. 눈 가지치기에는 고블렛(Goblet Trellis)방식, 코든(Cordon Trellis)방식, 제네바 더블 커튼(Geneva Double Curtain Trellis)방식, 라이어(Lyre Trellis)방식, 모젤(Mosel Trellis)방식이 있다.

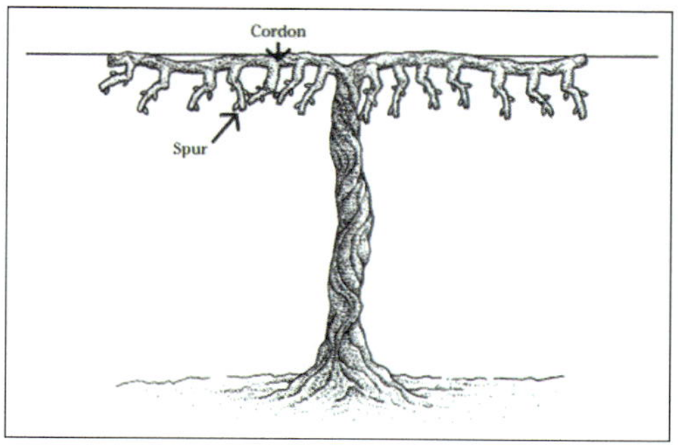

그림 1-7 기요방식

그림 1-8 보들래즈방식

그림 1-9 버티컬방식

그림 1-10 고블렛방식

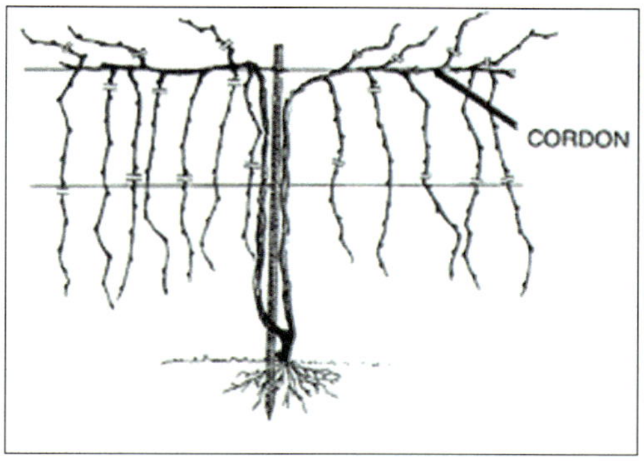

그림 1-11 코든방식

그림 1-12 제네바 더블 커튼방식

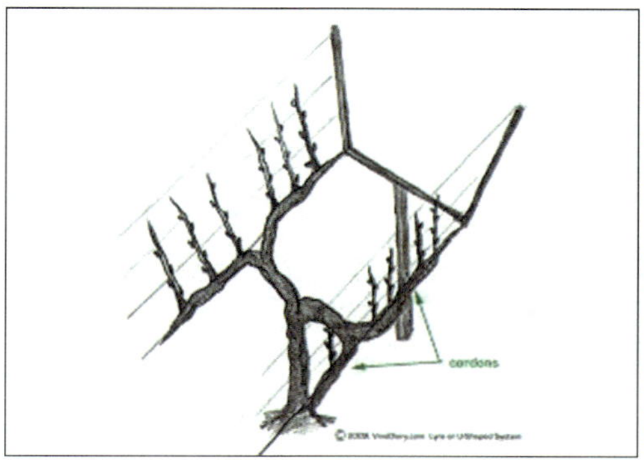

그림 1-13 라이어방식

그림 1-14 모젤방식

제 3 장

포도품종

포도로만 만들어지는 와인은 포도품종의 특성이 그대로 와인에 담겨지게 된다. 특히 최근 신세계와인을 중심으로 많은 와인들이 포도품종을 레이블에 직접 표시하는 방법으로 소비자들에게 접근하고 있기 때문에 포도품종에 대한 정보는 더욱 중요하며, 포도품종을 이해하는 것이 와인을 이해하는 중요한 정보가 되고 있다.

주요 포도품종 종류에는 유럽 원생종(Vitis Vinifera), 미국 원생종(Vitis Labrusca), 카리브 원생종(Vitis Indica), 아시아 원생종(Vitis Amurensis) 등이 있다. 현재 알려진 포도품종은 전 세계에 약 8,000여 종이 있으며 그 중에서 약 200~300 종류가 주요 품종이며, 상업적으로는 약 150개 품종이 재배되고, 양조용으로 주로 재배되는 품종은 100여 가지 이하로 제한적이다. 포도의 용도는 약 81%가 양조용이며, 12%가 식용, 나머지 7% 정도가 건포도용으로 사용되고 있다. 와인 양조용으로는 95%이상이 유럽품종(vitis vinifera)이며, 미국품종은 주로 식용이나 주스용으로 사용된다. 일조차가 큰 특정한 환경에서만 자라는 양조용 포도는 식용 포도에 비해 알맹이가 작고 촘촘하며 껍질이 두껍다. 또한 천연효모의 양이 많아 당도와 산도가 높은 편이다. 반면에 환경적인 영향이 적은 식용포도는 양조용 포도보다 알맹이가 크고, 껍질이 얇으며, 껍질과 씨가 잘 분리되고 과육이 풍부하다.

어떤 땅에 어떤 포도나무가 심어져 있다면, 그것은 긴 세월에 걸친 시행착오 속에서 가장 적합한 포도품종만이 살아남고 선택되어진 자연도태, 적자생존의 결과로 볼 수 있다. 특히 포도품종들은 그 자체만을 사용하여 와인을 만들거나 다른 포도들을 섞는 경우도 있다. 각 포도들은 각기 다른 고유한 특성을 지니고 있어서 와인제조사나 샤또의 목적에 따라 블렌딩의 비율과 품종에 차이가 있다. 왜냐하면 와인을 만들 때 똑같은 비율의 포도 품종을 섞는다 해도 와인이 달라질 수 있기 때문이다.

1 레드와인 주요 포도품종

레드와인 주요 포도품종으로는 까베르네 소비뇽, 메를로, 삐노 누아, 쉬라 · 시라즈, 까베르네 프랑, 그르나슈, 네비올로, 산지오베제, 템프라니오, 진판델, 가메, 말벡 등이 있다.

1) 까베르네 소비뇽(Cabernet Sauvignon)

그림 1-15 까베르네 소비뇽

레드와인하면 까르베네 소비뇽, 화이트와인하면 샤도네라 할 정도로 까베르네 소비뇽은 레드와인을 위한 포도로 잘 알려져 있다. 원산지는 프랑스 보르도이며 야생의 거친(소비뇽) 검은 포도나무(까베르네)라는 의미로 적포도의 왕이라 불린다. 이 포도의 특징으로는 작은 사이즈, 깊은 어두운 색, 두꺼운 껍질, 많은 씨앗을 가지고 있으며 색이 진하며 약간 떫은 맛의 와인을 만들다. 특히 씨앗은 고도의 탄닌의 기준을 표시하고 껍질은 색깔의 깊이를 나타낸다. 껍질의 두께는 비교적 포도의 부패를 늦춘다. 이 와인은 오랜 기간 숙성을 할 수 있는 잠재력을 가지고 있다. 블랙베리, 블랙커런트, 삼나무, 가죽, 자두향 등을 지닌다.

최고의 까베르네 소비뇽은 프랑스의 보르도 지방의 대표적인 품종으로 샤또 마고 등 최고급와인의 만들고 있으며, 추운 독일 지역을 빼고는 광범위한 지역에서 재배되고 있다. 최근에는 캘리포니아 나파벨리와 호주의 쿠나와라의 품종이 우수한 것으로 평가받고 있으며, 뉴질랜드와 남아프리카에서도 최상급의 까베르네 소비뇽을 생산하기 위해 많은 노력을 기울이고 있으며, 아시아에서도 생산을 시도하고 있다.

2) 메를로(Merlot)

그림 1-16 메를로

원산지는 프랑스 보르도이며 보르도의 대표적인 포도품종이다. 적포도 중에서 가장 빨리 익는 품종으로 보르도에서 자생하는 검은새(merle)의 빛깔과 비슷하여 붙여진 이름으로 까베르네 소비뇽과 유사하지만 탄닌과 블랙 커런트 향이 덜한 편이다. 색깔이 좋고 부드러우며 원만한 맛을 내기 때문에 블렌딩 하는 품종으로 자주 사용된다. 이 포도는 더 통통하고 물기가 많고 좀 단맛이 강하다. 다른 포도의 거친 맛을 부드럽게 할 목적으로 혼합해서 사용되기도 하며, 최근에는 단일 품종으로 많이 사용(특히 생테밀리옹과 포므롤 지역에서 샤또 페트루스)되면서 재배면적이 늘어나고 있다. 과실의 성숙도나 와인의 숙성도가 빠르며 감촉이 비단결처럼 부드럽다. 카베르네 소비뇽과 비슷한 향미를 가지고 있으며 블랙베리, 블랙체리, 자두, 초콜릿 등의 향을 지닌다. 보르도와 프랑스의 남쪽 지방, 칠레, 남아프리카, 이탈리아, 헝가리, 불가리아, 캘리포니아에서 많이 생산하고 있다. 프랑스식으로는 '메를로', 영어로는 '멀롯, 메어로'로 표현하기도 한다.

3) 삐노 누아(Pinot noir)

그림 1-17 삐노 누아

프랑스 부르고뉴 지방에서 생산되는 고급 포도로서 재배하기 까다로운 품종이다. 검은 솔방울처럼 포도송이가 아주 작은 모습으로 부드러운 신맛에 복합적인 과일향이 깃들어 있어서 고급와인(로마네 꽁티)으로 극찬했던 품종이다. 이 포도는 보르도 지방의 까베르네 소비뇽, 메를로 보다 더 밝은 색깔을 지닌다. 최고의 와인들은 좀 더 추운 지방에서 생산이 되고, 쉽게 변질되는 성격이 있는 포도이다. 체리, 자두, 버섯, 담배, 민트, 라즈베리, 송로 그리고 고기 썩는 향이 있어서 심지어 프랑스의 와인 제조자들은 "Animal(동물적인)"이라고 표현하기도 한다. 비교적 서늘한 곳에서 잘 자라며 재배조건이 까다롭기 때문에 어디서나 좋은 와인을 만들지는 않는다. 프랑스 샹파뉴 지역에서는 스파클링 와인의 주품종으로 사용되며, 미국, 호주, 뉴질랜드 등에서 재배되고 있다.

4) 쉬라 / 쉬라즈(Syrah / Shiraz)

프랑스의 론벨리 지역에서 주로 생산되는 이 포도는 "에르미타쥐(Hermitage)"레드와인을 생산하는 것으로 유명하다. 색깔이 진하고 탄닌이 많아서 숙성이 늦고 오래 보관할 수 있는 묵직한 남성적인 와인을 만든다. 가죽, 블랙베리, 젖은 흙, 스모그, 후추향을 지닌다. 척박한 토양과 덥고 건조한 기후를 좋아하며 특히 호주의 약간 추운 지방에서 비슷한 포도를 성공적으로 생산하고 있는데 이것을 "쉬라즈"라고 부른다. 원래 이 종자는 고대 페르시아에서 유래했다. 캘리포니아에서 지역과 포도원과 발효기술에 따라서 매운맛 또는 복잡 미묘하거나 단순한 맛 등의 와인을 생산하고 있다.

그림 1-18 쉬라 / 쉬라즈

5) 까베르네 프랑(Cabernet Franc)

원산지는 프랑스 보르도로서 까베르네 소비뇽보다 더 부드러우며 혼합하고 있다. 까베르네 프랑은 색깔과 탄닌이 좀 더 약하므로 까베르네 소비뇽보다 더 잘 익는다. 이 포도는 슈발 블랑(Cheval Blanc)으로도 유명하다. 캘리포니아와 뉴질랜드 등에서도 소량으로 생산되고 있다.

그림 1-19 까베르네 프랑

6) 그르나슈(Grenache)

프랑스 남부 지방 특히 꼬뜨 뒤 론, 샤또네프 뒤 빠쁘 등에서 주로 재배하는 포도품종으로 원래는 그르나슈 누아(Grenache Noir)인데 간단히 그르나슈라 불리우며, 바디가 강하고 비교적 숙성이 빨리되는 편이다. 세계에서 많이 재배되고 있으며, 특히 원산지인 스페인의 리오하에서 가장 중요한 품종으로 이곳에서는 '가르나차(Garnacha)'라고 한다. 가뭄과 열에 잘 적응하여 호주와 캘리포니아에서도 많이 생산되고 있다.

그림 1-20 그르나슈

7) 네비올로(Nebbiolo)

이탈리아 북부지역인 피에몬테의 대표적인 포도품종이며, 이 지역의 최고 와인이라 할 수 있는 구조가 잘 잡히고 전통적 남성 스타일의 바롤로와 바르바레스코를 만드는 품종으로 유명하다. 색상이 진하지는 않지만 탄닌이 많고 강하며, 깊은 향의 풍미가 난다. 재배조건이 까다로워 다른 지역에서는 좋은 와인이 나오지 않는다. 가티나라에서는 '스파나(Spanna)'라고 한다.

그림 1-21 네비올로

8) 산지오베제(Sangiovese)

그림 1-22 산지오베제

토스카나 지방의 키안티가 원산지이며, 높은 산도와 풍요로운 과일 향의 이탈리아 의 대표적인 키안티를 만드는 품종이다. 부드러운 키안티에서부터 보다 견고한 구조를 자랑하는 브루넬로 디 몬탈치노, 비노 노빌레 디 몬테풀치아노 등 의 고급와인까지 다양한 와인을 만든다. 딸기, 담배, 체리, 허브 향을 지닌다. 몬탈치노에서는 브루넬로(Brunello), 몬테풀치아노에서는 프루뇰로(Prugnolo)라고 한다.

9) 템프라니오(Tempranillo)

그림 1-23 템프라니오

스페인을 대표하는 포도품종으로 스페인 전통적인 와인 산지인 리호아를 중심으로 널리 재배되고 있으며, 색깔이 짙고 균형 잡힌 와인을 만든다. 특히 오크나무통에 저장을 하는 것이 좋은데 강렬한 색과 딸기 향, 바닐라 향을 지닌다. 스페인의 가장 유명한 적포도인 템프라닐로는 스페인이외의 지역에서도 생산이 되는데 주로 포르투갈과 드물게는 아르헨티나에서 재배가 된다.

10) 진판델(Zinfandel)

미국에서 가장 많이 재배되는 품종으로 캘리포니아를 대표하는 품종이며, 미국만의 특색을 보여주는 품종으로 적당히 드라이하고 강한 적색을 가진다. 화이트와인에서 로제, 레드와인, 스위트와인까지 다양한 스타일의 와인을 만들어 낸다. 맥시코, 칠레, 남아공, 호주 등지에서도 재배된다.

그림 1-24 진판델

11) 가메(Gamay)

가메는 가벼운 레드와인을 만든다. 신선한 포도향, 상쾌함, 신맛을 가지고 있지만 맛의 깊이는 없다. 매년 11월 셋째 주 목요일 출시되는 보졸레 누보(Beaujolais Nouveau)로 유명해진 품종으로, 보졸레 빌라쥐(Beaujolais Villages)와 같은 다른 종류의 보졸레을 만들기도 한다.

그림 1-25 가메

12) 말벡(Malbec)

아르헨티나의 주요 품종으로서 프랑스 보르도 지역에서는 더 이상 많이 사용되지는 않고 있으며, 주로 캘리포니아에서 생산되고 칠레와 아르헨티나에서는 변종으로 많이 재배되고 있다.

그림 1-26 말벡

13) 토링가 나시오날(Touriga Nacional)

포트와인을 만들기에 아주 좋은 포도로서 열매의 수확이 적어 적게 생산된다. 오래되지 않은 와인은 깊고 농후한 레드와인 향이 나고 탄닌이 강한데, 까베르네 소비뇽과 잘 비교되고 있다. 호주에서는 포트와인을 만들기 위해 사용되기도 한다.

그림 1-27 토링가 나시오날

14) 무르베드르(Mourvedre)

프랑스 남쪽 론 지역의 와인 제조자들은 그뤼나슈와 때로는 쉬라, 생쏘와 같이 블렌딩하는데 사용한다.

그림 1-28 무르베드르

15) 쁘띠 쉬라(Petite Sirah)

Dourif와 비슷하며 잉크색 만큼 어둡고 농도가 진한 큰 포도품종이다.

그림 1-29 쁘띠 쉬라

16) 피노타지(Pinotage)

1925년에 따뜻한 남아프리카에서 처음 재배되었으며 케이프산 경사진 곳에서 재배되고 있다.

그림 1-30 피노타지

17) 셍쏘(Cinsault)

프랑스 남쪽지방과 레바논 지역에서 재배되며 주로 론 지역의 레드와인과 함께 블렌딩 요소로 사용된다. 남아프리카에서도 재배되고 있으며 인기있는 포도품종이다.

그림 1-31 셍쏘

18) 쁘띠 베르도(Petit Verdot)

녹색의 작은 포도라는 의미로 프랑스 보르도 지역에서 재배되며, 보르도 블렌딩 와인에 사용되고 있다.

그림 1-32 쁘띠 베르도

19) 까르메네르(Carmenere)

가을에 잎이 떨어지기 직전에 잎의 색이 진홍빛(carmin)을 보이는 의미로 보르도 지역에서 재배되며, 블렌딩 와인에 사용되고 있다.

그림 1-33 까르메네르

2 화이트와인 주요 포도품종

화이트와인 주요 포도품종으로는 샤르도네, 리슬링, 슈냉 블랑, 게뷔르츠트라미너, 삐노 블랑, 소비뇽 블랑, 세미용, 뮈스카, 알리고테, 비오니에, 삐노 그리, 마르산 · 루산 등이 있다.

1) 샤르도네(Chardonnay)

세계 최고의 화이트와인의 여왕으로서 서늘한 기후에서 잘 자라며 섬세하고 기품 있는 와인을 만드는 화이트와인의 대표적인 품종이다. 거의 달지 않은 드라이하며 다른 품종으로 만든 와인보다 숙성 기간이 길다. 이 샤르도네는 부르고뉴의 샤블리 지방에서도 널리 재배되고 있다. 북미의 좀 추운 지방과 캘리포니아 지역에서는 강한 향을 생산하기 위해 조그만 오크통에서 주로 숙성을 시킨다. 과일(즉 사과, 레몬, 시트러스 향)의 특성을 잘 갖고 있으면서 오크통에 의한 오크 향과 바닐라 향과 버터 향이 부수적

그림 1-34 샤르도네

으로 난다. 호주와 뉴질랜드에서도 최근엔 추운 발효방식을 이용하여 드라이 하고도 완고한 맛을 내는 세계 수준의 와인을 생산하는데 성공하였다. 주산지는 프랑스 부르고뉴와 샤블리 지역이며, 캘리포니아, 칠레, 호주 등에서도 재배한다.

2) 리슬링(Riesling)

그림 1-35 리슬링

독일을 대표하는 품종으로 라인과 모젤지방 그리고 프랑스 알자스에서 생산되는 화이트와인의 대표적 품종이다. 추운 유럽 기후와 호주의 따뜻한 기후에서도 잘 자란다. 리슬링은 여러 해를 숙성 시킬 수 있는 잠재력을 가지고 있는 와인이다. 드라이에서 스위트까지 여러 타입으로 독특한 맛을 낸다. 리슬링은 섬세하고 기품 있는 와인으로 산도와 당도의 균형과 조화가 우수하며, 신선하고 향이 독특하며 포도 자체의 향을 지니고 있다. 달고 가벼운 리슬링은 초보자가 마시기에 적합한 와인이기도 하다. 캘리포니아, 호주, 남아프리카 등에서도 재배한다.

3) 슈냉 블랑(Chenin Blanc)

그림 1-36 슈냉 블랑

원산지는 프랑스 루아르 지방의 앙주(Anjou)이다. 가장 다양한 스타일의 와인을 만들 수 있는 품종으로, 저렴하면서도 분위기를 살려주는 드라이한 화이트와인이다. 신선한 맛으로 좀 더 미묘하고 복잡한 맛과 과일향이 특이한 와인을 만든다. 세미스위트 타입으로 식전주로 많이 이용되고 있다. 슈냉 블랑은 주로 프랑스의 루아르에서 가장 많이 재배되지만 남아프리카(스틴-Steen이라고 부르기도 함), 캘리포니아, 호주, 뉴질랜드에서도 생산되고 있다.

4) 게뷔르츠트라미너(Gewurztraminer)

게뷔르츠(Gewurz)는 스파이시(Spicy)라는 의미를 가지고 있으며 트라미너(Traminer)는 포도품종 이름이다. 세상에서 가장 향기로운 포도이며 스파이시 한 느낌도 있는 독특한 와인이다. 게뷰르츠는 화이트와인으로 강한 꽃 향기와 리취넛 같은 향을 가지고 있다. 알자스 지방에서 생산되는 것이 최고지만, 미국, 독일, 이탈리아, 칠레 등 지역에서 생산되고 있다. 와인초보자도 부담 없이 즐길 수 있다.

그림 1-37 게뷔르츠트라미너

5) 삐노 블랑(Pinot Blac)

원산지는 프랑스 부르고뉴인데 삐노 누아의 변종으로 껍질이 더 얇다. 부드럽고 포도 맛이 강한 드라이 화이트와인으로 누구나 쉽게 마실 수 있다. 프랑스 알자스 지방에서 생산되는 것이 최고이다. 높은 산도와 중립을 잘 지키고 있으며 스파클링 와인을 만드는 데도 사용된다. 독일, 이탈리아, 캘리포니아 등에서도 생산된다.

그림 1-38 삐노 블랑

6) 소비뇽 블랑(Sauvignon Blanc)

그림 1-39 소비뇽 블랑

흰(블랑) 야생의 거친(소비뇽) 품종으로 프랑스 보르도의 그라브와 쏘떼른, 그리고 루아르 지방에서 많이 재배되는 포도품종이다. 다른 와인과는 달리 비교적 일찍 마시는 편이 신선하고 강한 맛을 즐길 수 있다. 비교적 추운 지방에서도 잘 자라면서 고유의 향을 지닌다. 개성이 뚜렷한 품종으로 산뜻한 향미와 이제 막 깎 아낸 잔디밭 향, 짙은 녹음의 향, 녹색 고추씨, 라임, 잘 익은 구즈베리 향 등으로 표현되는 소비뇽 블랑은 현대인들의 입맛에 어울리기 때문에 재배면적이 점점 늘어나고 있다. 최근에는 뉴질랜드산이 세계적으로 인정받고 있다.

7) 세미용(Semillon)

그림 1-40 세미용

프랑스 보르도에서 주로 재배되며 이 포도품종이 가장 중요한 역할을 하는 것은 소미뇽 블랑과 파트너가 되어 드라이하거나 달콤한 와인을 만드는 블렌딩 하는데 많이 사용되는 것이다. 세계 최고의 스위트와인을 만드는데 사용되고 있으며 소떼른의 보트리티스 곰팡이 영향을 받는 와인을 만드는데 사용되는 품종이다.

8) 뮈스카(Muscat)

약 200여 가지의 스타일을 가지고 있을 정도로 무척이나 다양하다(스위트와인, 드라이와인, 스파클링와인 등). 대부분은 달콤하고 플로랄 향이 뛰어나다. 이 품종은 이탈리아에서는 모스카토(Moscato), 스페인에서는 모스카텔(Moscatel)로 알려져 있다. 이탈리아에서는 달콤한 스파클링을 만드는 아스띠 스푸만떼(Asti Spumante)와 모스카토 아스띠(Moscato a' Asti)를 만들 때 주로 사용한다.

그림 1-41 뮈스카

9) 알리고테(Aligote)

부르고뉴와 불가리아에서 고급 와인을 만드는 껍질이 얇은 포도품종이다. 알코올 함량이 적당하고 신맛이 강하지만 더운 날씨에서는 풍부하고 무게 있는 와인이 된다.

그림 1-42 알리코테

10) 비오니에(Viognier)

원산지는 북부 론의 콩드리외(Condrieu)이다. 북부 론지방의 비엔 마을에서 유래하였으며, 1990년대 초에 유명하고 귀한 콘드이루(Condrieu)을 만든 유명한 품종이다. 프랑스 론지방에서 재배되는 품종으로 복숭아, 살구향을 지닌다.

그림 1-43 비오니에

11) 삐노 그리(Pinot Gris)

그림 1-44 삐노 그리

삐노 누아의 변종으로 알자스의 고급품종으로 풍부하고 다양한 향을 지닌 고급을 와인을 만들며 약간 스파이시하다. 브라운 톤이 있는 알자스에서 주로 생산되고 있다. 담배 연기 향과 매운 향을 지닌다. 드라이한 피노 그리는 음식에 주로 사용되고 특별히 잘 익은 포도는 늦은 가을 와인으로 좀 더 달콤하게 만들어진다.

12) 마르산/루산(Marsanne/Rousanne)

그림 1-45 마르산 · 루산

론 벨리에서 시작된 이 품종은 거의 다른 포도와 섞어서 사용이 된다. 론 북부지역에 서는 화이트 크로즈 헤르미타쥐(Crozes-Hermitages)와 화이트 헤르미타쥐를 만들 때 사용하고, 론 남부지역에서는 화이트 샤또 네프뒤빠프(Chateauneuf- du-Pape)를 만들 때 사용된다. 신맛은 강하지 않게 만드는데 향은 사과, 배, 땅콩, 매운맛, 아몬드, 아교향이 난다. 루산은 두 개의 종자를 개량하였는데 더욱 우아하고 향기로운 향이 날 수 있도록 같이 재배를 한다.

13) 실바너(Sylvaner)

숲(라틴어 silva) 야생(라틴어 saevum)에서 유래한 유럽에서 오래 전부터 재배해 온 품종이다.

그림 1-46 실바너

14) 뮈스카데(Muscadet)

프랑스 루아르 지명(Melon de Bourgogne)에서 유래한 품종이다.

그림 1-47 뮈스카데

제 4 장

와인제조

와인을 가장 간단히 정의하자면 '싱싱하고 잘 익은 포도를 발효하여 만든 천연즙'이라고 할 수 있다. 포도로부터 생성된 즙과 천연조건이 와인을 만들게 한다. 그것은 포도열매 속에 꼭 필요한 두 가지 성분 즉 이스트와 당분이 있기 때문이다.

그러나 와인제조에 있어 천연조건만 중요한 요소는 아니다. 와인을 와인답게 하는 것은 인간의 기술이기 때문이다. 언제 수확할 것인가를 결정하는 것에서부터 시작하여, 여러 섬세한 단계를 거치며 하나하나 세심한 배려와 선택을 통해 비로소 가지가지의 와인이 만들어진다. 모든 종류의 와인은 포도밭에서 수확되어 제품으로 병속에 들어가기까지 유사한 일련의 과정을 거쳐 제조된다. 이러한 일련의 기본적인 단계들을 이해하면, 종류마다 약간씩 차이를 보이며 변화무쌍한 와인의 세계를 보다 쉽게 이해할 수 있을 것이다.

포도가 익어감에 따라 당분이 증가하게 되어 본래의 신맛은 점차 사라지게 된다. 8월 중순 부터 10월 하순 사이에서 각 포도품종이 최고의 상태에 있을 때를 선택한다. 그 최고 상태의 시점은 종류마다 약간씩 다르다. 가장 드라이한 스타일의 스파클링 와인을 만들려면 1퍼센트 정도의 산도(신맛정도, Acidity)와 18~19°의 당도(Brix)를 가질 때 수확한다. 식탁용 화이트와인에 쓰이는 포도는 산도 0.8과 21~22° Brix때에 주로 수확한다. 대부분의 레드와인용과 일부 화이트와인용 포도는 대체로 산도 0.65와 23°Brix상태로 와인을 분쇄하고, 화이트와인을 만들기 위해서는 머스트는 먼저 압착된 다음 발효탱크로 보내지며 레드와인의 경우는 곧바로 발효탱크로 간 다음 나중에 압착을 가하게 된다. 디저트용과 에피타이저용은 23°Brix, 산도는 낮은 상태로 도착된다. 위와 같은 수치는 단지 일반 관례일 뿐이며 대부분의 와인제조자들은 이보다도 포도의 맛과 상태를 더욱 중요시한다.

와인의 주요성분은 알코올과 산, 탄닌, 아로마와 부케, 당분 등이다. 이런 성분들이 어떻게 생성되며, 다양한 와인의 맛과 색상 등을 이해하기 위해서는 포도 껍질속의 천연 효모가 포도당을 알코올과 탄산가스로 분해하는 과정의 제조과정을 알아보는 것이 도움이 된다. 성숙이 잘된 좋은 포도는 와인의 질과 타입을 결정하는 중요한 요소이다. 너무 많이 익거나 덜 익은 포도는 와인의 질에 영향을 미치기 때문에 어떤 타입의 와인을 만드느냐에 따라 적당한 수확시기를 결정하여야 한다.

1 와인제조 과정

1) 제경 및 파쇄(Crushing)

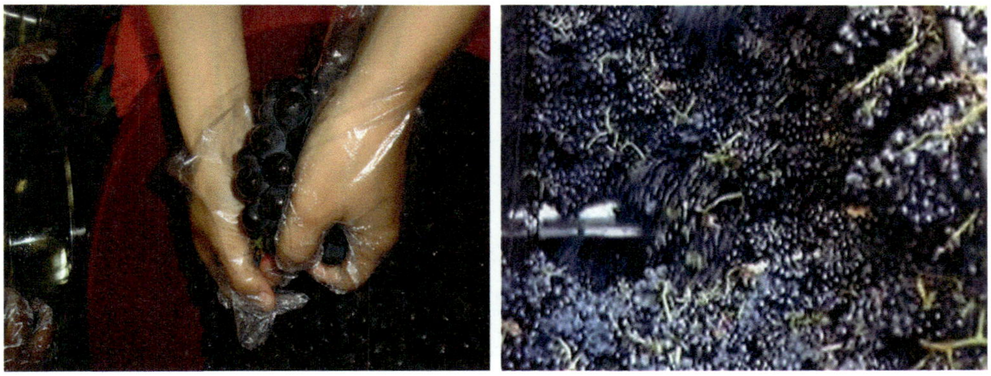

그림 1-48 제경 및 파쇄

수확한 포도 열매로부터 즙을 추출해내는 일이다. 과도하게 거친 탄닌의 맛과 향을 제거하기 위해 선별된 포도송이에서 포도알과 줄기를 분리한다. 다음으로 포도알맹이를 으깨는 작업인 파쇄를 한다. 발효를 용이하게 하고, 포도껍질 색과 즙, 알맹이에 있는 포도의 성분이 잘 우러나올 수 있도록 포도알을 터트린다. 이렇게 해서 만들어진 즙을 일명 '머스트(Must)'라 한다. 이때 산화가 나지 않도록 주의해야 한다. 이때 산화 방지와 살균제 역할을 하는 무수아황산(SO_2)을 첨가한다. 특히 레드와인의 경우 껍질과 과즙의 색상과 탄닌을 추출하는 과정의 침용 과정을 거치게 된다.

2) 알콜발효(Alcoholic Fermentation) : 1차 발효

분쇄기에서 나온 레드와인 즙은 진한 흙 빛을 띠고, 화이트와인 즙은 연한 진흙 빛을 띤다. 미생물이 자신이 가지고 있는 효소를 이용해 유기물을 분해시키는 과정의 발효는 즉, 이스트가 포도당과 결합하여 에틸알코올과 이산화탄소로 변화되는 과정이다. 따라서 발효가 진행될수록 포도당은 줄어들고, 발효가 끝나면 단 맛은 없어진다. 100g의 포도당이 발효되면 에틸알코올이 51.3g 탄산가스가 48.7g이 생성된다. 알코올 1%를 올리는데 1.8도의 당도가 필요하다는 계산이 나온다.

오늘날 대부분의 경우에는 배양된 이스트(Cultured Yeast)를 사용하며 배양하지 않은 이스트(Wild Yeast)는 거의 사용하지 않는다. 이것은 배양하지 않은 이스트는 때때로 좋지 못한 향기를 유발시키거나, 너무 약하여 발효를 수행할 수 없기 때문이다. 이스트를 관리하는 이외에도 와인제조자들은 발효 중에 있는 머스트의 온도를 잘 유지하여야 한다. 화씨 45°~ 55°의 냉각발효는 신선한 포도향을 극대화 시키며, 발열발효는 과일 그 자체의 향보다는 와인 제품의 색다른 향기를 생성해준다. 일반적으로 화이트와인과 스파클링 와인은 중간정도의 냉각발효 방법을 채택하는 반면 레드와인과 디저트와인은 중간정도의 발열발효 방법을 사용하여 만들고 있다.

와인을 발효시키는 효모인 이스트가 생육하기 위해서는 적당한 온도와 영양소, PH(수소 이온 농도), 공기 등이 필요하다. 영양소는 포도자체에 많이 들어 있다. 특히 발효기간 중 적당한 온도를 유지해야 이스트가 활발하게 활동할 수 있으므로 이스트가 생육하는 범위 내에서 적절한 온도 조절이 필요하다. 온도는 15~30도가 적당하지만 와인의 종류에 따라 차이가 있다. 레드와인은 25~30도, 화이트와인은 18~20도 이하가 발효온도로 적당하다. PH는 3.6 이하가 색깔, 안전성, 향미 등에 좋다. 포도껍질에 묻어있는 야생이스트는 발효능력이 일정하지 않아 인공으로 순수 배양한 이스트를 사용하는 곳이 많은 편이다.

그림 1-49 알코올 발효

3) 압착(Pressing)

1차 발효하는 동안 원하는 색깔이 나오면, 포도즙에서 줄기나 껍질 등을 제거하는 과정이다. 어느 시점에서 하느냐에 따라 맛과 색상이 달라질 수 있다. 알콜발효가 완료되면 포도껍질에서 추출된 색소와 탄닌이 포도즙에 녹아내린다. 레드와인은 머스트를 발효할 때 껍질의 적색이 액체화된 후에 압착을 하고, 화이트와인은 그 반대로 압착 후 발효시키는 차이를 가진다. 포도즙의 절반이상은 압착 없이도 자연적으로 빠져나오는데 이렇게 나온 포도즙을 'Free Run'으로 표현한다. 나머지는 발효 전에 압착함으로써 추출한다. 과거의 압착 방법에는 Free Run과 압착되어 나온 즙과는 질적인 면에서 현격한 차이가 있었으나 지금은 압착 기술의 발달로 거의 차이가 없어지고 있다.

그림 1-50 와인 압착

4) 젖산 발효(Lactic Acid Fermentation) : 2차 발효

1차 발효를 끝낸 다음에 찌꺼기를 분리하여도 발효는 아주 느리게 일어난다. 포도에 있는 사과산이 젖산으로 변하는 과정으로 와인의 맛이 부드러워지고 향기도 변하여 훨씬 세련된 맛을 내게 된다. 숙성의 첫 단계라고 할 수 있으며, 와인의 품질에 중요한 영향을 미친다. 레드와인에는 필수적이지만 화이트와인에는 신선한 맛 때문에 이 발효 과정을 생략하기도 한다. 포도에 자연적으로 존재하는 박테리아를 활성화시켜 포도의 주성분인 말릭산을 젖산으로 변화시키는 과정이다. 특히 이 과정은 레드와인을 제조할 때 와인의 안정감을 주어 질감을 부드럽게 해주고 조화롭게 해 주게 된다. 이후 와인의 침전물과 앙금을 제거한다.

5) 숙성(Aging)

숙성은 포도의 성분이 발효과정을 통해 새로운 성분으로 바뀌어 기존의 성분과 섞이면서 맛이나 향이 조화를 이루어 가는 과정이다. 부드럽고 잘 정제된 향기와 감촉을 지닌 와인을 만들기 위해서는 숙성과정이 반드시 필요하다. 숙성은 산소가 매우 천천히 그리고 잘 조절된 상태로 작용하는 것을 일컫는다. 와인은 뜨거운 상태에서보다 차가운 상태에서 더 천천히 숙성되며 작은 공간보다 큰 공간 속에서 더 서서히 숙성된다. 또한 미세한 공기구멍이 있는 오크로 만든 통 안에서 보다는 강철 또는 유리로 만든 통속에서 더 서서히 숙성된다. 어떤 경우든 시간이 중요한 변수가 된다. 그 기간은 2~3개월부터 2~3년 사이가 대부분이다. 대체로 포도의 맛을 극대화시키기 위해서는 강철 또는 유리재질의 큰 통속에서 숙성시키는데, 대부분의 화이트와인, 로제와인 등이 이 경우에 해당된다. 와인의 향기를 우러나오게 위해서는 조그만 오크통 속에서 오랜 기간 동안 숙성시킨다. 쉐리 와인이 대표적이며 레드와인이 이에 해당된다.

숙성을 마친 와인은 와인의 선명도를 높여주기 위하여 청징(Fining) 작업을 하게 된다. 이것은 와인을 혼탁하게 하는 각종 물질 즉, 이스트, 박테리아, 포도 부스러기 등을 탱크나 오크통 바닥으로 가라앉히는 작업으로 와인의 품질에 결정적인 영향을 미친다. 이때 달걀흰자와 미세한 점토물의 벤토나이트(Bentonite)가 사용된다. 적어도 한 번 이상은 행해진다.

그림 1-51 와인 숙성

6) 블렌딩(Blending)

블렌딩은 독특한 와인스타일의 다양성과 일관성을 유지하게 한다. 각 국의 유명 와인 제조사에서는 최고의 와인을 제조하기 위하여 여러 가지 견본품을 만들려고 시도한다. 이 과정은 와인이 발효에서 병입 될 때까지 어느 과정에서도 가능하다. 이러한 블렌딩은 다음과 같은 여러 가지 유형으로 이루어진다.

- 한 포도밭에서 나오는 두 가지 이상의 포도품종을 혼합
- 여러 지역 포도밭에서 나오는 한 가지 포도품종을 혼합
- 여러 지역 포도밭에서 나오는 여러 가지 포도품종을 혼합
- 서로 다른 와인들의 혼합

그림 1-52 와인 숙성

자료 : (왼쪽) www.wine21.com, (오른쪽) www.wineok.com

7) 병입(Bottling)

와인제조 과정에서 병입도 간과할 수 없는 중요한 단계이다. 이 과정은 복잡하지 않으나 와인이 산화되거나 오염되는 것을 방지하려면 세심한 주의와 관리가 필요하다. 청결만이 박테리아 등에 오염되는 것을 막는 최상의 방법이다. 박테리아는 인체에 해롭지는 않지만 와인의 향을 뺏을 수 있기 때문이다. 병뚜껑은 고급와인 일수록 코르크를 사용하지만, 최근에는 플라스틱 코르크나 스크루 캡을 사용하는 경우가 늘어나고 있다. 일반적으로 대부분 90% 이상의 와인은 5년 이내에 마시면 좋은 영한 와인이며, 화이트와인은 3년 이내에, 레드와인은 5년 이내에 마시는 것이 좋다.

그림 1-53 와인 병입

자료 : (왼쪽) www.northwest-wine.com, (오른쪽) www.crownvalleyprivatelabel.com

2 와인별 와인제조 특성

1) 레드와인(Red Wine)

레드와인 품종을 사용하여 포도 껍질에 있는 색과 탄닌을 최대한 축출해내는 작업(침용 과정)을 거쳐 루비와 같은 아름다운 색상을 지닌 와인을 만드는데 숙성하고 출하하는 경우가 많다.

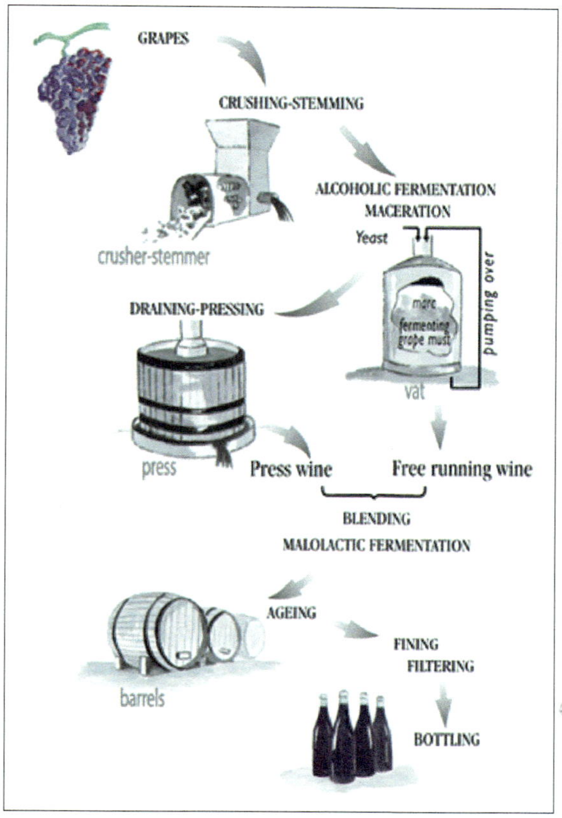

그림 1-54 레드와인 제조과정

자료 : uwechonors302.webly.com

2) 화이트와인(White Wine)

화이트와인은 청포도 품종을 주로 사용하며 가끔은 레드 품종을 사용하는 경우도 있다. 화이트와인의 경우 최대한 신선한 상태에서 색이나 탄닌을 전혀 함유하지 않도록 즙만 짜내어 상큼하고 가벼우면서도 신선한 맛을 내는 경우가 많다. 가끔 숙성을 가볍게 하여 와인의 부케와 무게감을 주기도 한다. 특히 화이트와인은 신선하고 가볍고 산뜻해야 한다. 그래서 포도수확을 약간 덜 익어서 적절한 향과 산도를 유지하고 있을 때 하는 것이 좋다. 포도가 건강하지 못하면 색깔이 선명하지 않으므로 처리과정을 짧게 한다. 또한 화이트와인은 포도즙만을 이용하여 발효를 한다. 색소의 추출이 적기 때문에 색이 엷은 노란색을 띠게 되나 숙성과정을 거치면서 점차 호박색으로 변해간다. 화이트와인은 신선하고 상쾌한 맛이 생명이기 때문에 2차 발효과정을 생략하는 경우가 대부분이지만, 고급 화이트와인의 경우에는 2차 발효과정을 거치기도 한다. 화이트와인은 너무 오래 두면 신선도를 잃게 된다.

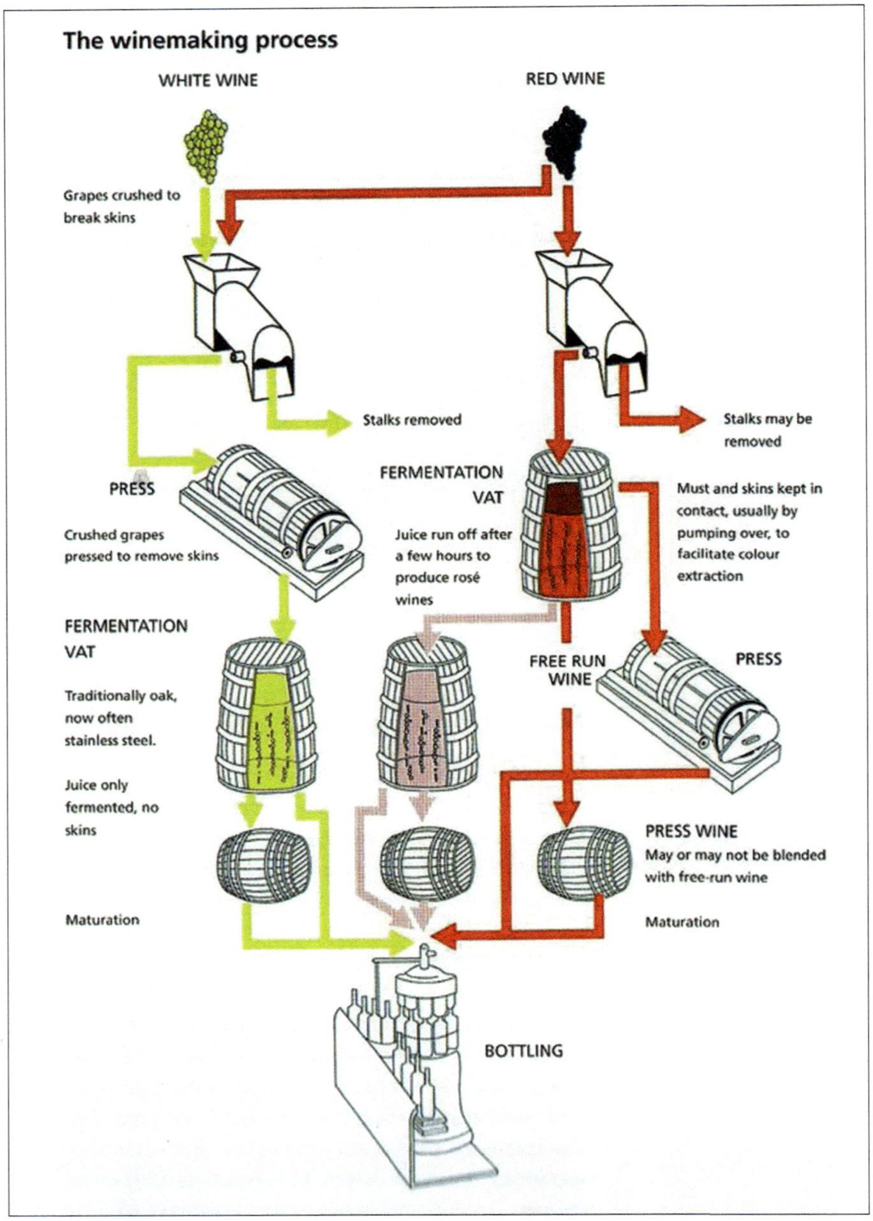

그림 1-55 화이트와인 제조과정

자료 : www.pinterest.com

3) 로제와인(Rose Wine)

레드와인 품종을 주로 사용하여 발효 도중에 적당히 색소추출이 되면 포도껍질을 제거하는 방식으로 제조한다. 적포도로 만드는 화이트와인으로 블랑드 누아르(Blanc de Noirs)는 검정색 껍질만 다를 뿐 화이트와인과 완전히 같게 만들어지며 로제(Roses)는 '즙'이 분리되기 전에 몇 시간 동안 발효하여 약간의 핑크 빛을 띠게 한다. 일명 핑크와인이라고도 불린다.

4) 스위트와인(Sweet Wine)

와인 초보자나 여성들이 선호하난 스위트와인의 제조 방법은 크게 다음과 같다. 첫째 자연적으로 만들어진 경우이다. 자연적으로 포도의 당분이 높아 효모가 알코올을 충분히 만들고도 남아 와인에 당분이 남는 경우이다. 둘째 과숙된 포도를 수확하여 수분을 제거하고 당도를 높인 경우이다. 따뜻한 지역의 건포도, 추운 지역의 아이스와인, 습기가 많은 지역의 Noble not 등이 해당된다. 셋째 양조기술로 해결하는 인위적 방법으로 와인제조 과정의 특정 시점에서 멈추는 경우이다. 과정 중에 고농도 알코올(브랜디)을 첨가하여 만든 경우이다. 넷째 당분을 직접적으로 첨가하는 경우이다. 가장 저렴하고 쉬운 방법으로 가벼운 타입의 와인을 만드는 것으로 발효 전 꿀이나 당분이나 꿀을 첨가하거나 발효 후 농축 포도 쥬스를 첨가한 것이다.

5) 발포성와인(Sparking Wine)

모든 발포성와인은 중간정도의 낮은 알콜 농도를 지닌 신맛에 테이블와인부터 시작된다. 제조방법으로 전통적인 'Methode Champenoise'에서는 적은 양의 이스트와 당분을 1차 발효된 와인병 속에 첨가한 다음 마개를 막고 보관한다. 그리고 2번째 발효가 몇 주일 안에 시작되고 몇 달 부터 몇 년에 걸쳐 계속하여 샴페인 향을 만들어낸다. 시간이 어느 정도 지나면 이스트의 앙금이 병목부분에서 'Riddling'이라 불리는 과정을 통해 마개가 열었을 때 튀어나오게 된다. 그와 동시에 그 빈 공간은 일정량의 내용물로 채워지게 되는데 이것이 와인의 당도를 최종 결정하게 한다. 이런 과정을 거쳐 만든 것의 레이블에 'Methode Champenoise' 또는 '병속에서 발효되었음(Fermented in this bottle)'이라고 표기한다. Transfer Process와인은 'Bottle Fermentation'의 과정과 유사하지만 이 와인은 앞서의 'Riddling' 대신에 먼저 병에서 탱크로 옮겨 압착을 가하며 이스트 앙금을 여과하고 병에 주입한다. 레이블에는 'Bulk Process' 또는 'Charmat Process'로 명기되어 있다.

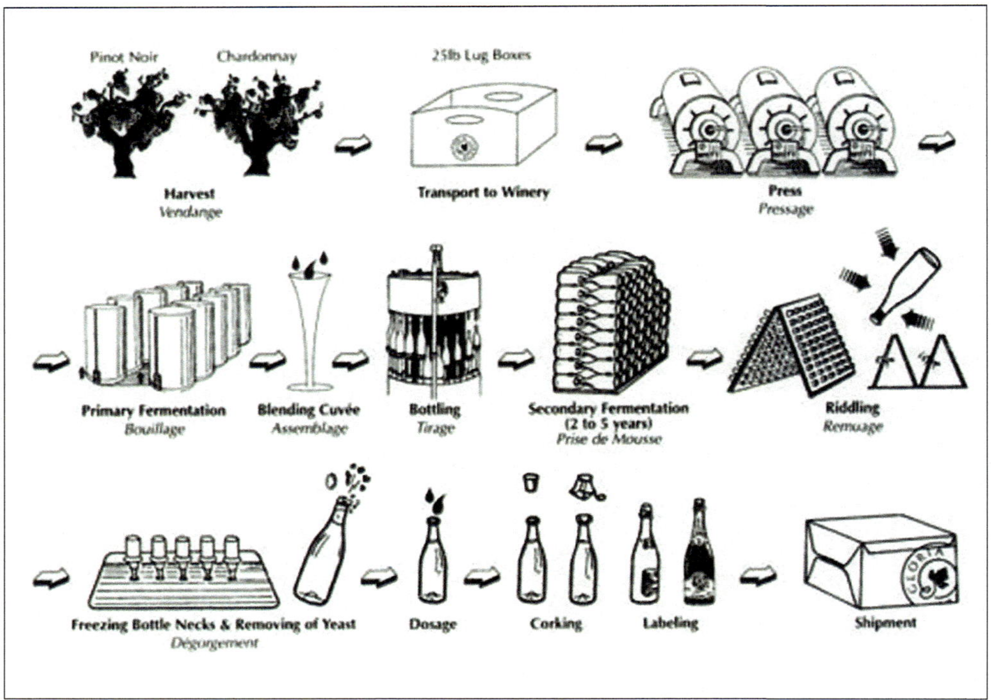

그림 1-56 발포성와인 제조과정

자료 : www.pinterest.com

6) 주정강화와인(Fortified Wine)

와인이 발효가 되고 있는 중간에 브랜디, 향신료, 약초 등을 첨가하면 발효는 중단되는데 이때 발효를 다하지 못한 당분이 남아 와인은 달콤해지며 브랜디로 인해 알코올 도수는 높아진다. 일반적으로 와인의 알코올은 평균적으로 13%이지만 강화 와인의 경우 18~20%의 알코올 도수를 보유하면서도 달콤한 디저트 와인이 된다.

서로 다른 포도주의 혼합으로 만들어지며, 일부는 'Solera'라 불리는 시스템으로 보관된다. 'Solera'는 통을 6~7단계로 쌓은 일련의 시스템으로 가장 오래된 것부터 가장 최근 것까지 순서대로 배열한다. 매년 가장 오래된 통에 있는 것부터 최근의 것까지 차례로 꺼내어 포장한다. 숙성통 안에서 산화가 이루어지면 어느 정도의 열기가 필요한데 이것은 태양 열 또는 그 안에서 자체 생성된 열기로부터 충당된다. 또한 Sherry중에는 'Flor'라 불리는 이스트에 의해 향기를 지니게 되는데, 이 이스트는 숙성되고 있는 와인의 표면에서 떠다니거나 또는 배양되어 와인과 함께 혼합한다.

■ **표 1-4 와인제조 과정**

레드와인	화이트와인	로제와인	발포성와인	주정강화와인
수확	수확	수확	수확	수확
파쇄	파쇄 & 압착 (주스만 축출)	파쇄	파쇄 & 압착	파쇄 & 압착
1차 발효	1차 발효	발효 중 껍질 제거	1차 발효	1차 발효
압착	2차 발효(일부)	압착	숙성	압착
2차 발효	앙금 제거	숙성	병 입 효모 · 당분첨가	브랜디 첨가
앙금 제거	숙성	앙금 제거	병속 2차 발효	숙성
숙성 후 여과	여과		찌거기 처리	여과 후 혼합
병입	병입	병입	와인보충 당도조정	숙성
병숙성	병숙성	병숙성	병숙성	병
출하	출하	출하	출하	출하

TIP 1
오크통

오크통이 와인에 미치는 영향은 절대적이다. 숙성과정에서 일정한 양의 산소가 필요한데, 이 산소는 아주 미세한 분량이 천천히, 지속적으로 제공되어야 한다. 참나무의 조직은 바로 이 미세한 산소공급을 가능하게 해서 와인이 안정적으로 숨을 쉴 수 있도록 한다. 오크통 속에서 숨을 쉰 와인은 탄닌이 부드러워지고 더 조화로운 맛을 낸다. 또한 오크통을 적절하게 사용하면 오크의 향이 와인에 베인다. 참나무 조직에 함유되어 있는 각종 성분이 와인의 향에 관여하는데, 대표적으로 바닐라 향과 탄닌이다. 또한 와인은 오크통에서 숙성하는 동안 향뿐만이 아니고 맛도 더 부드러워진다. 오크통을 만드는 과정에서 통 안에 불을 피워 그을리는데, 이과정이 부케라 불리는 와인의 2차향을 결정하는데 중요한 영향을 미친다. 바닐라, 초콜릿, 커피, 가죽, 버터 등이 오크통의 그을린 정도에 따라 와인의 향이 달라진다. 하지만 불에 그을린 냄새가 강하기 때문에 화이트와인이나 질감이 약한 레드와인에서는 피하고 있다. 주요 생산국은 프랑스와 포르투갈이다.

오크통은 고대 이집트에서 시작하여 로마시대로부터 널리 사용되었는데, 과거 용기(가죽, 돌, 옹기 등)보다 가볍고 유연성과 나무 특유의 탄성으로 견고해서 와인 등의 주류를 장거리 운송할 때 사용되었던 보관용기였다. 양조기술이 발달하면서 양조과정에 사용되기 시작하였다. 특히 서양의 브랜디, 위스키와 같은 증류주는 오크통에 의해 맛과 향이 좌우된다. 현대에는 오크통 뿐만 아니라 스테인레스, 시멘트로 만든 통이 사용되기도 하고 모양과 용량도 차이를 보이고 있다.

그림 1-57 오크통 제조 과정

자료 : www.food.chosun.com

TIP 2
와인병

유리로 된 와인병은 와인의 품질을 좌우하는데 필수적인 요인이다. 수많은 음료 가운데 와인이 최고급 음료로 꼽히는 이유는 유리병의 공헌이 지대하다 고 할 수 있다. 로마시대부터 유리그릇이 사용되어 왔지만 와인을 병에 담기 시작한 시기는 1640년에 영국의 케넬름 딕바이(Kenelm Digby) 경에 의해서이다. 유리는 맛에 영향을 미치지 않을 뿐 아니라 알코올, 탄닌산 그리고 페놀 등에 강하기 때문에 와인병로 적합한 재질이다. 와인병이 초록색 또는 갈색인 이유는 와인을 자외선으로부터 보호하기 위함이며, 와인의 색상을 보존시키기 위해서이다. 그리고 유리는 강하고, 영하 15℃에서 영상 80℃까지의 온도를 견딜 수 있기 때문에 특히 운반할 때도 좋다. 고급 와인일수록 유리병을 사용하는 이유도 여기에 있다.

와인병의 각 명칭은 캡슐(Capsule), 울라지(Ullage), 넥라벨(Neck Label), 숄더(Shoulder), 라벨(Label), 펀트(Punt) 등으로 구성되어 있다. 특히 병 아랫부분의 펀트는 와인에 흔히 생길 수 있는 침전물이 바닥에 쉽게 고이도록 위한 것이다.

와인의 병 형태와 색깔, 크기는 전통을 중요시하기 때문에 오래 전부터 사용하던 것을 지속적으로 사용하는 경우가 많다. 그래서 와인병만 보고도 산지와 포도품종과 같은 정보를 제공받을 수 있다. 와인병의 크기는 750ml이면 2~3명이 식사를 하면서 마시기 좋은 양이며 5~6잔 정도 나올 용량이다. 그 밖의 크기로는 하프 바틀인 375ml는 드미(Demi), 1.5리터의 매그넘(Magnum), 3리터는 더블 매그넘, 보르도의 5리터 · 샹파뉴의 3리터 크기는 제로보엠(Jeroboam), 6리터의 르오보암(Rehoboam), 8리터의 앙뻬리알(Imperiale), 9리터의 살마나자르(Salmanazar), 12리터의 발타자르(Balthazar), 15리터의 느뷔샤드느자르(Nebuchanezzar) 등이 있다.

그림 1-58 와인병

TIP 3
와인캡슐

와인병과 외부 공기와의 접촉을 방지하여 산화가 일어나는 것을 막는 와인 캡슐(Wine Capsule)은 와인을 오픈하지 않았다는 증거로서 병 내의 가스 유출과 외부 공기의 유입시기를 지연시키고 코르크를 해충으로부터 보호하는 역할을 한다.

과거에는 납을 사용하였으나 납과 달리, 인체에 무해하고 부드러우며 구부리기 쉬워 병목 부분에 밀착이 용이하고 산성과 알코올 등에 부식되지 않는 주석과 보다 저렴한 알루미늄, 폴리에틸렌, PVC, PET 등이 사용되고 있다. 최근에는 PVC호일로 코팅된 알루미늄 합금이 많이 사용되고 있다.

그림 1-59 와인캡슐

자료 : www.advancecork.com

TIP 4
코르크

와인의 코르크는 와인이 새는 것을 방지하고 미세하게 숨을 쉴 수 있도록 하는 역할을 하며 천연코르크와 합성코르크가 사용된다. 예전의 와인마개는 가죽, 나무, 촛농으로 밀봉하거나 올리브기름을 묻혀 사용하였으나, 18세기 동 페리뇽이 샴페인 마개로 코르크를 사용하면서 유연성과 편리성이 강조되어 와인에서도 점차 각광을 받게 되었다.

코르크는 나무의 특정 부위 이름으로 겉껍질과 속껍질 사이의 두꺼운 껍질층이다. 와인에 사용되는 코르크는 20년 이상 된 너도밤나무과의 나무의 껍질을 이용한다. 코르크나무는 수명이 150~200년 정도이며, 나무를 심어서 적어도 40년 정도는 지나야 껍질을 사용할 수 있다. 코르크는 매우 가벼우면서 밀랍성분과 코르크질이 연속적으로 배열되어 수분이 스며들지 않으면서도 공기가 통하는 독특한 성질을 가지고 있다. 이 공기가 통하는 특성 때문에 미세한 공기가 와인 병으로 들어가 와인을 숙성시키는 것이다. 고급와인을 만드는 양조장에서는 좋은 품질의 코르크를 선호하는데, 좋은 품질의 코르크는 수령이 100년 이상 된 나무의 표피를 사용하기도 한다. 일반적으로 고급와인에 사용하는 코르크는 길고, 숨 쉬는 통로인 껍질눈이 섬세하고 많아 부드러우며 탄력성이 뛰어나다. 포르투갈, 스페인, 알제리 등에서 유명하다.

하지만 코르크는 20여년 넘게 보관하면 조직이 약해져 와인에 공기가 노출이 되어 변질의 우려가 있으며, 이를 방지하기 위하여 리코르킹 작업을 수행한다. 또한 곰팡이 냄새(Bouchonne)가 나기도 하고 와인향이 변하게 되고, 와인개봉에 다소 어려움이 있다.

최근에는 코르크를 대신하여 스크류 캡이 TCA(Trichloranisole, 코르크를 상하게 하는 곰팡이)에 오염될 염려가 없어 코르크보다 더 안전성이 높고 와인이 코르크화 될 가능성이 없다는 이유로 인기를 끌고 있다. 2009년에는 전체 와인 마개 생산량 중 스크류 캡이 차지하는 비율이 15%에 달했는데, 특히 신세계 와인 산지를 중심으로 저렴하면서 코르크를 대체할 수 있는 마개가 널리 사용되고 있으며, 뉴질랜드와 호주의 경우 스크류 캡은 저가 와인은 물론이고 점차 고가 와인으로도 사용범위를 넓혀가고 있다.

스크류 캡을 사용할 경우 와인으로 침투하는 산소의 양이 매우 적기 때문에 와인의 과일 풍미가 오래 유지되며 와인이 산화되는 속도가 느리게 된다. 과일 풍미가 지배적이며 4~5년 이내에 마실만한 와인을 주로 생산하는 신세계 와인 산지에서 스크류 캡을 많이 사용하는 것은 이러한 이유 때문이다.

그림 1-60 코르크나무와 와인 코르크

제 5 장

와인테이스팅

와인을 정해진 방법에 따라 와인의 시각, 후각, 미각, 총제적 평가를 하는 와인 테이스팅(Wine Tasting)을 통하여 와인의 상태, 질적 수준, 독특한 맛과 향, 숙성 정도, 음식과의 궁합 등의 정보를 얻기 위한 과정이다.

일반적으로 와인테이스팅은 몇 가지 기본 원칙에 의해 진행된다. 첫째, 가벼운 맛의 와인을 먼저 마시고 진한 맛의 와인은 나중에 마신다. 반대로 마시면 가벼운 맛의 와인은 더욱 가볍게 느껴져서 와인의 가볍고 경쾌한 맛을 느낄 수가 없기 때문이다. 둘째, 영한 와인을 먼저 마신 후 올드한 와인을 마신다. 영한 와인은 신선한 맛이 매력이다. 숙성된 짙은맛의 오래된 와인을 마시는 것이 어린 와인의 그 나름의 맛을 제대로 즐길 수 있다. 셋째, 드라이한 맛의 와인을 스위트한 와인보다 먼저 마신다. 넷째, 화이트와인을 레드와인보다 먼저 마신다. 레드와인은 화이트와인에 비해 맛이 짙기 때문에 레드와인을 먼저 마시면 그 무게가 혀에 남아 화이트와인의 과일 향을 충분히 즐길 수가 없기 때문이다. 특히 청포도 품종에서 소비뇽블랑을 샤르도네보다 먼저, 적포도 품종에서는 메를로, 까베르네 소비뇽, 시라즈, 말벡의 순으로 마시게 된다.

1 시각에 의한 테이스팅

시각에 의한 테이스팅을 통하여 시음하는 와인의 투명도, 점성, 농도, 색에 관한 정보를 얻고 정도를 판단할 수 있다.

1) 투명도(Clarity)

투명한, 탁한, 침전물이 있는 등으로 표현하는 투명도는 사용하는 포도품종, 양조방법에 따라 차이가 있다. 영한 와인 일수록 투명도는 밝거나, 맑으며 올드한 와인일수록 흐리거나 탁한 투명도를 보인다. 아주 맑은(Brilliant), 맑은(Clear), 흐린(Dull), 조금 탁한(Bitty), 탁한(Cloudy) 등으로 표현한다.

2) 점성(Legs)

와인의 색과 투명도를 테이스팅 후, 와인글라스를 흔들고 글라스를 돌린 것을 멈춘 후에도 와인글라스의 안쪽으로 와인이 흘러내리는 것을 볼 수가 있다. 이것을 "와인의 눈물"라고 한다. 이는 와인 속에 함유된 알코올, 콜리세롤, 당분 등으로 분석되며, 이것으로 와인의 점도와 알코올 농도를 알 수 있다. 특히 높은 점성을 보이는 와인은 높은 당도와 알코올을 가진 스위트와인으로 짐작할 수 있으며, 낮은 점성을 보이는 와인은 산도가 높고 낮은 알코올 농도를 가진 와인이다. 진한(Heavy), 보통(Normal), 묽은(Watery), 흐릿한(Hazy), 불투명한(Opaque) 등으로 표현한다.

그림 1-61 와인의 눈물

자료 : designateddrivernapa-sonoma.com

3) 농도(Intensity)

와인의 농도는 색깔이 진하고 옅음을 의미한다. 투명성과 침전물 유무를 확인한다. 투명한 농도와 밝은 느낌의 와인은 서늘한 기후에서 불투명한 농도와 어두운 느낌의 와인은 무더운 기후에서 재배한 포도로 만든 와인이다.

4) 색(Color)

와인의 색은 포도품종, 빈티지, 재배환경, 스타일, 숙성정도, 변질여부에 따라 차이가 있다. 흰 냅킨이나 식탁보 등 하얀색 배경에 잔을 약간 비스듬히 기울여 레드와인은 글라스를 45도 기울인 상태에서 가장자리 부분의 와인색깔을 보고, 화이트와인은 눈높이에서 빛을 통과시켜 색깔을 확인한다. 이때 와인글라스를 비스듬히 기울여 빛에 비추는 것은 색조를 확인하기 위한 것이다. 비스듬히 기울이는 이유는 액체의 깊이가 낮은 부분에서 이 색조의 변화가 가장 먼저 감지되기 때문이다.

레드와인은 숙성 정도에 따라 자주색, 루비색, 붉은 색, 붉은 벽돌색, 적갈색 등으로 짙은 색에서 엷은 색으로 변화한다. 화이트와인은 엷은 노란색, 연초록을 띤 노란색, 볏짚색, 짚은 노란색, 황금색, 호박색, 각색 등으로 변화되어 엷은 색에서 점차 짙은 색으로 변한다. 이때 색깔이 짙은 화이트와인은 오래됐거나, 포도품종 때문이거나 혹은 오크통에 숙성된 경우에 원인이 있을 수 있다. 로제와인은 엷은 레드색, 장미색, 연어색, 분홍색, 양파 껍질색, 오렌지색, 갈색으로 변한다.

그림 1-62 와인색 관찰 요령

그림 1-63 와인색의 변화

자료 : www.selectcellars.com을 참고로 재구성

2 후각에 의한 테이스팅

복잡하고 미묘한 와인 향은 와인의 질과 특성에 따라 다소 짙기도 하고 와인에 대해 좀 더 많은 것을 표현해 준다. 와인을 마시는 것은 곧 향기를 음미하는 것이라고 표현할 정도로 향기는 와인의 생명과도 같다. 와인 향을 잘 맡기 위해서는 와인을 충분이 흔든 후에 코를 잔 깊숙이 넣고, 와인 향을 맡기 전에 자극적인 향(향수, 담배 등)은 피해야 한다. 또한 일상생활에서 향기 맡는 연습과 노력이 필요하다.

와인의 향은 수천 가지가 존재하지만 크게 아로마(Aroma)와 부케(Bouqeat) 두 가지로 구분된다. 포도 원료 자체에서 느껴지는 천연의 향을 아로마(Aroma)라는 1차적 향의 아로마는 과실이 가지고 있는 고유의 향으로 과일, 풀향 등이 난다. 와인이 공기와 접촉한 후에 나는 부케(Bouquet)는 와인이 발효, 숙성되면서 생성되는 인공적인 향의 2차적 향으로 버섯, 동물, 토스트, 초콜릿, 가죽과 같은 특유의 향이 난다. 부케는 아로마 보다 미묘해서 파악하기 힘들지만 와인 전체의 입맛을 결정하는 중요한 향이다. 부케는 화이트보다 레드와인에서 더 풍기는 향이다.

1-55 와인향

- 꽃향(Floral) : 감귤꽃향, 아카시아향, 장미꽃향, 제비꽃향
- 과일향(Fruity) : 바나나향, 배향, 오렌지향, 사과향, 살구향
- 풀향(Herbal) : 샐러리향, 잔디향, 피망향l, 허브향
- 나무향(Tree) : 삼나무향, 코르크향, 참나무향
- 향신료향(Spicy) : 감초향, 고추향, 계치향, 박하향, 후추향
- 태운향(Brunt) : 구운빵향, 고무탄내향, 나무숯향, 담배연기, 커피향
- 달콤한향(Sweet) : 바닐라향, 벌꿀향, 버터향, 카라멜향, 초코렛향
- 미네랄향(Mineral) : 먼지향, 부싯돌내음, 흙내음
- 동물향 (Animal) : 가죽향, 베이컨향, 사향, 사냥 동물향

와인 향은 포도품종에 따라 다양한 향을 가지고 있다. 주요 적포도 품종과 청포도 품종의 아로마를 살펴보면 다음과 같다.

■ 표 1-5 적포도 품종의 아로마

포도품종	주요 아로마
Cabernet Franc	블루베리, 피망, 고추, 풀
Carbernet Sauvignon	건포도, 삼나무, 검은 후추, 유칼립스
Gamay	라스베리, 바나나, 정향
Grenache	블랙베리, 건포도, 담배
Malbec	체리, 메실, 후추, 시나몬
Merlot	블랙베리, 삼나무, 매실, 송로향
Nebbiolo	체리, 시나몬, 마른꽃, 타르
Pinot Noir	라스베리, 체리, 매실, 정향
Sangiovese	블랙베리, 푸른나무, 가죽, 바닐라
Syrah	블랙베리, 송로, 육포, 바이오렛
Tempranillo	블랙베리, 건포도, 머스크, 그랜베리
Zinfandel	블랙베리, 매실, 바나나, 후추

■ 표 1-6 청포도 품종의 아로마

포도품종	주요 아로마
Chardonnay	헤이즐넛, 메론, 레몬, 파이애플, 바나나
Chenin Blanc	사과, 헤이즐넛, 만다린 오렌지
Gewuerztraminer	장미, 리치, 야자열매, 모과빵
Muscadet	그레이프, 레몬껍질, 아니스열매
Pinot Blanc	배, 모과, 잼, 차
Pinot Gris	감자, 빵, 베이컨
Riesling	복숭아, 살구, 페트롤
Sauvignon Blanc	피망, 녹색 토마토, 블랙베리, 산딸기
Semillon	복숭아, 파인애플, 꿀, 샤프란
Silvaner	사과, 감자, 화향, 샐러리
Tocai	사과, 보리수꽃
Viognier	살구, 배, 레몬풀, 견과류, 꿀

프랑스의 부르고뉴 출신인 장 르누아르는 여러 해에 걸친 노력 끝에 1981년 와인 아로마키트인 르네뒤뱅(le nez du vin)을 개발했다. 이것은 와인에서 흔히 맡을 수 있는 아로마를 액체의 형태로 화학적으로 만들어 향수의 샘플처럼 작은 병에 담아 놓은 세트를 말한다. 개별적인 아로마를 후각적으로 인지하고 기억하게 함으로써 전형적인 와인의 향기를 정확하게 맡을 수 있도록 도와준다.

그림 1-64 와인 아로마키트

자료 : www.aromes-de-vin.com

와인 아로마키트와는 달리 와인 아로마 휠은 국내에 아직 별로 알려져 있지 않다. 와인 아로마 키트가 아로마를 구분하기 위해서 후각적인 트레이닝을 하는데 도움을 주는 반면 아로마 휠은 와인 향을 체계적으로 정리하고 아로마를 찾아내는데 도움을 주는 마치 도표 같은 툴이다. 아로마 휠은 앤 노블(Ann C. Noble)이 미국 캘리포니아의 UC 다이브 대학에서 양조학 교수 로 재직하고 있던 1980년대에 개발했다. 노블 교수의 아로마휠은 스틸 와인용과 샴페인 제조 방식에 의해 만들어진 스파클링 와인용 등 2종류가 있는데 스틸 와인용의 아로마 휠은 불어, 이태리어 등 모두 6개 국어로 번역되어 판매되고 있다. 스틸와인용 아로마 휠에는 약 100개의 아로마가 그룹, 상하의 카테고리 별로 분류되어 있어서 체계적으로 아로마를 느끼고 표현하고 정리하는데 도움을 준다.

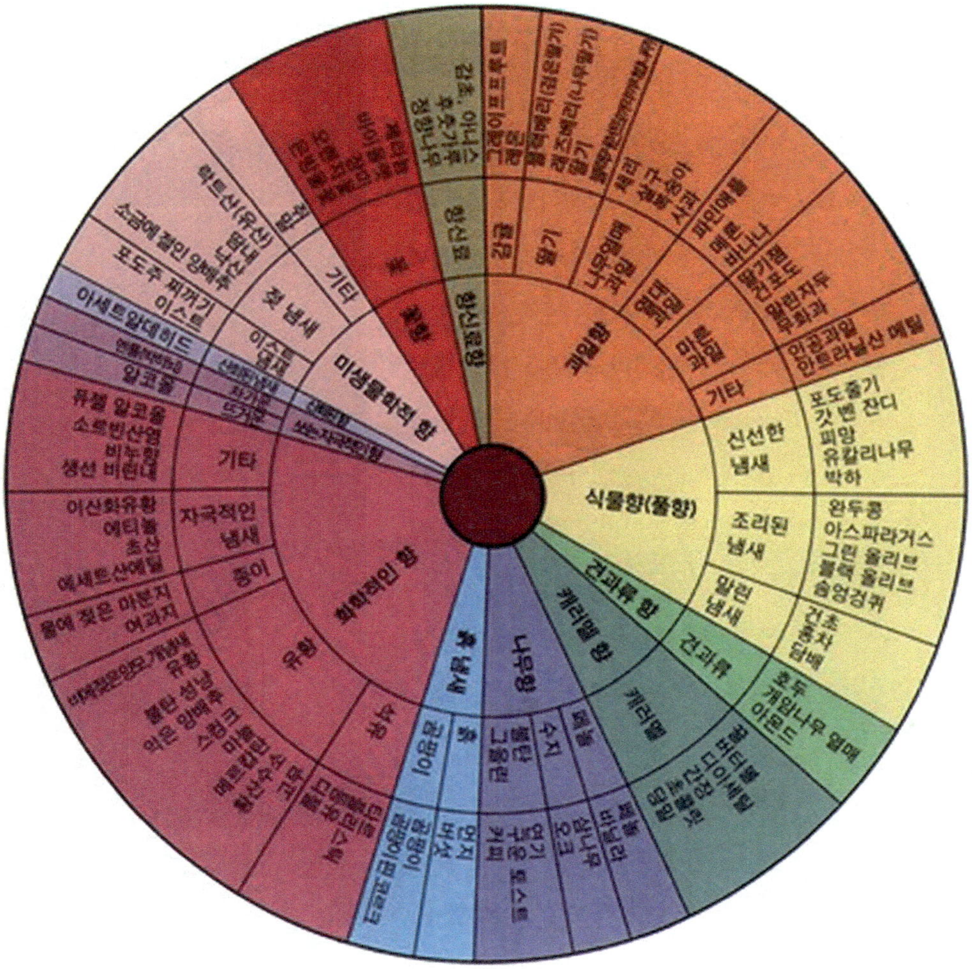

그림 1-65 와인 아로마 휠

3 미각에 의한 테이스팅

입속에서 와인의 맛은 기본적으로 단맛(Sweet), 신맛(Sour), 떫고 쓴맛(Bitter) 맛을 느낄 수 있다. 포도 속의 천연당분과 글리세린, 알코올 성분으로부터 나오는 단맛은 혀의 앞 끝부분에서 감지되는 맛으로 와인 잔이 입에 닿는 테두리 부분이 많이 휘어지면 와인이 혀 앞쪽에 쉽게 닿게 되어 단맛을 먼저 느끼게 되므로 떫은맛의 와인도 훨씬 부드러워진다 반대의 맛은 드라이(Dry)이다. Very Sweet, Sweet, Medium Sweet, Medium Dry, Dry, Very Dry 로 표현한다.

신맛은 혀의 양 옆 부분에서 느끼고 신선함도 느끼게 한다. 주로 포도에 들어 있는 타르타르산(Tartaric Acid)과 사과산(Malic Acid)에 의한 맛으로 음식이 약간 신맛이 날 때 맛있다고 느끼고 산도가 높아 신맛이 덜 나는 와인은 밋밋하고 단순하다고 느낀다. 화이트와인에서 중요한 맛이다. Very Tart, Marked, Refreshing, Normal, Flat 로 표현한다.

혀의 가장 깊숙한 곳에서 감지되는 쓴맛은 포도 껍질과 씨에 들어 있는 탄닌 성분에 의해 나타나며 특히 레드와인의 경우 중요한 요인이다. 심한 경우 떫은 감을 먹을 때와 비슷한 느낌이 있다. 이와 같이 맛의 요소를 혀의 각기 다른 부위에서 느끼기 때문에 와인의 맛을 즐기기 위해서는 와인이 혀에 닿으면 곧 삼켜버릴 것이 아니라 입 안 전체에 고루 퍼져 향과 맛을 충분히 감지할 수 있도록 입에 머금고 공기와 와인을 접촉하여 입안에서 돌리면서 천천히 충분히 음미해야 한다. 와인의 무게감(Body)는 입안에서 느껴지는 와인 전체의 인상으로 알코올, 탄닌, 산도, 당분 등이 영향을 준다. 여기에는 물과 같은 라이트바디(Light Bodied), 우유와 같은 중간바디(Medium Bodied), 두유와 같은 풀바디(Full Bodied)로 표현하며, Heavy Bodied, Very Light로 표현한다. 적포도 품종은 가메, 삐노누아, 까베르네 프랑, 메를로, 시라, 까베르네 소비뇽, 말벡 순으로 풀 바디에 가깝다.

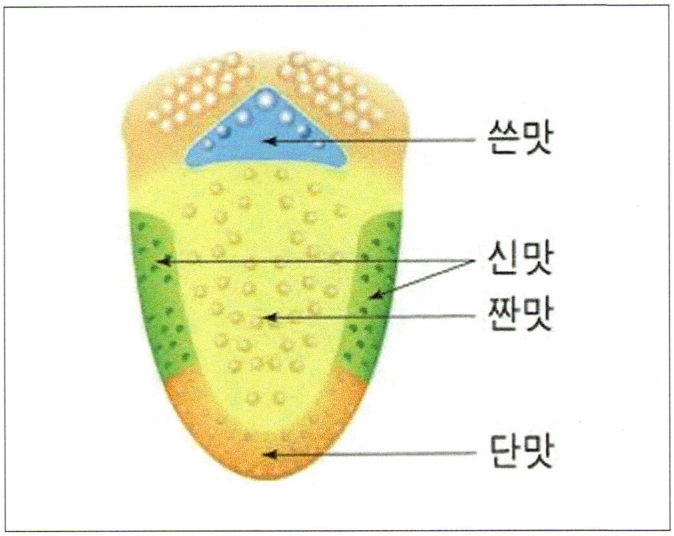

그림 1-66 맛에 대한 혀의 위치

자료 : www.thecoffeehouse.tistroy.com

4 테이스팅에 대한 총평

와인을 테이스팅 한 후에는 와인에 대한 종합 평가를 하게 된다. 여기에는 균형(Balance), 복잡성(Complexity), 여운(Finish), 품질(Quality), 깊이(Depth), 취향(Preference) 등이 있다.

1) 균형(Balance)

와인의 단맛, 신맛, 쓴맛, 알코올의 와인 맛을 구성하는 중요한 네 가지 요소에 대한 균형이다. 즉 균형은 이러한 4가지 요소들 사이의 상관관계를 말하며, 탄닌의 쓴맛과 신맛은 와인의 맛을 좀 더 강하게 하는 요소이며, 알코올과 당분은 와인을 부드럽게 해주는 요인이다. 따라서 와인의 밸런스는 강하고, 부드러운 요소의 상관관계에 따라 달라지며, 와인의 질을 결정하는데 중요한 기준이 된다. 탄닌이 많은 와인의 경우 다른 성분이 받쳐주지 않으면 불쾌하게 쓰고 떫은 와인이 되지만, 탄닌이 많더라도 다른 성분의 균형이 받쳐주는 와인은 입안이 꽉 차는 느낌을 주는 기분 좋은 강렬함을 안겨주는 와인이 된다. 탄닌이 적은 와인의 경우는 섬세한 것이 많아 이 밸런스를 맞추기가 더욱 까다롭다. 특히 와인의 유형에 따라 그에 적합한 균형 조건이 있다. 즉 와인도 풀 바디 와인은 풀 바디 와인대로의 밸런스가 있고, 라이트 보디 와인은 라이트 보디 와인대로의 밸런스가 있고, 드라이 와인은 드라이 와인대로, 스위트 와인은 스위트 와인대로의 밸런스가 있다. 그래서 한마디로 잘라서 말할 수는 없는 어려운 개념이다. Perfect, Very Well Balanced, Good, Unbalanced로 표현한다.

2) 복잡성(Complexity)

단순 포도품종으로 제조한 와인일수록 와인의 향과 맛이 단순하며, 블렌딩한 와인일수록 와인의 향과 맛이 복잡하다.

3) 여운(Finish)

와인을 마신 후 입속에 남는 느낌으로 그 맛이 혀의 어디까지 미치며, 얼마나 오랫동안 지속되는지를 의미한다. 양질의 와인은 고루 와인의 느낌이 미치며 오랫동안 마신 느낌이 지속된다. Short, Moderate, Long로 표현한다.

4) 품질(Quality)

와인 테이스팅 결과에 따라 와인의 품질을 표현한다. 여기에는 Poor, Good, Excellent로 표현한다.

5) 깊이(Depth)

와인의 맛이 단지 평면적으로만 느껴지지 않고, 그 이면에서 또 다른 맛을 느낄 수 있 을 때, 우리는 그 와인에 깊이가 있다고 말한다. 밋밋한 느낌을 주는 와인은 훌륭한 와인이 될 수 없는 이유이다.

6) 취향(Preference)

와인 테이스팅을 한 사람의 주관적 판단 또는 기호로서 Dislike, Like, Love로 표현한다.

TIP 5
로버터 파커
(Robert M. Parker)

세계적인 와인 테이스팅의 황제인 로버터 파커(Robert M. Parker, 1947–)가 매년 Wine Advocate에 발표하는 와인테이스팅 평가 점수는 와인가격에 반영되어 세계 와인업계에 큰 영향력을 주고 있다. 심지어 그는 와인에 사용된 포도품종, 빈티지, 생산자까지를 블라인드 테이스팅을 통해 거의 맞추고 있다. 최하 50점부터 시작하는 점수는 와인의 색 5점, 향기 15점, 맛 20점, 기타 여운, 균형감, 숙성의 잠재력 등을 합한 10점이며 최종 점수에서 50점을 가산하게 된다. 세계적 와인은 80점 이상의 점수가 필요하다. 매년 평가에서 100점을 기록한 와인은 10~20종에 불과하다. 국내 와인 관련 기업으로서는 동아원그룹이 최초로 지난 2005년 미국 캘리포니아 나파밸리에 직접 설립한 와이너리 '다나 에스테이트'(Dana Estates)의 '로터스 빈야드 2007, 2010'이 로버트 파커로부터 100점을 받았다.

그림 1-67 Wine Advocate와 로터스 빈야드

자료 : (위)www.vilaviniteca.es, (아래)blog.opendoctors.net

제6장

국가별 와인

1 프랑스와인

1) 프랑스와인의 개요

기원전 600년경 페니키아인들에 의해 프랑스 마르세이유 지역에 최초로 포도가 전파되었다. 더욱이 로마인들에 의하여 포도재배 및 와인이 발전하게 되었다. 이후 수도원에서 포도원을 관리하면서 프랑스와인이 발전하게 되었으며, 특히 12세기부터는 영국을 중심으로 많은 유럽국가에 와인을 수출하였다. 와인병과 코르크가 일반화되면서 18세기에는 전문와인제조업자들이 다수 등장하기 시작하였다. 1855년 나폴레옹3세에 의한 와인등급의 도입과 1964년 필록세라에 의해 프랑스와인은 큰 피해를 입게 된다. 이후 양조기술의 발달과 마케팅으로 프랑스와인은 세계와인의 대표 국가로 발전하게 된다. 프랑스는 유럽의 북위 42도에서 50도에 걸쳐 육각형 모양이며 기후는 우리나라와 같이 사계절이 있으나 넓은 면적과 바다 및 산맥으로 지역별로 차이가 많이 난다. 남동부의 지중해 지역은 전형적인 지중해성 기후이며 서쪽의 해안 지역은 대서양의 영향으로 해서양 기후대이고 부르고뉴 지역과 알자스 지역은 대륙성 기후대로 나타난다. 프랑스만큼 포도작황의 기복이 심한 나라도 없으며 이러한 이유로 프랑스와인에서 빈티지가 중요하다.

2) 주요 와인산지

프랑스에서는 일부 지역을 제외하고 전 국토에서 와인이 생산되고 있다. 지역의 떼루아 조건과 재배되는 포도품종에 따라 지역별 독특한 와인을 생산하고 있다. [그림 1-68]과 같이 보르도, 부르고뉴, 발레 뒤 론, 르와르, 알자스, 프로방스, 랑그독 루시옹, 샹파뉴 등 지역이 대표적으로 유명하다.

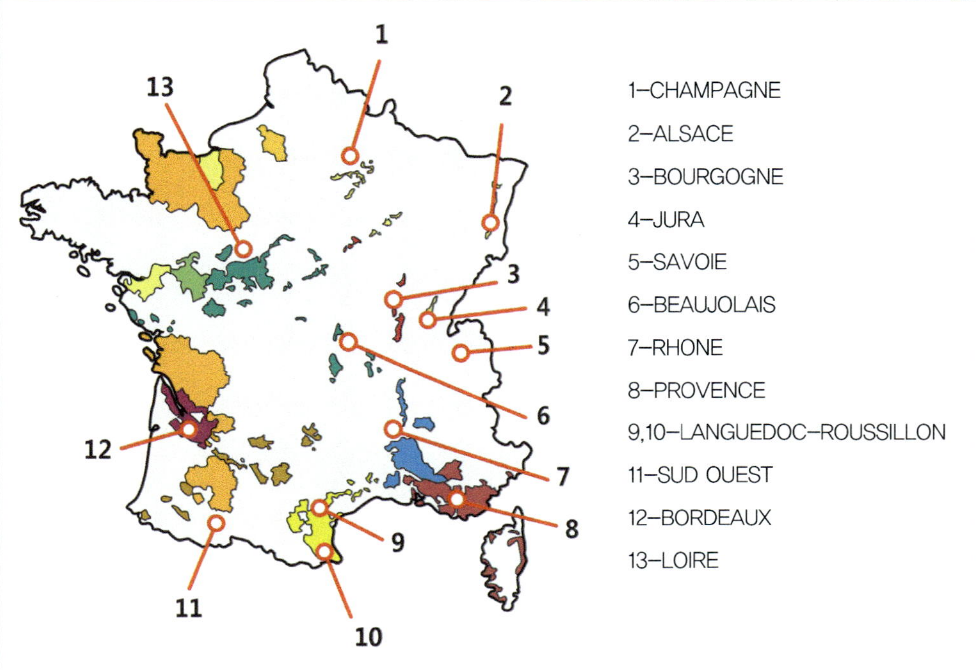

그림 1-68 프랑스 주요 와인산지

(1) 보르도(Bordeaux) 와인산지

보르도 지방은 '와인의 고향'이라 할 만큼 세계에서도 가장 크고 우수한 포도 산지이고, 항구에 접해 있어서 와인의 제조와 판매에도 유리한 여건을 가지고 있는 지역이다. 보르도의 연간 와인 생산량은 약 7억병이며 이 중 82%는 레드와인, 17%는 화이트와인, 1%는 로제와인이 생산된다. 특히 보르도 와인은 단일품종만으로 와인을 만드는 경우는 거의 없다. 보통 2종류 이상의 포도를 섞어 만든다(까베르네 소비뇽 30%, 메를로 60%, 까베르네 프랑 10%). 블렌딩 비율은 포도농장에 따라 다르기 때문에 동일 지역에서 생산된 와인이라 해도 포도원에 따라 풍미와 색의 차이가 있으며, 보르도 와인의 다양하고 풍부한 개성은 이러한 이유 때문이라 할 수 있다.

프랑스 서남쪽의 보르도에는 3개의 중요한 강(지롱드강, 도르도뉴강, 가론느강)이 흐르고 있으며, 이들 지역을 중심으로 와인산지가 형성되어 있다. 지롱드강(Gironde) 지역의 가론느강(Garonne)지역으로 자갈모래 성분의 토양과 일조량이 풍부한 언덕에 위치한 메독(Medoc)지역, 자갈토와 모래가 섞인 점토성 토양의 강우량이 약간 높은 기후의 그라브(Graves)지역, 석회질의 규토와 자갈토양으로 안개가 많은 쏘떼른느(Sauternes)지역, 도르도뉴강(Dordogne)지역으로 철분이 함유된 충적토양의 뽀므롤(Pomerol)지역, 석회성분과 모래진흙이 섞인 토양을 가진 쌩떼밀리용(Saint-Emilion)지역 등이 있다. 이들 지역의 대표적 와인은 〈표 1-7〉과 같다.

■ **표 1-7 보르도 와인산지**

와인 산지명	대표적 지역	주요 포도원
메독	– 쌩 떼스떼프(Saint Estephe) – 뽀이약(Pauillac) – 쌩 줄리앙(Saint Julien) – 마고(Margaux)	– 샤또 라투르(Ch. Latour) – 샤또 마고(Ch. Margaux) – 샤또라피트로칠드(Ch. Lafit-Rothschild) – 샤또 무통로칠드(Ch. Mouton-Rothschild) – 샤또 린치 바쥐(Ch. Lynch-Bages) – 샤또 도작(Ch. Dauzac) – 샤또 레오빌 바르똥(Ch. Leoville Barton) – 샤또 몽로즈(Ch. Montrose) – 샤또 꼬스 데스뚜르넬 (Ch. Cos d'Estourent) – 샤또 레오빌 라스 가스 (Ch. Leoville Las Cases)
그라브	– 뻬싹 레오냥(Pessac Leognan) – 그라브(Graves)	– 샤또 오브리옹(Ch. Haut-Brion) – 샤또 빠쁘 끌레망(Ch. Pape Clement)
쏘떼른느	– 바르싹(Barsac) – 프레냑(Preignac) – 봄(Bommes) – 쏘떼른느(Sauternes) – 파르그(Fargues)	– 샤또 뒤캠(Ch. d'Yquem)
뽀므롤	– 뽀므롤(Pomerol)	– 샤또 뻬뜨뤼스(Ch. Petrus)
쌩떼밀리옹	– 쌩떼밀리옹(Saint Emilion)	– 샤또 오죤(Ch. Ausone) – 샤또 슈발 블랑(Ch. Cheval Blanc)

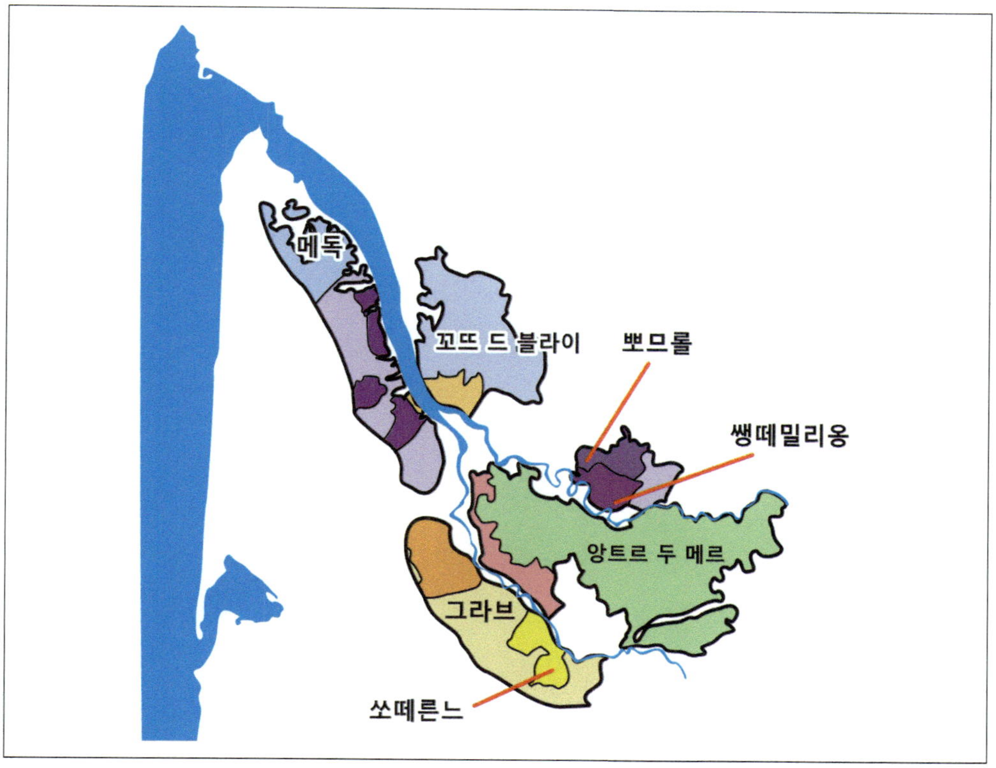

그림 1-69 보르도 와인산지

프랑스 보르도지역의 주요 재배 포도품종은 〈표 1-8〉과 같이 지역별로 차이를 보이고 있다.

■ 표 1-8 보르도 재배 포도품종

와인산지	와인 종류	포도품종
메독	– 레드와인	– RW : 까베르네 소비뇽
그라브	– 레드와인(북쪽) – 화이트와인(남쪽)	– RW : 까베르네 소비뇽, 메를로, 까베르네 프랑 – WW : 소비뇽블랑, 세미용
소떼른느	– 귀부 화이트와인	– WW : 세미용, 소비뇽블랑, 뮈스까델
뽀므롤	– 레드와인	– RW : 메를로, 까베르네 프랑, 까베르네 소비뇽
쌩떼밀리옹	– 레드와인	– RW : 메를로, 까베르네 프랑, 까베르네 소비뇽

① 메독(Medoc)

지롱드 강과 대서양 사이에 위치한 메독은 보르도 지방 중 고급 레드와인 생산 지역으로 바다에 가까운 북부 저지대 바메독과 남부의 약간 고지대 오메독의 두 지역으로 나누고 유명한 와인은 대부분 오메독에서 생산되고 있다. 이 지역에는 약 500개의 샤또가 있다. 1855년 파리에서 열린 세계 박람회를 맞아 당시 황제였던 나폴레옹 3세가 보르도 와인을 다른 나라에 소개할 목적으로 보르도 와인에 등급을 매기도록 지시하였다. 보르도 상공회의소가 주관하여 기존에 비공식적으로 존재하던 등급을 재정비해서 공식적으로 등급이 정해지게 되었으며, 보르도 메독 지역의 61개의 생산자들을 5개 등급으로 분류하여 그랑 크루 클라세(Grand Crus Classe) 와인등급으로 분류되었다. 이 중 메독 지역이 아닌 그라브 지역의 포도원으로 샤또 오브리옹이 유일하게 포함되었다. 그랑 크루 클라세 와인은 다시 1등급에서 5등급으로 분류되며, 총 61개의 그랑 크루 와인 중에 1등급 와인을 프리미에 크루 클라세로 표기하고 5개 샤또를 지정하였다.

지역이름이 더 세분화된 지역일수록 지리적 범위는 더 좁아지면서 규격은 더 강화되고, 고급 와인이 된다. 지역으로는 쌩떼스떼프(Saint - Estephe), 뽀이약(Pauillac), 쌩쥴리앙(Saint - Julien), 마고(Margaux), 리스트락(Listrac)이 있다.

■ **표 1-9 메독의 와인등급**

그랑 크루 클라세 (Grand Crus Classé)	프리미에 크루 클라세 (Premiers Crus Classé)	1등급	5개
	두지엠 크루 (Deuxièmes Crus)	2등급	14개
	트르와지엠 크루 (Troisièmes Crus)	3등급	14개
	카트리엠 크루 (Quatrièmes Crus)	4등급	10개
	생키엠 크루 (Cinquièmes Crus)	5등급	18개

쌩떼스떼프(Saint - Estephe)

오메독 중에서 가장 힘이 넘치는 와인을 생산한다. 대표적인 샤또는 Chateau Moutrose와 Chateau Cos-d'Estournel 이며, 모두 2등급 Grand Cru Classe이다. 고급 부르주아급 와인이 많은 곳으로 배수가 잘 되고 원만한 경사를 이룬 곳이다. 상층토는 자갈로 되어 있지만 가장 기름진 곳이며, 하층토는 부분적으로 점토층이며, 철이 풍부한 반 층 위에 석회석으로 되어 있다.

뽀이약(Pauillac)

오메독에서 최고급 샤또가 가장 많은 마을로 유명한 Grand Cru Classe 61개중 18개가 이 마을에 있으며 1등급 Grand Cru Classe 샤또 중 3개가 여기에 있다. 이 지역 와인은 가장 밸런스가 좋은 와인을 생산하는 것으로 유명하며, 보르도 최고의 레드와인이 나오는 곳이라고 할 수 있다. 배수가 잘 되고 경사가 원만한 곳으로, 토양은 자갈 층으로 메독에서 가장 깊은 특성을 가진다.

쌩쥴리앙(Saint - Julien)

뽀이약 다음으로 밸런스가 좋은 와인을 생산하는 곳으로 1등급 샤또는 없지만 평판이 높은 샤또가 많다. 작은 자갈로 이루어진 토양으로 안쪽은 모래, 하층토는 철분이 풍부한 반층, 이회토, 자갈로 이루어져 있다. 향과 맛이 집약되어 있고 뽀이약보다 더 부드럽다.

마고(Margaux)

마고의 와인은 가장 섬세한 맛으로 알려져 있다. 대표적인 샤또로 1등급의 Chateau Margaux가 있다. 석회석이 섞인 자갈층 위에 규산질 자갈로 된 토양이다. 부드럽고 우아하며, 오래 둘수록 맛이 개선되는 고급 와인을 만든다.

리스트락(Listrac)

리스트락 와인은 메독 지방에서 가장 높은 지역에 있으며, 이 지대는 남향의 고원이어서 볕이 좋고, 서풍으로 인해 통풍이 잘 되는 곳의 풍부한 떼루아르적 특성을 가진다. 자갈 언덕에서 주로 재배되는 까베르네 쏘비뇽은 리스트락 와인에 열정을 가미한다. 석회질 고원에서 잘 자라는 메를로는 와인에 과일향과 풍부한 과즙을 선사한다. 떼루아르의 자연적인 경사는 토양의 배수에 좋아, 메독의 모든 포도품종들이 잘 자랄 수 있는 환경을 제공한다. 강하고 남성적인으로 강하고 골격이 잘 잡혀 있으며 볼륨감이 느껴진다. 꺄베르네의 풍부한 과일향과 메를로의 강렬함이 한데 어우러진다.

❷ 그라브(Graves)

자갈을 의미하는 그라브 지역은 자갈질과 소량의 점토질 토양에서 독특한 와인이 생산한다. 레드와인은 까베르네 쏘비뇽, 까베르네 프랑, 메를로 등의 품종을 사용하므로 메독과 비슷하나, 메독 와인보다 더 부드럽고 숙성된 맛을 풍기며, 부케 또한 풍부하다. 화이트와인은 강하고 풍부한 맛을 내는 세미용과 신선하고 산미가 강한 쏘비뇽 블랑이 주로 사용된다. 기후는 메독과 비슷하나 좀 더 덥고 강우량도 좀 많다. 상층토는 자갈이 모래와 섞여 있고 풍화된 석회석과 점토로 되어 있다. 하층토는 철분 있는 반층에 석회석, 점토 등으로 다양하다.

❸ 생테밀리옹(Saint–Emilion)

프랑스에서 가장 아름다운 도르도뉴강을 내려 보는 언덕 지구이다. 이곳 레드와인은 메를로가 주포도 품종으로 떫은맛이 적고 향이 풍부하다. 이곳은 경사진 백악질 토양을 바탕으로 형성된 점토질 토양의 꼬뜨(Cotes)지역과 지대가 높고 모래와 자갈 토양으로 포토품종도 이웃한 뽀므롤과 같이 메를로, 까베르네 프랑을 주로 하여 와인의 맛 또한 온화하고 부드러운 것이 특징이다. 품종은 메를로(60%), 까베르네 프랑, 까베르네 쏘비뇽 순서이다.

❹ 뽀므롤(Pomerol)

도르도뉴강 오른쪽 언덕 서북부에 위치하고 있으며 보르도에서 동쪽으로 약 40km 떨어진 곳에 형성된 700ha의 조그만 지역이다. 토지가 좁아서 적은만큼 희소성의 가치가 있다. 값비싼 레드와인을 생산하고 있다. 이곳의 토양은 자갈이 많은 점질토양이기 때문에, 까베르네 쏘비뇽은 잘 자라지 못하므로, 토양의 성질에 적합한 메를로와 까베르네 프랑을 재배하여 성공하였다. 그래서 와인의 맛도 부드럽고 온화하며 향 또한 신선하고 풍부하다.

❺ 소테른느(Sauternes)

가론강 왼쪽 강변에 위치한 언덕 지역이다. 황금색에 지닌 스위트 화이트와인이 유명하다. 이 지역에서 생산되는 스위트 화이트와인의 1/3은 A.O.C에 바르삭(Barsac)이라는 명칭이 붙는데, 바르삭, 쏘떼른느 모두 같은 품종, 같은 방법으로 와인을 만드는데, 바르삭은 쏘떼른느보다 북쪽에 있을 뿐이다. 사용되는 품종은 세미용이 80%를 차지하고, 나머지는 쏘비뇽 블랑이다. 이 스위트 화이트와인의 가장 중요한 특징은, 포도를 늦게까지 수확하지 않고 과숙시킨 후, 곰팡이가 낀 다음에 수확하여 와인을 만드는 일반적인 상식을 벗어난 특이한 방법을 사용한다는 점이다.

따뜻한 가론강과 차가운 세론강이 만나 온도차에 의한 서리가 발생하는데 습기가 세미뇽의 얇은 껍질에 귀부균을 발생시킨다. 수확기의 날씨가 밤에는 기온이 내려가면서 이슬이 많이 내리고, 아침에는 안개, 그리고 낮에는 강한 햇볕으로 습기를 모두 증발시키는, 습한 시간과 건조 시간이 반복되는 조건을 갖춰야 한다. 그러므로 습기가 많고 햇볕이 잘 드는 강가의 포도밭에서 이런 곰팡이가 생긴다.

(2) 부르고뉴(Bourgogne) 와인산지

와인의 여왕이라 불리는 부르고뉴와인은 보르도와 함께 프랑스와인의 양대 산맥을 이루는 지역으로 영어로 “버건디”로 불리기도 한다. 로마시대부터 와인을 생산했으며 로마시대이후에는 수도원이 중심으로 발전하였으나 프랑스 혁명이후 수도원이 해체되면서 교회 소유의 포도밭이 일반인에게 나누어 주게 되어 부르고뉴 포도밭은 보르도가 대규모 샤또들이 소유하기 때문에 비교적 샤또를 중심으로 구분이 잘 되어 있는 것에 비해 작은 포도밭을 여러 명의 공동명의로 소유하는 곳이 많은 특징이 있다.

포도재배 환경에서 토양의 중요성을 강조되고 있으며 지역의 특성상 포도의 재배와 와인의 제조가 분류되어 이루어지므로 부르고뉴 전체 생산의 10%는 양조업자, 협동조합이 30% 네고시앙이 50%를 차지하며 이들의 역할과 위치가 중요하다. 부르고뉴에서는 와인제조 양조자와 네고시앙의 기술에 따라 차이가 나고 개성이 강하다. 기후는 보르도가 해양성 기후로 비교적 온난한 데 비해, 부르고뉴는 대륙성 기후이며 서늘하다.

주요 산지로서는 점토 및 석회질 토양의 풍부한 일조량을 가진 샤블리(Chablis)지역에서는 섬세한 맛의 드라이한 화이트와인을 생산하고, 북부 꼬뜨 도르(Cote d'Or)의 석회질 토양을 가진 레드와인을 생산하는 꼬뜨 드 뉘(Cote de Nuits)지역, 남부 꼬뜨 도르(Cote d'Or)의 화이트와인과 레드와인을 생산하는 꼬뜨 드 본(Cote de Beaune)지역, 꼬뜨 샬로네스(Cote Chalonnaise)지역, 마꼬네(Moconnais)지역, 신선하고 상쾌한 레드와인을 생산하는 보졸레(Beaujolais) 지역 등이 있다. 이들 지역의 대표적 와인은 〈표 1-10〉과 같다.

■ **표 1-10 부르고뉴 와인산지**

와인 산지	대표적 지역	주요 생산자
샤블리	– 뿌엥시 (Poinchy), 벤느(Beine), 비비에(Viviers) – 말리니(Maligny), 비이(Villy), 꼴랑(Collan) 등	– 윌리엄 페브르 (William Fevre) – 미쉘 라로쉬 (Michel Laroche)
꼬뜨 드 뉘	– 마르싸네(Marsannay), 픽생(Fixin), 브로숑(Brochon) – 본 로마네(Vosne Romanee), 부조(Vougeot) 등	– 도멘 드 라 로마네 꽁띠 – 도멘 메오 까뮈제
꼬뜨 드 본	– 라두아 쎄리니(Ladoix Serrigny), 본 (Beaune) – 볼내(Volnay), 뫼르소(Meursault), 몽뗄리(Monthelie)	– 패블리(Faiveley) – 메종 루페 졸레 (Maison Lupe Cholet)
꼬뜨 샬로네스	– 부즈롱(Bouzeron), 샤니(Chagny) – 지브리(Givry), 뷔씨(Buxy), 쟝블르(Jambles)	– 앙또네 로데 (Antonin Rodet) – 비네롱드뷕 (Vignerons de Buxy)
마꼬네	– 뿌이퓌세(Pouilly Fuisse), 로세(Loche) – 뱅젤르(Vinzelles), 생베랑(Saint Veran) – 비레 끌레쓰(Vire Clesse)	– 마꽁(Macon) – 뿌이퓌세 (Pouilly Fuisse)
보졸레	– 보졸레(Beaujolais)	– 모메상(Mommessin) – 깔베(Calvet)

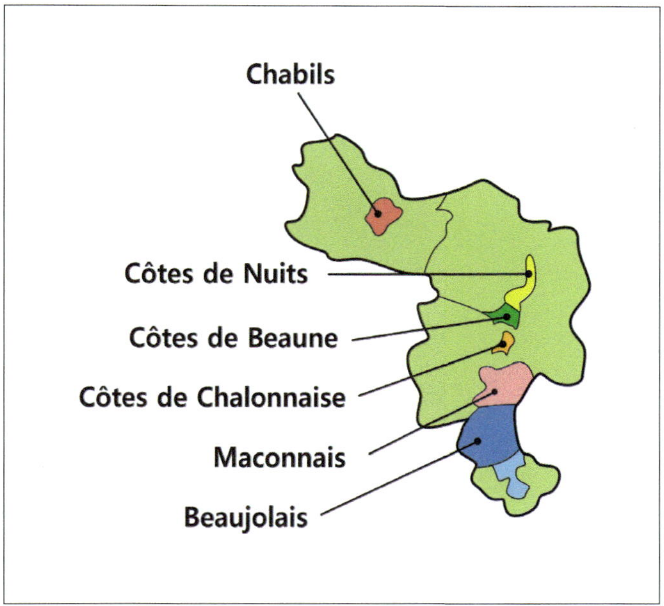

그림 1-70 부르고뉴 와인산지

❶ 샤블리(Chablis)

메마른 토지라는 의미의 샤블리는 부르고뉴의 중심에서 멀리 떨어져 있지만 와인의 생산지로서 부르고뉴에 속한다. 부르고뉴 지방의 샤블리는 지명이기도 하지만 이곳에서는 드라이한 샤르도네로 만든 화이트와인만 생산하기에 화이트와인의 명산지이다. 완만한 계곡의 햇빛이 가장 잘 드는 중앙에 자리 잡고 있고 포도밭은 개울에 가깝다고 해야 할 좁은 강 양편으로 너울처럼 퍼져 구릉지대 경사면을 온통 뒤덮고 있다. 와인은 신맛이 특색 있고, 색깔도 엷은 황금색으로 오히려 초록빛에 가깝다. 신선하고 깨끗한 맛이 특징이다.

❷ 꼬뜨 도르(Cote d'or)

꼬뜨 도르(Cote d'or)는 영어로 "Golden Slope(황금의 언덕)"이란 뜻으로, 가을 포도밭의 노란 단풍색깔에서 이런 이름이 유래되었다. 피노누아로 만든 레드와인은 생동력과 원숙함이 조화를 이루고 있고, 샤르도네로 만든 화이트와인은 깊은 향과 신선함이 잘 조화를 이루고 있다. 전체 부르고뉴 지방 생산량의 약 10%를 차지한다.

이 생산량은 메독의 절반도 되지 않는 작은 양이기 때문에 매년 구하기가 어려워 비싼 가격으로 팔리고 있다. 보통 부르고뉴의 고급 와인이라면 꼬뜨 도르의 와인을 말한다. 이 곳은 남쪽의 꼬뜨 드 본느(Cote de Beaune)와 북쪽의 꼬뜨 드 뉘(Cote de Nuits)지역이 있다.

꼬뜨 드 본느(Cote de Beaune)

꼬뜨 드 본느의 포도밭은 풍요로움과 아름다움으로 뛰어난 곳이다. 꼬뜨 드 본느는 그랑 크뤼 레드와인으로 유명한 꼬르똥(Corton)을 생산한다. 짜임새가 강하고 조화가 잘 되어 있으며 뛰어난 숙성력을 가진 와인이다. 드라이 화이트와인은 세계에서 가장 값이 비싸기로 유명한 몽라셰(Montrachet), 꼬르똥 샤를르만뉴(Corton Charlemagne)가 생산되고 있다.

꼬뜨 드 뉘(Cote de Nuits)

꼬뜨 도르의 북부지방으로 세계적인 레드와인의 명산지이다. 보르도 지방의 메독과 함께 세계 레드와인의 양대 산맥을 형성하고 있다. 부르고뉴의 레드와인 중 그랑 크뤼는 전부 이 지역에 집중되어 있다. 특히 뮈지니(Musigny), 샹베르뗑(Chambertin), 로마네 꽁띠(Romanee-Conti) 등은 강한 바디와 복잡하고 풍부한 향이 특징이라고 할 수 있다. 스타일마다 미묘한 뉘앙스를 느낄 수 있고 포도가 자란 곳의 환경과 숙성의 깊은 맛을 가지고 있는 와인을 생산한다.

❸ 꼬뜨 샬로네즈(Cote Chalonnaise)

와인이 잘 알려지지 않은 곳이지만 샤르도네 품종으로 만든 훌륭한 화이트와인을 생산한다. 피노누아는 갈색 석회석 지대의 토양인 메르뀌레(Mercurey), 지브리(Givry), 뤼이 일부 지역에서 재배된다. 품종을 안배하여 꼬뜨 샬로네즈의 북쪽에서 생산되는 부르고뉴 알리고떼 부즈롱(Bourgogne Aligote Bouzeron)은 매우 마시기 좋은 무감미 화이트와인이다. 서쪽으로는 꾸슈아(Couchois) 포도원에서는 부르고뉴 레드, 화이트와인을 생산한다.

❹ 마꼬네 (Maconnais)

부르고뉴 최대 화이트와인 명산지이며 샤르도네를 주품종으로 드라이 화이트와인으로 유명하다. 마꼬네는 부르고뉴 화이트와인의 절반 가까이 생산하고 있다. 와인의 맛이 대체적으로 복잡하지 않고 가벼우며 신선하다. 꼬뜨 도르 지역의 품질에는 미치지 못하지만, 토양이 좋아서 여기서 만든 샤르도네 와인은 투자비율 대비 높은 와인으로 알려져 있다. 토양은 전체적으로는 이회토, 점토와 백악질이 혼합되어 있다.

❺ 보졸레(Beaujolais)

기존 레드와인의 개념과는 전혀 다른 스타일로써 포도의 품종, 제조방법, 판매방식 등이 특이하다. 부르고뉴 지방의 다른 곳과는 달리 화강암을 모재로 한 점질 토양으로, 재배하는 포도품종도 피노 누아르가 아닌 가메이다. 발효방법도 최신기술을 적용하여 빠르게 진행시키므로, 와인의 맛이 가볍고 신선하다. 부르고뉴 와인의 60% 이상을 차지할 정도로 많은 생산과 소비가 이루어진다. 특히 11월 셋째 목요일에 판매하는 보졸레 누보(Nouveau)는 해마다 그 비율이 늘어나면서 세계적인 와인이 되었다.

프랑스 부르고뉴 지역의 주요 재배 포도품종은 〈표 1-11〉과 같이 지역별로 차이를 보이고 있다. 부르고뉴 와인은 보르도보다 알코올 도수가 약간 높고 강한 맛을 낸다. 스위트한 와인보다는 드라이한 맛의 와인을 주로 생산하는 이 지역은 레드와인보다는 화이트와인을 주로 생산한다. 화이트와인은 샤르도네만 사용한다. 그렇지만 포도재배 지역이 다르고, 담는 방법이 각각 틀리기 때문에 지역별로 특색 있는 스타일의 와인을 만들고 있다. 레드와인은 가장 고전적인 방법으로 생산되는데, 사용하는 포도품종은 전부 피노 누아이다. 특히 꼬뜨 드 뉘에서 생산되는 레드와인은 보르도 지방의 메독 와인과 함께 프랑스와인의 교과서라고 할 수 있다. 보졸레는 가메를 사용하여, 가볍고 신선한 레드와인을 생산한다.

■ 표 1-11 부르고뉴 포도품종

와인 산지	와인 종류	포도품종
샤블리	– 화이트와인	– WW : 샤르도네
꼬뜨 드 뉘	– 레드와인	– RW : 삐노누아
꼬뜨 드 본	– 레드와인 – 화이트와인	– RW : 삐노누아 – WW : 샤르도네
꼬뜨 샬로네스	– 레드와인 – 화이트와인	– RW : 삐노누아 – WW : 샤르도네
마꼬네	– 화이트와인	– WW : 샤르도네
보졸레	– 레드와인	– RW : 가메

(3) 발레 뒤 론(Valle du Rhone) 와인산지

프랑스에서 두 번째로 큰 와인 생산지로서 지리적으로는 이탈리아와인 스타일을 보이며 색깔이 진하고 묵직한 알코올 함유량이 타 지역보다 높은 특성을 보인다. 꼬뜨 뒤 론(Cotes du Rhone), 꼬뜨 뒤 방뚜(Cotes du Ventoux), 꼬뜨 뒤 루베롱(Cotes du Luberon), 꼬스띠에르 드 님므(Costieres de Nimes), 꼬또 뒤 트리까스땡(Coteaux du Tricastin)으로 나누어지고 있으며, 꼬뜨 뒤 론지역은 다시 북부론과 남부론로 나누어진다.

북부론 지역에는 레드와인용으로는 시라, 화이트와인용으로는 비오니에르 등을 재배하고 있으며, 생산량은 론 전체의 15% 정도지만 떫은맛의 고품질이 와인으로 꼬뜨 로띠(Cote Rotie), 꽁드리유(Condrieu), 샤또 그리에(Ch. Grillet), 쌩 죠셉(Saint-Joseph), 크로즈 에르미따쥬(Crozes Hermitage), 에르미따쮸(Hermitage), 꼬르나스(Cornas), 쌩 페레(Saint Peray)등이 유명하며, 남부론 지역에서는 론 지방 전체 와인의 85%를 생산하고 레드와인용으로는 그르나슈, 쌩쏘, 시라 등이 있고, 화이트와인용으로는 루싼느, 마르싼느 등이 재배되고 있으며 일반적으로 남부에서는 이 품종들을 섞어서 양조하고 있다. 지공다스(Gigondas), 봄 드 브니스(Beaumes de Venise), 바께라스(Vacqueyras), 샤또뇌프 뒤 빠쁘(Chateauneuf du Pape), 리락(Lirac), 따벨(Tavel), 뱅소브르(Vinsobres) 등이 유명하다.

(4) 르와르(Loire) 와인산지

'프랑스의 정원'이라고 불리는 관광지로 아름다운 경관을 지닌 르와르강 유역의 와인산지로서 대륙성기후의 상트르(Centre)지역, 뚜렌느(Touraine)지역, 대서양의 영향을 받는 해양성기후의 드라이한 로제와인이 유명한 앙주-소뮈르(Anjou-Saumure)지역, 드라이한 화이트와인의 뮈스까데가 유명한 낭뜨(Nantes)지역으로 구분되며 특별한 개성이 없는 중저가 와인으로 대중적으로 인기가 있다.

(5) 알자스(Alsace) 와인산지

석탄과 철이 풍부한 프랑스 북동부 내륙지역으로 역사적으로 독일과 끊임없는 분쟁으로 독일와인의 영향을 받았다. 하지만 독일와인은 발효를 일찍 중단시켜 잔류 당을 많이 남기기 때문에 낮은 알코올 도수가 8.5~9%로서 약간 단맛을 내는 반면에 알자스 와인은 완전 발효를 해서 알코올 도수가 11%대의 강하고 드라이한 와인을 생산하는 것이 특징이다. 고온 건조한 기후에 일조량이 풍부한 반 대륙성 기후로 포도재배 기간이 짧고, 질 좋은 드라이한 화이트와인산지로 유명하며, 다른 지역과는 달리 포도품종을 와인이름으로 사용하며, 목이 길고 병이 얇은 녹색의 와인병을 사용하도록 규정하고 있다. 주요 품종으로는 리슬링과 게뷔르츠트라미네르, 피노 그리, 뮈스카 등이 있다.

(6) 프로방스(Provence) 와인산지

최초의 프랑스 포도재배 지역으로서 마르세이유에서 니스까지 포함하는 프로방스 지방은 연중 태양의 햇살이 쏟아지는 온난한 기후의 땅으로 관광객 및 해안 리조트로서도 인기가 높다. 풍부한 일조량과 배수가 좋은 석회질의 토양이 포도 재배에 최적의 환경을 이루고 있으며 알코올 도수는 높지만 신맛이 있는 상쾌한 느낌의 와인을 생산하고 있다. 레드와인용으로는 까리냥, 쌩쏘, 그르나슈 등의 품종을, 화이트와인용으로는 끌레레뜨, 위니 블랑 등의 품종을 사용한다. 꼬뜨 드 프로방스(Cotes de Provence), 꼬또 덱썽 프로방스(Coteaux d'Aix-en-rovence), 꼬또 바루와 엉 프로방스(Coteaux Varois en Provence), 방돌(Bandol) 등이 유명하다. 특히 도멘오뜨(Domaines Ott)는 프로방스의 롤스로이스라는 애칭으로 사랑을 받고 있다.

(7) 랑그독 루시옹(Languedoc-Roussillon) 와인산지

프랑스와인산지 중 가장 넓은 면적의 지역으로, 지중해를 따라 고온 건조한 지중해성 기후를 가지고 있으며 색과 맛이 진한 레드와인을 생산한다. 꼬또 뒤 랑그독(Coteaux du Languedoc), 쌩 쉬니앙(Saint Chinian), 포제르(Faugeres), 끌라레뜨 뒤 랑그독(Clairette du Languedoc), 피뚜(Fitou), 말페르(Malepere), 꼬르비에르(Corvieres), 리무(Limoux), 꼬뜨 뒤 루씨옹 빌라쥬(Cotes du Roussillon Village) 등이 유명하다. 특히 스위트 화이트 와인의 뱅 두 나뚜렐(Vins Doux Naturels)은 포트와인과 함께 강화와인으로 유명하다.

(8) 샹파뉴(Champagne) 와인산지

프랑스와인 산지 중 가장 북쪽에 위치하고 있으며 토양은 주로 백악질로 구성되어 있다. 겨울은 춥고 여름은 따뜻한 대륙성 기후를 보이며 연평균 기온은 다른 지역보다 낮은 편으로 스파클링 와인을 제조하는데 적당한 조건을 가지고 있으며, 수확 후 샴페인하우스에 의해 양조 숙성되어 판매된다. 몽따뉴 드 랭스(Montagne de Reims), 발레 드 라 마른느(Vallee de la Marne), 꼬뜨 데 블랑(Cote des Blancs), 꼬뜨 드 세잔느(Cote de Sezanne), 꼬뜨 데 바르(Cote des Bars)지역이 유명하다. 특히 오직 프랑스의 상파뉴 지역에서 생산된 발포성 와인만을 샹파뉴로 명명할 수 있으며 타 지역에서 생산된 경우에는 뱅 무쉐(Vin Mousseux), 크레망(Cremant)으로 표기한다.

샴페인은 샹파뉴 지방의 불어식 발음으로 영어를 사용하는 나라에서는 샴페인이라고 발음하지만, 프랑스 사람은 이 거품 나는 와인을 그 지방명칭을 그대로 따서 샹파뉴라 한다. 와인에 남아있는 잔당에 따라 브륏(Brut), 섹(Sec), 드미 섹(Demi Sec), 두(Doux)로 구분되며 국가에 따라 불리는 명칭이 다르다.

■ 표 1-12 프랑스 기타 지역의 포도품종

와인 산지	와인 종류	포도품종
북부 론지역	– 레드와인	– RW : 시라
남부 론지역	– 레드와인	– 10종 이상의 포도를 블렌딩 제조
르와르	– 화이트와인	– WW : 소비뇽블랑, 슈냉블랑, 뮈스까데
알자스	– 화이트와인	– WW : 게뷔르츠트라미너, 리슬링, 실바너
프로방스	– 로제와인	– RW : 그르나슈, 무르베드르, 시라, 쌩쏘 – WW : 끌레레떼, 위니블랑, 세미용, 롤
랑그독 루시옹	– 레드와인	– RW : 그르나슈, 까리냥, 시라, 무르베드르, 쌩쏘
샹파뉴	– 화이트와인	– WW : 피노누아, 피노뫼니에, 샤르도네

3) 프랑스와인 레이블

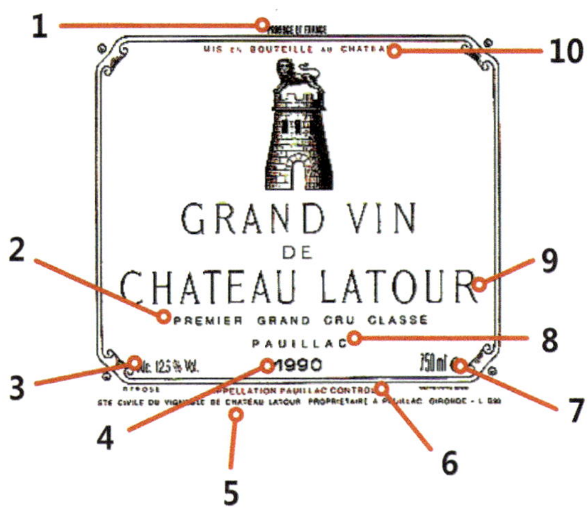

1–생산국가
2–와인등급
3–알코올함량
4–포도수확년
5–수출업체이름
6–AOC표시
7–용량
8–생산지역
9–와이너리이름
10–양조장에서 병입

그림 1–71 프랑스와인 레이블 구성

그림 1-72 프랑스와인 레이블

프랑스와인 레이블 표기는 내용이나 규격 등에서 정부의 규제와 관리를 받고 있다. 일반적으로 포함되는 정보에는 [그림 1-71]에서와 같이 생산국가명, 와이너리 이름, 지역, 용량, 와인등급, 빈티지, 알코올함유량 등이 표기된다. 프랑스와인 레이블을 이해하기 위해서는 프랑스와인 품질분류체계와 주요 와인 용어를 이해해야 한다. 먼저 프랑스와인 품질분류체계는 다음과 같다.

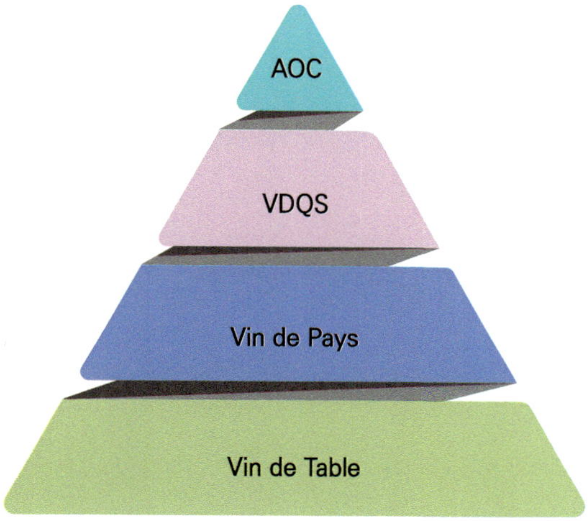

그림 1-73 프랑스와인의 품질분류 체계*

---

* 2009년 8월 1일 유럽와인시장 조직위원회(OCM) 주관으로 유럽연합 와인마케팅법 개정에 따라 기존의 와인 품질분류체계의 등급체계와 명칭에 일부 변화하여, 프랑스 내에서만 해당되던 AOC 와인품질분류체계(4단계)는 유럽 전역으로 확대되어 AOP 와인품질분류체계(3단계)로 변화하게 되었다. AOP와인품질분류체계는 뱅 드 따블에 해당하는 뱅 드 프랑스(Vin de France), 뱅 드 따블 일부와 뱅 드 빼이 일부에 해당하는 이쥐뻬(IGP), AOC에 해당하는 아오뻬(AOP)으로 구분하고 있다. 하지만 아직도 와인레이블에는 AOC와인품질분류체계가 병행되어 표기되고 있다. 2003년에는 품질 면에서 그랑 크뤼(Grand Cru)에 뒤지지 않는 와인들을 모아 크뤼 부르주아(Cru Bourgeois) 등급을 만들어 247여 개의 생산자들이 여기에 속하게 되었다. 그러나 2004년 이 등급에 들지 못한 생산자들의 행정 소송으로 2007년 등급이 무효화되었지만 이 등급은 여전히 와인 라벨에서 찾아볼 수 있다.

(1) 아펠라시옹 도리진 콩트롤레(Appellation d'Origine Controlee)

1935년 프랑스정부는 와인의 품질을 관리 유지하기 위하여 포도 재배장소의 위치와 명칭을 지역별로 관리하는 원산지 명칭 통제 제도를 제정하여 와인품질관리 체계를 도입하였다. 토양과 기후를 바탕으로 포도재배 지역의 경계와 명칭을 정하고, 이에 따른 포도품종, 재배방법, 단위 면적당 수확량, 알코올 도수, 와인제조방법 등을 규제한다. AOC 등급의 와인 생산지는 약 400여 곳이며, 프랑스와인 생산량의 35%를 차지한다.

(2) 뱅 델리미테 드 칼리떼 슈페리오(Vin Delimite de Qualite Superieure)

AOC 등급에 준하는 규제를 받고 있으며, VDQS는 AOC와 같이 INAO의 관할 아래서 원산지, 포도 품종, 재배법, 양조법 등의 기준을 만족하는 것이어야 하지만 AOC보다 규제는 조금 약하다. 이 중에서 AOC로 승격되는 것도 있다. 프랑스와인 생산량의 2%를 차지하고 있다.

(3) 뱅 드 빼이(Vin de Pays)

생산지가 한정된 프랑스산 테이블 와인으로 이른바 지역 특산주로서 다른 지역산 와인과 혼합하는 것을 허용하지 않으며 산지명을 와인의 명칭으로 사용할 수 있다. 어느 정도의 품질은 보증하는 와인으로서 원산지를 표시할 수 있는 와인이라는 점에서 뱅 드 따블과 구별되며, 프랑스와인 생산량의 15%를 차지하고 있다.

(4) 뱅 드 따블(Vin de Table)

유럽연합에서 의해 관리되며 라벨에 지역 표기는 하지 않는다. 프랑스 뿐 아니라 다른 유럽의 국가에서 생산한 포도로도 생산이 가능하다. 프랑스에서 생산한 포도로만 만든 와인에는 'Vin de Table Francais'라 표시한다. 원산지 표시의무가 없는 등급으로 양조된 와인을 상인이 구입하여 블렌딩하고 상표를 붙여 판매하는 대중와인이며, 프랑스와인 생산량의 40%를 차지하고 있다.

2 이탈리아와인

1) 이탈리아와인의 개요

전 국토가 포도원이라고 할 만큼 포도나무가 어디서나 잘 자라는 이탈리아는 3000년의 오랜 와인역사와 세계에서 가장 많은 와인을 생산하는 국가로서, 기원전 800년 경 에투리아인이 토스카나 지역에 포도를 재배하면서 시작하였다. 이후 중세에 와서는 지중해성 기후의 영향으로 이탈리아 전역에서 수 백 여종의 다양한 포도가 재배되고 있다

거대한 해안선, 3개의 주요한 산맥(알프스, 아페니니, 돌로미티), 수많은 산등성이들과 상대적으로 적은 평지까지 이탈리아는 작은 국가 임에도 다양한 지역적인 특색이 돋보이는 국가이다. 북에서 남으로 10도의 위도 차이가 있으며, 지형지세가 엄청난 차이를 지닌 지역이 모인 곳으로 토양의 분포 역시 점토질, 모래질, 계곡변의 찰흙토부터 화산토와 석회토까지 다채롭다. 전형적인 지중해성 기후 영향으로 포도의 당분이 높고 산도가 약하다. 기후의 영향으로 대부분 레드와인 65%를 생산하고 있으며 레드와인도 오크통에서 숙성시켜 묵직하고 남성적인 풍미가 있다. 또한 이탈리아는 남북으로 긴 국토로 인해 지방에 따라 기후나 풍토가 달라 독특한 스타일의 와인을 생산한다.

프랑스는 와인산업을 제도적으로 정비하여 확고한 입지를 구축했다면 이탈리아는 늦게 세계 와인시장에 진출했다. 프랑스가 1935년에 와인법을 제정해서 품질을 관리한다면 이탈리아는 1963년 와인법을 만들고 관리에 들어갔다. 국민의 와인에 대한 의식과 정치여건에 의한 국가차원의 와인품질 관리와 통제의 부족으로 프랑스와 독일의 와인품질보다 다소 떨어진다. 최근 과감한 투자로 차이를 극복하기 위해 많은 노력을 하고 있으며 그때까지 지속되어 왔던 포도나무 재배법이나 와인양조에 새로운 노력과 기술을 결합해 한 단계 도약의 발판을 마련해왔으며, 그 결과 이탈리아와인의 품질은 눈부시게 상승하기 시작했고, 다양한 품종과 다양한 스타일의 와인이 탄생하게 되었다.

2) 주요 와인산지

이탈리아의 와인산지는 전국토가 포도원이라 할 만큼 전 지역에 위치하고 있으며, [그림 1-74]와 같이 피에몬테, 베네토, 토스카나, 발레 다오스타, 시칠리아 등이 대표적으로 유명하다.

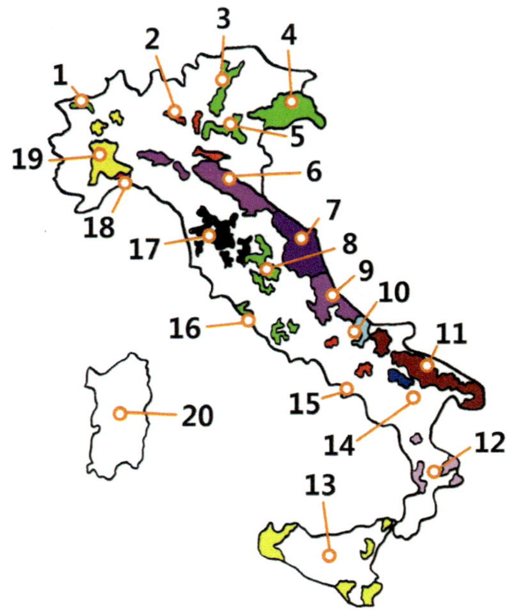

그림 1-74 이탈리아 와인산지

(1) 피에몬테(Piemonte)

이탈리아 북서쪽에 위치한 '알프스의 기슭'이라는 의미의 피에몬테는 알프스산맥의 빙하의 피에몬테 계곡에 위치하고 있으며, 여름은 덥고 가을과 겨울에 안개가 많은 이탈리아 레드와인의 대표산지이다. 거의가 단일 품종으로 와인을 만들고 있으며 그 중에서 레드와인이 약 80%를 생산한다. 이탈리아에서는 거의 전 지역에서 와인이 생산되고 있으나, 세계적인 명성의 와인을 생산하는 지역은 프랑스와 접한 피에몬테, 중부의 토스카나, 동북부의 베네토이다. 특히 피에몬테는 최상품의 와인을 생산하며, 생산량에 있어서도 수위를 다투고 있다. '와인들의 왕 그리고 왕들을 위한 와인'으로 불리는 네비올로 품종으로 만드는 중후한 맛의 바롤로(Barolo)는 품질 등급 최상습인 DOCG 레드와인으로 2년간 오크통에서의 숙성을 의무화하고 있다. 이것보다 약간 빨리 숙성되는 것이 바르바레스코(Barbaresco)로 바롤로보다 섬세한 풍미가 느껴진다. 단기숙성에는 이 지역 최다 품종인 바르베라로 만드는 레드와인 돌체또(Dolcetto)가 있다. '이탈리아의 샤블리'라고도 불리며 신선하면서도 드라이한 맛의 이탈리아에서 가장 인기가 있는 화이트와인 가비(Gavi), 스파클링 와인인 수푸만테 아스티, 백포도주인 모스카토 아스티가 유명하다.

(2) 베네토(Veneto)

이탈리아 북동쪽에 위치한 와인산지 중 가장 넓은 지역으로 물의 도시로 유명한 베네치아와 '로미오와 줄리엣'의 배경 도시인 베로나가 있는 지역으로 DOC급 대중주를 생산하는 지역이다. 가장 유명한 와인으로는 소아베(Soave)가 있다. 베로나시의 동쪽에 있는 소아베 지역에서 만드는 화이트와인으로, 빠른 시간 안에 마시면 좋은 타입이 대부분인데 최근에는 장기 숙성 타입도 생산된다. 이외에 코르비나 품종으로 만드는 레드와인인 발폴리첼라(Valpolicella), 같은 품종으로 만드는 레드와인과 로제 와인인 바르돌리노(Bardolino) 등이 있다. 이 지역에는 반쯤 말린 포도로 만드는 스위트한 레초토(Recioto)와 알코올도수가 높고 드라이한 맛의 아마로네(Amarone)가 있다.

(3) 토스카나(Toscana)

끼안티(Chianti)의 고향 토스카나는 이탈리아 제일의 고급 레드와인 산지이다. 피에몬테 와인은 한 품종으로만 생산해 혀에 깊게 감기는 묵직한 맛으로 프랑스의 부르고뉴에, 토스카나의 와인은 비교적 가벼운 맛을 지니고 있어 보르도에 비교되고 있다. 가장 유명한 것은 끼안띠로 7,000개나 되는 포도밭에서 수백 명의 생산자들이 만들고 있기 때문에 맛은 각양각색이다. 리제르바나 클라시토의 표시가 되어 있는 것이 우량 와인이다. 이 외에 장기 숙성 타입의 브루넬로 디 몬탈치노 (Brunello di Montalcino), 비노 노빌레 디 몬테풀치아노(Vino Nobile di Montepulciano), 슈퍼 투스칸(Super Tuscans) 등이 있다. 특히 토스카나에서는 DOC와 DOCG의 규정을 무시하고 독자적인 최고급 와인을 만들어 비노 다 따볼라로 표시해서 판매하는 것도 있다. 이들은 '슈퍼 토스카나'로 불리며 전 세계인의 사랑을 받고 있다.

(4) 발레 다오스타(Valle d'Aosta)

알피네 산맥의 북서쪽에 위치한 산지로서 산악기후의 영향으로 높은 산도의 와인을 생산한다.

(5) 시칠리아(Sicilia)

드라이 와인에 포도 농축주스, 알코올 발효를 중단시킨 와인, 고농도 알코올 등을 첨가한 강화와인으로 유명한 마르살라(Marsala)와인의 산지이며, 피네(Fine), 수페리오레(Superiore), 베르지네(Vergine) 등이 있다.

지중해 중앙에 위치한 반도국가인 이탈리아는 겨울에는 지중해성 저기압, 여름에는 알프스성 저기압, 가을에는 대서양성 저기압과 동시베리아 고기압이 이탈리아 기후에 영향을 미친다. 주요 재배 포도품종은 〈표 1-13〉과 같이 피에몬테, 베네토, 토스카나, 발레 다오스타, 시칠리아 등 지역별로 독특한 포도품종의 차이를 보이고 있다. 특히 이탈리아 이외의 지역에서는 재배되지 않는 포도품종이 많은 것이 특징이다. 대표적인 적포도는 네비올로, 바르베라, 산조베제, 돌체토가 유명하며 청포도에는 말바지아, 트레비아노, 모스카토, 피노 그리조, 가르가네가 등이 있다.

■ 표 1-13 이탈리아와인산지별 포도품종

와인산지	와인 종류	포도품종
피에몬테	– 레드와인 – 스파클링, 화이트와인	– RW : 돌체토, 바르베라, 네비올로
베네토	– 화이트와인, 스파클링와인	– WW : 가르가네가, 푸르민트, 코르비나
토스카나	– 레드와인	– RW : 산지오베제, 꼴로니노, 브루넬로 – WW : 말바지아, 트레비아노
발레다오스타	– 레드와인 – 화이트와인	– RW : 네비올로 – WW : 머스컷, 피노 그리조
시칠리아	– 레드와인	– RW : 칼라브레제

3) 이탈리아와인 레이블

1–브랜드명
2–생산국가
3–와인명
4–품질등급
5–빈티지
6–와인스타일
7–병입 장소
8–와인 용량 및 알코올 도수
9–수입회사명

그림 1–75 이탈리아와인 레이블의 구성

그림 1–76 이탈리아와인 레이블

이탈리아와인 레이블 표기는 내용이나 규격 등에서 정부의 규제와 관리를 받고 있다. 일반적으로 포함되는 정보에는 [그림 1-75]에서와 같이 생산회사명, 제품명, 빈티지, 와인 생산지역, 용량, 와인등급, 포도품종, 알코올함유량 등이 표기된다. 이탈리아와인 레이블을 이해하기 위해서는 이탈리아와인 품질분류체계와 주요 와인 용어를 이해해야 한다.

이탈리아는 우수한 와인을 보호하고자 1963년 제정된 와인용 포도과즙 및 와인의 원산지 명칭 보호를 위한 규칙에 의해 처음 시작되었으며, 이로부터 30년 후인 1992년에 IGT 등급이 추가되어 현재의 4등급의 와인등급체계인 DOC (Denominatione di Orgine Controllata)으로 개정되었다. 하지만 다른 국가와 달리 지역적 세분화 관리에는 접근하지 못하고 있는 실정이다.

(1) 데노미나치오네 디 오리지네 꼰뜨롤라따 에 가란티따
(DOCG : Denominatione di Origine Cotrollata e Garantita)

이탈리아 최고의 포도재배 지역에서 나오는 고급품질의 와인에만 부여되는 최상등급으로서 와인시음위원회의 엄격한 심사를 통과한 고급 와인에만 허용되는 등급이다.

DOC 와인 중 품질이 인정된 와인을 한 번 더 보증의 의미로서 가란티따(Garantita)로 영어로 게런티란 뜻이며, 와인의 신뢰성을 전적으로 보장한다는 의미이다. 최소 5년 이상 DOC등급을 유지하고, 생산자가 직접 병입을 해야 하며, 규제에 의한 포도나무재배 방법, 숙성기간 등의 규제 의무사항을 준수해야 한다.

■ 표 1-14 이탈리아 DOCG 와인

와인 산지	와 인 명	
토스카나	RW	– Chianti, Chianti Classico, Brunello di Montalcino, Carmignano Rosso Vino Nobile di Montepulciano
	WW	– Vernaccia di San Gimignano
피에몬테	RW	– Barolo, Barbaresco, Gattinara, Ghemme, Brachetto d'Acqui
	WW	– Asti, Cortese di Gavi

와인 산지	와 인 명
베네토	WW – Resioto di Soave
롬바르디아	RW – Valtrellina Superiore WW – Franciacorta
움부리아	RW – Torgiano Rosso Riserva, Montefalco Sagrantino
에밀리아 로마냐	WW – Albana di Romagna
캄파니아	RW – Taurasi
사르디냐	WW – Vermentino di Gallura

(2) 데노미나치오네 디 오리지네 꼰뜨롤라따 (DOC : Denominatione di Origine Cotrollata)

프랑스의 AOC와 유사한 와인등급으로 포도재배지역, 포도품종, 와인양조방법, 알코올 함유량 등을 규제하는 이탈리아의 원산지품질검사 표시로 라벨에 표시하고, 포도품종은 표시하지 않고 생산지역명만 표기한다. 이탈리아 전체와인 생산량의 11%에 해당한다.

(3) 인디까치오네 지오그라피카 티피카 (IGT : Indicazione Geografica Tipica)

이탈리아의 지역특산지정와인으로 비교적 광범위한 생산지역을 표시하는데 생산지명만 표시하는 것과 포도품종과 생산지명을 동시에 표시하는 것이 있다. 1992년에 법이 정비되면서 1944년에 제정되었다. 프랑스와인 등급의 Vin de Pays에 해당되며, 영어로 'Country Wine'로 불린다.

(4) 비노 다 타볼라 (VDT : Vino da Tavola)

프랑스와인 등급의 Vin de Table에 해당되며 원산지 구분이 없는 일반적인 테이블와인으로 가격이 저렴하여 일상적으로 소비되고 있는 와인으로, 지리적 특성에 상관없이 블렌딩이 가능한 대용량으로 판매되는 벌크와인이다. 이탈리아 전체와인 생산량의 80~90%에 해당한다.

3 독일와인

1) 독일와인의 개요

독일은 북위 47~52도로 와인을 생산하는 국가 중 가장 북쪽에 위치하고 있어 여름이 짧고 기온이 비교적 낮으며 일조량이 많지 않기 때문에 남부 지역은 상당히 넓은 평지와 구릉지에 포도원이 있으나, 북쪽 지역은 강이나 호수의 온실효과와 햇볕의 반사를 받기 위해 대체로 경사가 급한 지역에 계단식으로 남쪽 지역에서보다 긴 성숙기간을 갖는다.

독일와인의 역사는 기원전 100년경에 로마인들이 포도를 재배하면서 모젤와인과 라인와인이 시작되었다. 중세에서는 수도원을 중심으로 발전하였으나, 1618년부터 시작된 30년 전쟁으로 거의 모든 포도원이 황폐화되어 이때부터 북부지방과 바이에른 지방에서는 포도재배가 이루어지지 못하고 있다, 소규모 포도 재배자들이 조합을 이루어 와인을 생산하는 방식으로 독일의 독특한 기후, 토양구조와 지리적 특성, 우수한 양조기술에 의한 비교적 알코올 도수가 낮고 산도와 당도가 풍성한 리슬링에서 실바너까지 화이트와인을 생산하고 있다. 독일은 스파클링 와인의 세계 최대 생산국이며, 소비국이기도 하다. 독일에서 생산되는 스파클링 와인은 젝트(Sekt)라고 불리는데, 프랑스의 샴페인과는 달리 병 속에서 가스가 생성되지 않고 탱크 속에서 가스를 만들어 내기 때문에 값은 비교적 저렴하다.

2) 주요 와인산지

독일의 주요 와인산지는 다른 국가에 비해 북쪽에 위치하고 있으며, 기후와 과거 전쟁의 영향으로 라인강 주변지역의 중서부 지역으로 집중되어 있다. [그림 1-77]과 같이 모젤, 아르, 미텔라인, 라인가우, 나에, 팔츠, 라인헤센 등의 대표적 지역으로 유명하다.

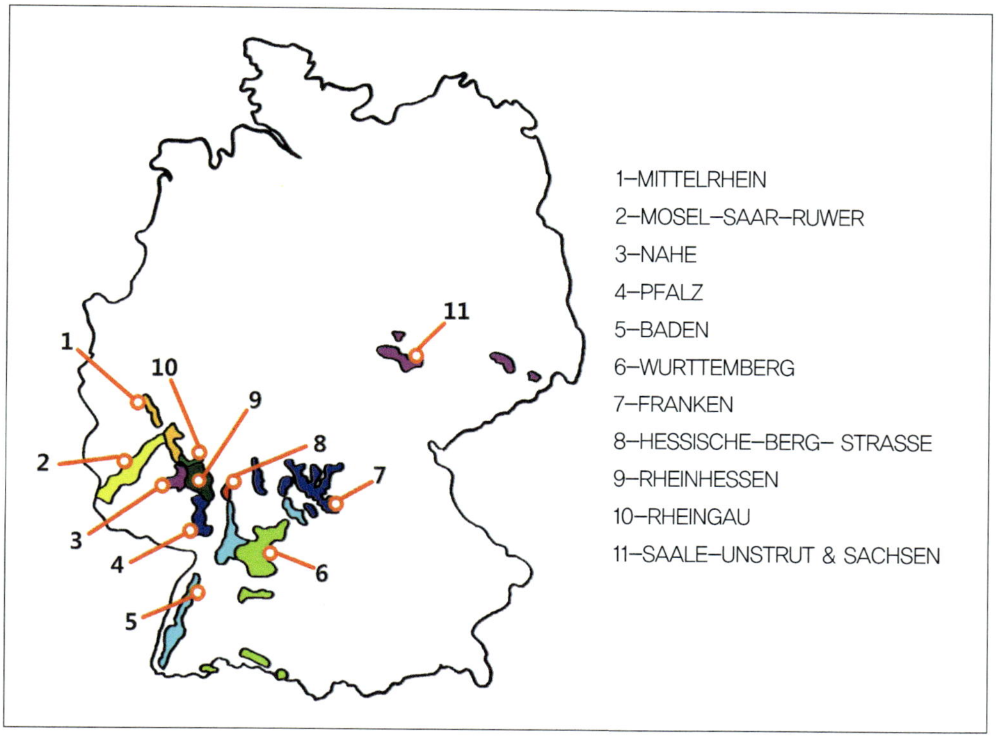

그림 1-77 독일 와인산지

(1) 모젤(Mosel) 와인산지

모젤 자르 루버(Mosel-Saar-Ruwer)은 독일와인에서 가장 유명한 지역으로 생산량의 15%를 생산하며 목이 긴 녹색병을 사용하는 것이 특징이다. 모젤강이 흐르는 곳으로 경사가 급한 곳에 포도원이 위치해 있다. 가볍고 섬세하며, 알코올 도수가 낮고 산도가 높으며, 사과, 배, 모과 같은 가을철 과일의 향을 지니고 있다. 젤 · 모젤(Zell · Mosel), 베른카스텔(Bernkastel), 오버모젤(Obermosel), 자아르 루버(Saar Ruwer), 모젤토어(Moseltor), 루버탈(Rewertal) 등이 있다.

(2) 아르(Ahr) 와인산지

독일 북서쪽의 아르강 주변으로 험한 지형에 포도원이 위치하고 있으며 발포르쯔하임 · 아이르탈(Walporzheim · Ahrtal) 등이 있다.

(3) 미텔라인(Mittelrhein) 와인산지

본(Bonn)시 아래에서 라인강의 남쪽으로 위치한 지역으로 수많은 유적과 경치가 아름다운 지역으로 와인산업을 통한 교통중심지로 발전하였으며, 로렐라이(Loreley) 등이 있다.

(4) 라인가우(Rheingau) 와인산지

모젤과 함께 최고급의 독일 화이트와인을 생산하는 지역으로 라인강에 접한 긴 언덕에 포도원이 위치해 일조량이 많고 포도재배에 이상적인 지역이다. 비록 포도원은 규모가 작고 영세하지만 와인품질은 강건하고 향이 풍부한 최고의 와인 수준으로 평가받고 있으며 전통적으로 갈색병을 사용한다. 리슬링을 중심으로 이 지역에서 테어난 신품종인 뮐러 투르가우 등이 재배되고 있다. 요하니스베어그(Johan-nisberg) 등이 있다.

(5) 나에(Nahe) 와인산지

나에강을 중심으로 나에계곡을 중심으로 위치하며 나아에탈(Nahetal) 등이 있다.

(6) 팔츠(Pfalz) 와인산지

독일 최대의 와인 생산지역으로 독일와인 생산량의 25%으로 생산량은 가장 많다. 쥐들리헤 바인슈트라쎄(Sudliche Weinstrasse), 미텔하르트 도이춰 바인슈트라쎄(Mittelharrdr Deutche Weinstrasse) 등이 있다.

(7) 라인헤쎈(Rheinhessen) 와인산지

독일 최대의 재배 면적을 가지고 있고 비교적 기후가 온난한 지역으로, 서쪽으로 나아헤강, 북쪽과 동쪽으로 라인강의 완만한 구릉지에 위치하고 있으며, 다양한 토양조건과 기후에 따라 여러 가지 품종이 생산되고 있으며 부드럽고 스위트한 리프프라우밀히(Liebfraumilch)산지로서 수출시장에서 1위를 차지하고 있다. 빙엔(Bingen), 니어슈타인(Nierstein), 보네가우(Wonnegau) 등이 있다.

프랑스에 비해 날씨가 춥고 일조량이 많지 않기 때문에 남부의 일부 지역을 빼고는 적포도 재배엔 적합하지 않으며 독일에서 생산되는 와인의 80% 이상이 화이트와인이다. 특히 일조량 부족으로 당분 함유량이 적고, 대신 산도가 높은 것이 독일와인의 특징이다. 또한 독일와인은 포도의 수확 시기에 따라 와인의 품질이 정해진다. 수확시기가 늦은 순으로 카비네트, 슈패트레제, 아우스레제, 베렌아우스레제, 아이스바인, 트로켄베렌아우스레제가 있다. 독일의 주요 재배 포도품종은 〈표 1-15〉와 같이 모젤, 아르, 미텔라인, 라인가우, 나에, 팔츠, 라인헤쎈 등 지역별로 독특한 차이를 보이고 있다.

■ **표 1-15 독일와인산지별 포도품종**

와인 산지	와인 종류	포도품종
모젤	- 화이트와인	- WW : 리슬링
아르	- 레드와인 - 화이트와인	- RW : 슈페트부르군더, 포르투기저 - WW : 리슬링, 뮬러-투르가우
미텔라인	- 화이트와인	- WW : 리슬링, 뮬러-투르가우
라인가우	- 화이트와인	- WW : 리슬링
나에	- 화이트와인	- WW : 리슬링, 뮬러-투르가우
팔츠	- 레드와인 - 화이트와인	- RW : 포르투기저 - WW : 리슬링, 뮬러-투르가우, 실바나
라인헤쎈	- 레드와인 - 화이트와인	- RW : 포르투기저 - WW : 리슬링, 뮬러-투르가우, 실바나

3) 독일와인 레이블

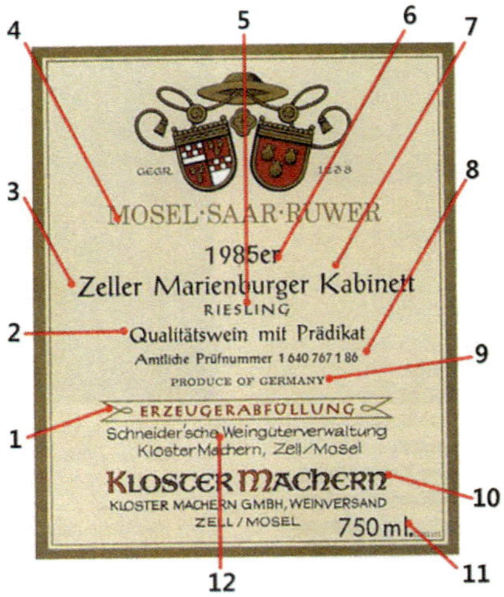

1–생산자가 병입
2–와인등급
3,4–생산지명
5–포도품종
6–수확년도
7–와인등급
8–품질관리번호
9–수출용 표기
10–포도밭
11–와인용량
12–와인생산자

그림 1–78 독일와인 레이블의 구성

그림 1–79 독일와인의 레이블

독일와인 레이블 표기는 내용이나 규격 등에서 정부의 규제와 관리를 받고 있다. 일반적으로 포함되는 정보에는 [그림 1-78]에서와 같이 생산회사명, 제품명, 포도품종, 와인 생산지역, 용량, 정부의 품질검사 번호, 알코올함유량 등이 표기된다.

독일와인 레이블을 이해하기 위해서는 독일와인 품질분류체계와 주요 와인 용어를 이해해야 한다. 먼저 독일와인 품질분류체계는 [그림 1-80]과 같다.

독일와인의 품질 등급은 프랑스와인과는 달리 단위 면적당 수확량과 수확시기, 그리고 그에 따른 천연 당도함유량을 등급 기준으로 정하고 있다. 1971년에 시작된 독일와인 품질분류체계는 포도의 품질보다 포도품종의 성숙 정도와 포도의 당분 함량이 중요한 기준으로 사용하여 포도원을 등급으로 정하지 않고 수확할 때 포도의 당도에 따라 4개의 등급이 결정된다.

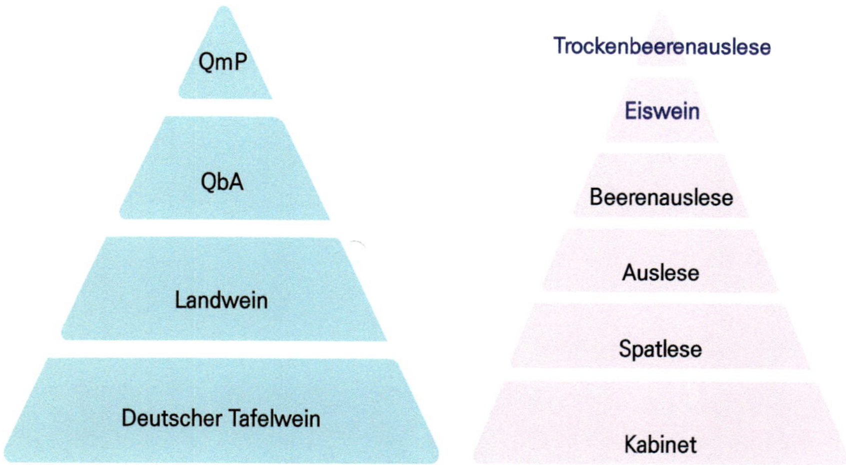

그림 1-80 독일와인의 품질분류체계

(1) 타펠바인(Tafelwein)

가장 낮은 등급으로 독일에서 대부분 소비되는 대중적인 와인으로 유럽공동체 국가에서 재배된 포도를 사용하거나 독일 포도와 블렌딩하여 만들어진다. 특히 도이쳐 타펠바인(Deutscher Tafelwein)은 100% 독일에서 수확한 포도를 사용하여 만든 와인을 의미하며, 독일 전체와인 생산량 중 5%를 차지한다.

(2) 란트바인(Landlwein)

타펠바인 보다 약간 상위 등급으로 프랑스등급의 Vin de Pays에 해당된다. 포도의 익임이 좋으며 지역적인 특성을 가진 와인으로 알코올 함유량과 개성이 있는 지역적 와인이다. 독일 전체와인 생산량 중 5%를 차지한다.

(3) 쿠베아(QbA : Qualitatswein bestimmter Anbaugebiete)

13개의 지정된 포도재배지역에서 생산되는 대표 포도품종을 사용하여, 가장 생산량이 많은 상급 와인의 품질와인으로 품종, 재배지역, 알코올 등의 기준에 적합한 것으로 라벨에 검사 번호가 표시되어 있다. 독일 전체와인 생산량 중 60%를 차지한다.

(4) 쿠엠페(QmP : Qualitatswein mit Pradikat)

독일와인 등급 중 최상급 등급으로 최고급와인을 가리키며 양조 시 당분을 첨가할 수 없으며, 일정한 양의 자연당도와 알코올함유량 등의 검수과정을 통과해야 한다. 포도의 성숙도에 따라 다시 6개의 등급(Pradikat)으로 구분하고 있으며, 이를 라벨에 표기한다. 독일 전체와인 생산량 중 30%를 차지한다.

■ 표 1-16 독일와인-QmP 품질분류체계

등급	특징
– 까비네트 (Kabinett)	– 정상적인 수확기의 포도를 사용, 가볍고 세미 드라이
– 슈퍼트레제 (Spaetlese)	– 늦게 수확한 포도를 사용, 풍미가 깊고 과일향이 풍부
– 아우스레제 (Auslese)	– 잘 익은 포도를 사용, 미디엄에서 풀바디
– 베렌아우스레제 (Beerenauslese)	– 얼은 포도를 사용(수확이 좋은 해), 원숙미와 진한 맛
– 트로켄베렌아우스레제 (Trockenbeerenauslese)	– 귀부포도를 사용, 달콤한 맛, 독일와인의 최고급
– 아이스바인 (Eiswein)	– 엄선된 포도를 사용(수확이 좋은 해), 향과 맛이 최고

4 스페인와인

1) 스페인와인의 개요

스페인은 포도밭 면적이 160만 ha로서 세계 1위이며 생산량은 프랑스와 이탈리아에 이어 세계 3위를 차지하고 있는 와인대국이다. 기원전 1100년 경 페니키아인들이 남부의 카디즈(Cadiz)에 포도를 재배하였으며 로마시대에는 더욱 활성화 되었다. 하지만 수많은 전쟁과 병충해의 피해를 겪으면서 변화를 가지게 되었다. 특히 유럽 포도원에 큰 피해를 입혔던 필록세라 포도재배 지역이 밀집되어 있지 않고 넓게 분포한 스페인와인산지의 특성에 따라 위기가 기회로 미치게 된다. 1870년경에 와인 산업이 왕성했던 프랑스가 필록세라로 인해 포도밭이 황폐화 될 무렵 스페인으로 이주해온 프랑스인들을 통해 와인 양조 기술을 전수 받았다.

이베리아반도의 대부분을 차지하고 있는 스페인은 우리나라와 같은 북위 33~38도 사이에 위치하고 있으며 지중해에 접해 있는 동부지역은 지중해성 기후를 가지고, 태평양과 접해 있는 서부지역은 대륙성 기후의 특성을 가진다. 토양은 주로 백악질이며 진흙 모래와 충적토로 구성되어 있다. 날씨가 건조하고 관개시설이 빈약하여 생산성이 좋지 않고 품질에 대한 인식이 낮아 아직도 전근대적인 방법으로 와인을 생산하는 곳이 많다. 전 국토에서 레드와인과 로제와인을 생산하고 있다. 특히 와인에 브랜디를 첨가한 주정 강화 와인 셰리는 1500년에 영국에 수출하면서 인기를 모았다. 셰리는 국내 생산량의 7% 정도이고 나머지는 스틸 와인과 페네데스 지방의 가볍고 경쾌한 스타일의 까바(Cava)라고 하는 스파클링 와인이 차지한다.

2) 주요 와인산지

스페인의 와인산지는 대서양 연안의 해양성 기후, 내륙의 대륙성 기후, 지중해 연안의 지중해성 기후, 남부 지역의 사하라 고기압 영향 기후 등의 기후에 따라 특성이 강하고, 토양조건이 적절하여 전 국토에서 포도가 재배된다. 주요 산지는 [그림 1-81]과 같이 북부의 리오하 지역, 중부내륙의 몬티야, 라만차지역, 북동부 해안의 페네데스 지역, 남서부의 헤레스 지역 등이 알려져 있다.

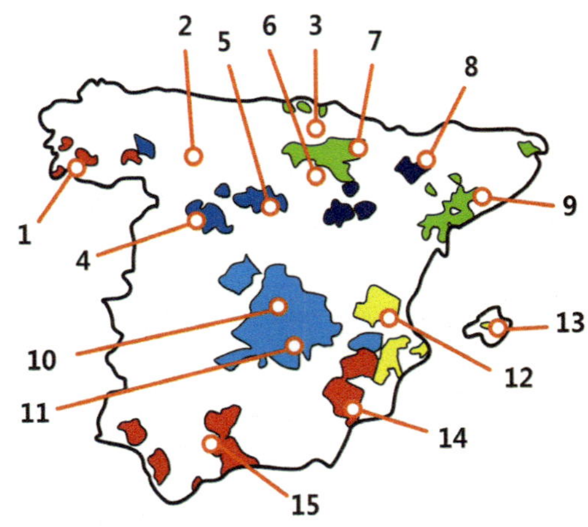

그림 1-81 스페인와인산지

(1) 리오하(Rioja)

스페인와인산지 중 가장 우수한 와인을 생산하는 에브로강 유역의 리오하는 프랑스 보르도에 필록세라에 유행할 때 보르도 와인제조자들의 이주에 따라 보르도 와인스타일을 가지고 있다. 리오하 알타(Rioja Alta), 리오하 알라베사(Rioja Alavesa), 리오하 바하(Rioja Baja)지역이 있다.

(2) 뻬네데스(Penedes)

바다와 산을 가지고 있는 이 지역은 세계 최고의 고급 발포성 와인 까바(Cava)를 생산하는 지역으로 유명하다. 스페인산 스파클링 와인의 85%가 까바의 이름으로 나오고 있고, 그 대부분이 까탈루냐(Catalunya) 지방의 페네데스에서 생산되고 있다. 바호 뻬네데스(Bajo Penedes), 메디오 뻬네데스(Medio Penedes), 알또 뻬네데스(Alto Penedes), 뻬네데스 수뻬리오르(Penedes Superior) 등이 있다.

(3) 라만차(La Mancha)

스페인의 마드리드 남쪽에 위치는 라만차(아라비아어로 건조한 땅을 의미)는 소설 돈키호테의 무대로서 가장 넓은 포도재배지를 가지고 있는 지역으로 유명하다.

(4) 몬티야(Montilla)

스페인 헤레스에서 복동쪽에 위치한 지역으로 헤레스와 쉐리와인을 생산한다. 하지만 이 지역의 쉐리와인은 천연 알코올함유량을 지닌 것이 특징이다.

(5) 헤레스 델 라 프론떼라(Jerez de la Frontera)

스페인 남부에 위치하며 오랜 동안 무역거점도시로 발전하였으며 대표적 식전주인 셰리(Sherry)의 주산지이다. 헤레스(Jerez)가 프랑스어로 세레스(Xerez)로 쓰여지고 나아가 영어식으로 변해 셰리(Sherry)로 되었다고 한다. 지금까지 셰리의 라벨에는 이 3가지 명칭이 함께 쓰이기도 한다. 산루까르 데 바라메다(Sanlucar de Barrameda), 엘 뿌에르또 데 산따 마리아(El Puerto de Santa Maria) 등이 있다.

스페인에는 600여 개의 포도품종이 재배되고 있지만 포도밭의 80% 이상이 20여 개의 품종을 재배한다. 최근에는 토착 품종 외에 까베르네 소비뇽, 샤르도네, 시라 등 국제적인 포도 품종들도 새롭게 시도되고 있다. 적포도에는 템프라니오, 가르나차, 그라시아노, 마수엘로가 있으며, 청포도에는 비우라, 아이렌, 말바지아 등이 있다. 주요 재배 포도품종은 〈표 1-17〉과 같이 지역별로 포도품종의 차이를 보이고 있다.

■ 표 1-17 스페인와인산지별 포도품종

와인산지	와인 종류	포도품종
리오하	– 레드와인 – 화이트와인	– RW : 뗌쁘라니오, 가르나차, 마수엘로 – WW : 비우라, 말바시아
패네데스	– 화이트와인	– WW : 샤르도네, 소비뇽블랑
라만차	– 레드와인	– RW : 센시벨– WW : 아이렌
몬티야	– 화이트와인	– WW : 빨로미노, 페드로 히메네스
헤레스	– 화이트와인	– WW : 빨로미노, 페드로 히메네스

3) 스페인와인 레이블

1–빈티지
2–숙성등급
3–와인명
4–생산지역
5–와인품질등급
6–생산자명 / 회사명
7–생산국가

그림 1–82 스페인와인 레이블의 구성

그림 1–83 스페인와인 레이블

스페인와인 레이블 표기는 내용이나 규격 등에서 정부의 규제와 관리를 받고 있다. 일반적으로 포함되는 정보에는 [그림 1-82]에서와 같이 생산회사명, 제품명, 빈티지, 와인 생산지역, 용량, 와인등급, 알코올함유량 등이 표기된다.

스페인와인 레이블을 이해하기 위해서는 스페인와인 품질분류체계와 주요 와인 용어를 이해해야 한다. 먼저 스페인와인 품질분류체계는 아래와 같다.

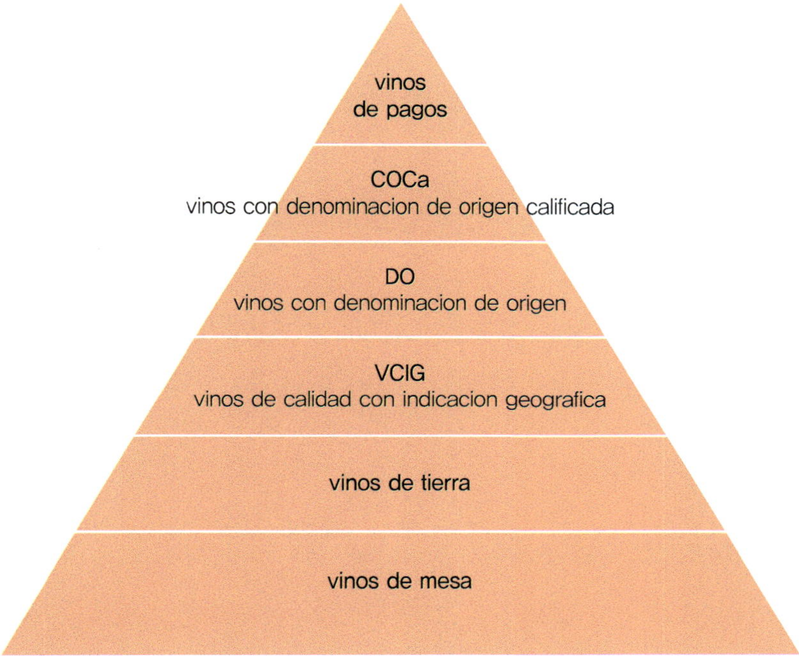

그림 1-84 스페인와인의 품질분류체계

스페인와인의 품질분류체계는 다른 나라보다 뒤늦게 1926년 리오하를 시점으로 시작되었다. 그 후 1933년 헤레스가 명산지로서 정비되고 전국단위로는 1970년 원산지 호칭법(DO : Denominaciones de Origin)에 의해 원산지의 경계와 명칭 명명, 포도 품종, 생산량, 알코올 함유량, 숙성기간 등을 규제하였다. 1986년 유럽연합 가입에 따라 2003년부터는 VdP, VCIG 등급이 새로이 도입되어, 테이블와인의 VdM, VdIT와 퀄러티 와인의 VCIG, DO, DOCa, VdP 나누어 강화되어 운영되고 있다.

(1) 비노 데 메사 (VdM : Vinos de Mesa)

지리적 명칭이 없는 테이블 와인으로 스페인 어느 지역의 것이라도 상관이 없으며, 서로 다른 지역의 것이 혼합될 수도 있다. 일상적으로 마시는 타입의 테이블 와인으로 연간 생산량의 75%를 생산하고 있다. 간혹 Vinos de / Mesa de에 이어서 지역명을 표시하기도 한다.

(2) 비노 데라 띠에라 (VdlT : Vinos de la Tierra)

스페인 특정지역의 포도만을 이용하여 만든 지역형 와인으로 프랑스의 Vins de Pays등급에 해당된다. 가격에 비해 품질이 우수한 편이다.

(3) 비노 데 카리다드 컨 인디케이션 죠그라피카(VCIG : Vinos de Calidad con Indica-cion Geografica)

2003년부터 새로이 등장한 등급으로 아직 DO등급은 아니지만 지역 특유의 포도품종과 양조 방식을 통한 지역특성이 강한 와인 등급이다. 이 등급을 5년 유지하면 DO급으로 신청할 수 있는 기회를 가진다.

(4) 데노미나시오네스 데 오리헨 (DO : Denominaciones de Origen)

프랑스의 ACO와 같이 대부분의 스페인 고급와인이 속한 등급으로 원산지 증명과 숙성장소 기록, 포도재배, 와인양조, 판매 등 규제기준을 통과한 등급으로 1926년 리오하의 시작으로 약 70여개의 지역이 속해 있다.

(5) 데노미나시온 데 오리헨 칼리피카다(DOCa : Denominacion de Origen Calificada)

1991년부터 적용된 등급으로 DO등급 중에서도 특별히 품질이 우수한 지역이 해당되며, 이탈리아의 DOCG 등급과 유사하며, 리오하(1991년)와 프리오랏(2003년), 리베라 델 두에로(2008년) 지역이 있다. 특히 리오하지역 DOCa급의 와인의 경우 숙성기간에 따라 크리안자(Crianza-2년 숙성, 6개월은 오크통 숙성), 레세르바(Reserva-3년 숙성,

12개월 오크통 숙성), 그란 레세르바(Gran Reserva–5년이상 숙성, 최소 24개월 오크통 숙성)으로 표기하고 있으며, 숙성기간이 길수록 고급와인으로 평가받는다.

(6) 비노 드 파고(VdP : Vino de Pago)

2003년부터 새로이 등장한 등급으로 단일 포도원으로 포도원을 소유한 사람이 직접 포도를 재배하고 수확하여 와인을 양조한 후 병입 판매하는 것으로 주로 마드리드 주변의 캐스틸라–라만차(Castilla–Lamancha)지역과 리오하 주변의 나바라(Navarra)지역에 집중되어 있다.

5 포르투갈와인

1) 포르투갈와인의 개요

면적에 비해 다양한 기후를 가진 포르투갈은 이베리아반도 서남단에 위치하고 서쪽과 남쪽은 대서양과 접해 있으며, 동쪽과 북쪽은 스페인과 접해 있다. 대서양과 지중해성 기후와 대륙성 기후의 영향을 받으며, 토양은 북부지방의 화강암과 편암, 중부지방의 석회암, 남부지방의 석회암, 점토, 모래로 구성되어 있다.

BC12세기에 페니키아인들이 북아프리카를 거쳐 이곳에 들어오면서부터 포도재배가 시작되었다. 스페인으로부터 독립한 포르투갈은 스페인의 와인역사와 유사하다. 특히 17세기 영국과 프랑스의 전쟁으로 인하여 영국이 프랑스와인 대신 포르투갈의 와인과 포트와인을 수입하면서 발전의 기회를 가지게 되었다. 1986년 EU에 가입하면서 와인산업의 현대화와 기술변화를 통한 발전을 도모하고 있다.

세계적으로 유명한 디저트와인의 포트와인은 포르투갈 북부의 도우루 지역에서 생산된다. 주로 레드와인으로 색깔이 진하고 탄닌이 많은 특성의 또우리가 나씨오날(Touriga Nacional)이 대표적인 포도품종이며 띤또 사웅(Tinto Cao), 띤따 로지스(Tinta Roriz), 띤따 바로까(Tinta Barroca) 등이 사용되며, 화이트 포도품종으로는 비오지뉴(Viosinho), 말바지아 피나(Mavasia Fina), 고우베이우(Gouvejo) 등으로 제조되며, 발효가 끝난 뒤 브랜디를 첨가하는 쎄리와 달리, 발효가 진행되는 과정에서 브랜디를 첨가하여 맛과 향을 향상시키게 된다. 단맛이 강하며 숙성을 통해 부드러워지기 때문에 디저트용으로 치즈와 케익과 같이 마신다. 포트와인의 종류는 여러 가지가 있으나, 그해 수확한 포도만을 사용하여 만든 와인으로 와인병속에서 숙성을 진행시키며 디캔딩이 필요한 오랜 보관할수록 풍미와 맛이 일품인 빈티지 포트와인(Vintage Port Wine)과 다른 해의 와인을 블렌딩하여 만들어 오크통에서만 숙성한 후 바로 소비하는 우드 포트와인(Wood Port Wine)으로 나눈다. 우드 포트와인은 가장 저렴한 루비(Ruby) 포트와인, 토니(Tawny) 포트와인, 10년 이상 오크통에서 숙성시킨 에이지드 토니 포트와인, 특정해의 포도만을 사용하는 LBV(Late Bottled Vintage) 포트와인으로 구분하고 있다. 유명 포트와인 상표로서는 호세 마리아 다 폰세카 (Jose Maria Da Fonseca), 콕번(Cockburn), 그라함(Graham), 샌더맨(Sandeman), 테일러(Taylor's), 페레이라(Ferreria), 크로프트(Croft), 빅토리아 토니(Victoria Tawny)등이 있다.

2) 주요 와인산지

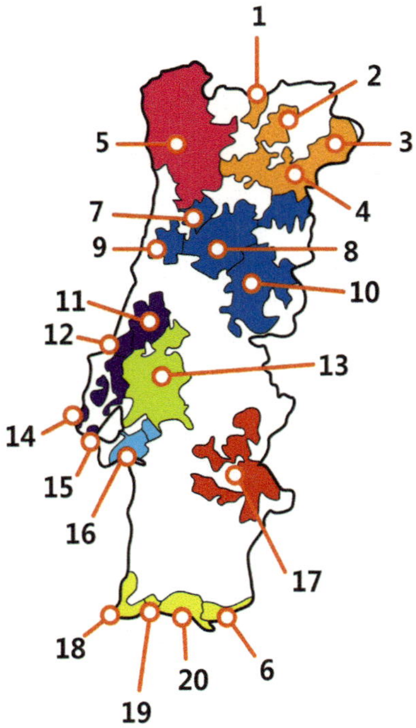

1-CHAVES
2-VALPACOS
3-PALANALTO-MIRANDES
4-POTRO-DOURO
5-VINHOS VERDE
6-TAVIRE
7-LAFOES
8-DAO
9-BAIRRADA
10-BEIRA INTERIOR
11-ENCOSTAS D'AIRE
12-ALCOBACA
13-RIBATEJAO
14-COLARES
15-CARCAVELOS
16-SETUBAL
17-ALENTEIO
18-LAGOS
19-PORTIMAO
20-LAGOA

그림 1-85 포르투갈 와인산지

포도재배에 적당한 기후를 가진 포르투갈은 서늘한 날씨의 북부지역, 지중해성 기후의 남부지역으로 와인산지가 분포하며, 포도원은 주로 고원지대에 위치한다. 주요 산지로는 [그림 1-85]와 같이 베드데, 도우로, 다웅, 바이라다, 부셀라스, 카르카벨로스, 마데이라 지역 등이 있다.

(1) 베르데(Verde)

온난한 기후와 강수량이 풍부한 가장 맛이 좋은 와인을 생산하는 지역으로 화이트, 레드, 로제와인을 생산하고 있다. 특히 이 지역의 와인은 좋은 향을 가지고 가벼우며 거품을 내기도 한다.

(2) 도우로(Douro)

산악지대가 많은 지역으로 짙은 색의 풍부하고 부드러운 포트와인을 생산한다. 포트와인은 주로 도우로 강 상류의 알토 도우로 지역에서 재배된 적포도와 청포도로 만든다. 발효 도중에 브랜디를 첨가해 알코올 도수를 높인다. 출하되는 항구의 이름이 포트토라서 포트와인(또는 포르토 와인)이라 부르게 되었다.

(3) 다웅(Dao)

포르투갈 중심지의 이 지역은 무거운 향과 맛을 가진 레드, 화이트와인을 생산한다.

(4) 바이라다(Bairrada)

새롭게 등장한 와인산지로서 진한 맛의 레드와인을 생산한다.

(5) 부셀라스(Bucelas)

포르투갈의 수도 리스본 북쪽에 위치한 지역으로 엷은 황금색의 드라이한 맛과 향을 가진 개성 깊은 와인을 생산한다. 숙성될수록 맛과 향이 더해진다.

(6) 카르카벨로스(Carcavelos)

대서양 연안의 리스본 서쪽에 위치한 지역으로 루비색의 농도가 짙은 레드와인을 생산한다.

(7) 마데이라(Madeira)

세계 3대 강화와인 중 하나인 마데이라를 생산하는 지역으로 대서양의 진주라 불리며 아열대성 기후를 가진 대서양에 있는 마데이라제도의 최대 화산섬이다. 영국 상인들에 의해 개발된 와인으로 드라이한 와인을 만든 후, 온실을 이용한 독특한 숙성과정을 거친 후, 증류주를 첨가해 높은 알코올 함유량을 가진 와인을 생산한다.

이탈리아, 스페인과 마찬가지로 레드와인을 많이 생산하고 오크통에서 오래 숙성시키기 때문에 와인 스타일도 이들 나라와 비슷하다. 주요 재배 포도품종은 〈표 1-18〉과 같이 작은 국토에 비해 고유한 자생적 토착품종을 비롯한 다양한 스타일의 지역별 포도품종을 가지고 있다.

■ 표 1-18 포르투갈 와인산지별 포도품종

와인 산지	와인 종류	포도품종
베르데	– 레드와인 – 화이트와인	– RW : 비칼 – WW : 루레이로, 빠테르냐
도우로	– 레드와인	– RW : 또우리가 나씨오날
다웅	– 레드와인	– RW : 또우리가 나씨오날
바이라다	– 레드와인	– RW : 바가
부셀라스	– 화이트와인	– WW : 아린뚜
카르카벨로스	– 레드와인	– RW : 라미스꼬
마데이라	– 화이트와인	– WW : 세르시알, 베드델류, 부알, 마우세이

3) 포르투갈와인 레이블

1–빈티지 포트와인 표시
2–와인명
3–빈티지
4–와인상표
5–제조사
6–와인용량

그림 1–86 포르투갈와인 레이블의 구성

그림 1–87 포르투갈와인의 레이블

포르투갈와인 레이블 표기에는 [그림 1-86]에서와 같이 생산회사명, 제품명, 빈티지, 와인 생산지역, 용량, 와인등급, 알코올함유량 등이 표기된다.

포르투갈와인 레이블을 이해하기 위해서는 포르투갈와인 품질분류체계와 주요 와인 용어를 이해해야 한다. 먼저 포르투갈와인 품질분류체계는 아래와 같다.

그림 1-88 포르투갈와인의 품질분류체계

포르투갈에서는 프랑스의 AOC 품질분류체계와 같이 헤지앙 데마르까다(Regian Demarcada)라는 지역한정관리의 규정으로 와인의 품질을 관리하고 있다. 하지만 지역을 세분화하지 못하고 엄격히 적용하는데 한계를 가지고 있으며, 1986년 EU 가입 이후 국가차원의 와인품질 관리 제도를 강화하고 있다. 포르투갈의 산지한정 고급와인(V.Q.R.R.D)의 DOC와 IPR, 일반와인(Vinho de Mesa)의 Vinho Regional과 Vingh de Mesa으로 분류하고 있다.

(1) 드노미나싸옹 드 오리젱 콘트롤라다(DOC : Denominacao de Origem Controlada)

프랑스의 AOC에 해당하는 원산지 명칭 통제의 최고급 와인으로 포르투갈의 역사와 전통을 자랑하는 와인산지로서 도우로(Douro)을 비롯한 24개의 지역이 있으며 와인라벨에 표기할 수 있다.

(2) 인디카싸옹 드 프로브니엥시아 헤굴라멘따다 (IPR : Indicacao de Proveniencia Regulamentada)

고급와인으로 프랑스의 VDQS에 해당된다.

(3) 비뉴스 헤지오나이스(Vinhos Regionais)

테이블와인 중에서도 산지명의 표시가 인정되는 와인으로 품종이나 규정에 규제 없이 생산되는 프랑스의 Vins de Pays에 해당된다.

(4) 비뉴스 드 메자(Vinhos de Mesa)

원산지명을 표시할 수 없는 대중적인 일반 테이블와인으로 프랑스의 Vin de Table에 해당된다. 가장 많이 생산되는 와인이다.

6 호주와인

1) 호주와인의 개요

호주에서 와인은 1788년 11척의 선박으로 항해 해 온 필립 선장의 제1함대가 시드니에 상륙, 오늘날 시드니 왕립 식물원 자리에 포도 묘목을 심은 데서 비롯되었다고 한다. 그 이후 1836~1890년에 포도 재배가 전국적으로 널리 확산되는데, 특히 헌터밸리(Hunter Valley) 등의 해안에 서늘한 지역들이 호주의 와인 산지로 발전하게 된다. 그 이후 1960년부터 테이블 와인의 양조에 그들의 에너지를 쏟게 되고 1970대부터는 여러 선진 기술이 도입되고 생산설비가 갖추고 호주와인만의 독창적인 마케팅으로 세계시장 특히 미국과 영국 와인시장에서 빠르게 성장하였다. 연간 와인 생산량의 절반 이상을 수출하여 전 세계 생산량으로는 6위이지만, 수출량으로는 4위를 차지하고 있을 정도로 비교적 짧은 역사를 가지고 있지만 대표적인 신흥 와인 수출국이다.

호주의 기후는 지중해성 기후라고 할 수 있다. 여름은 덥고 겨울은 온화하며, 연간 강수량은 600mm정도로서 포도 재배에 적합한 기후이고, 유럽 포도품종이 재배되고 있다. 처음 적포도는 쉬라즈, 피노 누아, 비오니에, 까베르네 소비뇽 품종이, 청포도는 리슬링, 소비뇽 블랑, 샤르도네 품종이 재배되고 있다. 특히 쉬라즈는 원해 프랑스 론 지방에서 생산되는 시라 품종이다. 호주로 건너오면서 자극적이고 진한 맛으로 장기간 보관할 수 있는 바디가 강한 다른 스타일의 맛으로 변하면서 소비자들로부터 인기를 얻고 있다. 특히 호주와인은 원산지보다는 기술력을 중시하고 있으며 최근에는 프랑스 보르도 양조방법으로 몇 가지 포도품종을 블렌딩하여 와인을 만들고 있다. 호주의 와인은 쉬라즈에 까베르네 소비뇽을 혼합하거나 쎄미용에 샤도네이를 혼합하는 것과 같이 두 품종의 포도품종을 혼합하여 만든 와인의 레이블의 경우는 이 두 가지의 혼합된 포도품종을 함량이 많은 순서대로 표시하고 있다.

2) 주요 와인산지

(1) 남부 호주(South Australia) 와인산지

남부 호주는 주로 레드와인의 생산지로 호주 와인의 약 50%를 생산한다. 저급에서 고급, 포트, 세리, 브랜디까지 모든 종류의 와인을 생산하고 있다. 특히 호주에서 가장 품질이 뛰어나다는 그랑쥬 에르미따쥬(Grange Hermitage)가 생산된다. 바로사 밸리 (Barossa Valley), 쿠나와라(Coonawarra), 패서웨이(Padthaway) 등에 155개의 포도원이 있다.

(2) 뉴 사우스 웨일즈(New South Wales) 와인산지

1833년부터 와인을 생산해 온 유서 깊은 곳이며 호주의 유명한 와인이 이곳에서 생산되며 호주 와인의 약 30%를 차지하고 있다. 시드니 북쪽에 위치해 있으며, 기후는 무더우나 여름과 겨울에 강우량이 비슷한 특성이 있다. 토양은 오래된 사암해저 위에 현무암 점토로 이루어져 있다. 청포도는 리슬링, 세미용 등이 적포도는 쉬라, 까베르네 소비뇽 등이 재배되고 있다. 헌터 벨리 (Hunter Valley), 머쥐(Mudgee), 오렌지(Orange), 마운터아담(Mountadam),` 카세그레인(Cassegrain), 레익스 폴리(Lake's Folly), 린데만(Lindemans) 등이 있다.

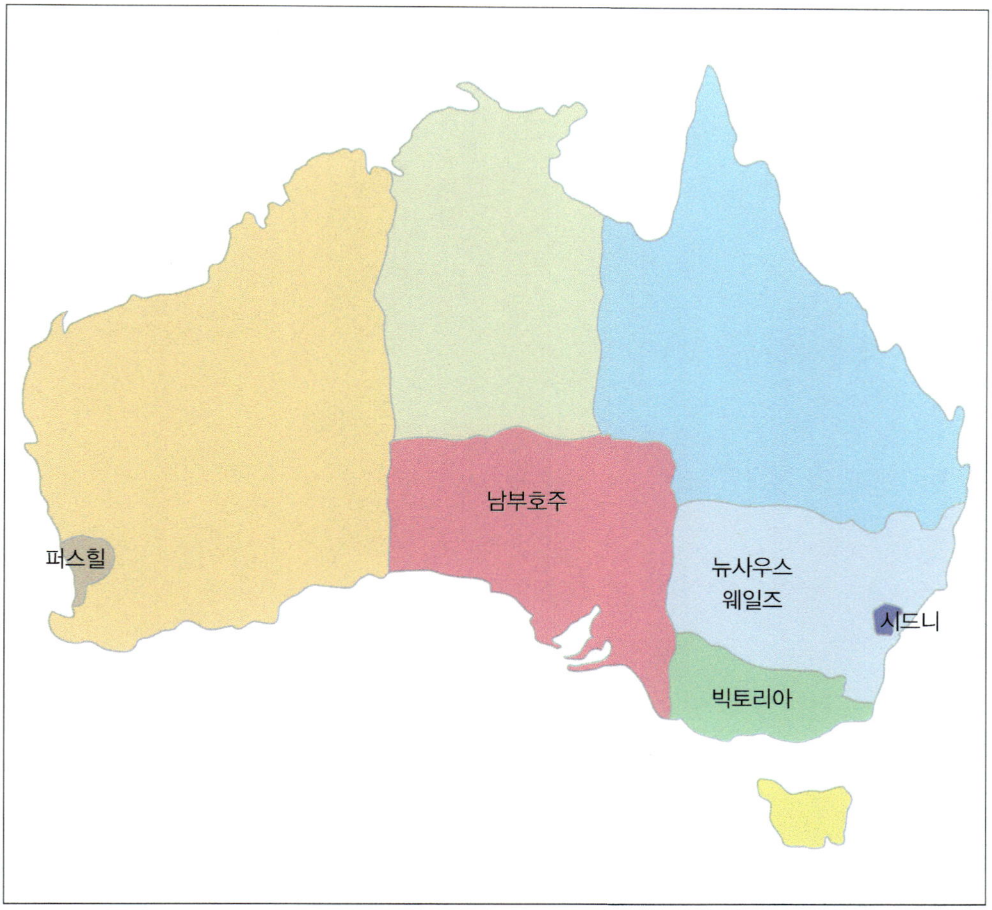

그림 1-89 호주 주요 와인산지

(3) 빅토리아(Victoria) 와인산지

호주 남동부 멜버른 근처에 위치한 오랜 전통을 지닌 와인 지역으로 기후와 토양이 유럽과 비슷하여 유럽에서 건너온 이주자들을 정착시킨 요인이 되었다. 호주에서 두 번째로 많은 숫자의 와이너리가 있으며 정상급 레드, 화이트, 발포성, 포트와인을 생산한다. 다양한 와인이 생산되고 있고 급속히 발전하는 산지로 호주 와인의 16%를 차지하고 있다. 뮤스카, 샤르도네, 피노누아 포도품종이 재배되고 있으며 지롱(Geelong), 아라 벨리 (Yarra Valley), 킹 벨리 (king Valley) 등이 있다.

(4) 서부 호주(West Australia) 와인산지

호주에서 가장 큰 주로 대륙의 3분의 1을 차지하지만 와인산지는 거의 서남쪽에 집중되어 있다. 이 지역은 규모는 작지만 질 좋은 와인을 생산한다. 그레이트 서던(Great Southern), 퍼스 힐(Perth Hill), 마가레트 리버(Margaret River) 등이 있다.

7 미국와인

1) 미국와인의 개요

미국와인은 18세기 후반에 스페인계 신부가 미사를 위해 와인을 만들기 시작하면서 19세기 중반 고급 유럽 품종의 도입은 미국 포도주 역사에 큰 획을 그었다. 1870년도 후반 미국 동부에서 필독세라라는 해충으로 포도밭이 타격을 받았다. 또한 1920년부터 1933년까지 13년간의 금주법으로 인해 와인 발전이 중단되었다. 미국 와인이 질적인 면에서 고급화로 나아가는 초석은 로버트 몬다비(Robert Mondavi)이다. 1976년 파리에서 열린 최고와인 비교시음회에서 캘리포니아의 화이트와 레드와인이 프랑스 최고와인을 누르고 일등상을 수상하여 국제비평가들 사이에서 세계 최고의 와인 생산지역으로 인정받게 되었다. 2000년대를 들어가면서 미국은 세계 4위의 생산국이자, 세계 최대의 와인 소비국으로 성장하였으며 최첨단의 와인 양조 기술 및 기반 시설, 소비자의 다양한 욕구를 충족시키는 와인의 탄생과 계속되는 성장, 세계 와인 시장을 리드할 수 있는 시장력을 갖추게 되었다. 품질과 가격 경쟁력을 확보한 미국와인의 등장과 발전은 세계 와인산업의 판도를 바꾸어 놓았으며, 이후 호주, 칠레, 남아프리카공화국 등 신세계와인 산업 성장의 견인차 역할을 하게 되었다.

미국의 와인업체 들은 모호한 산지 표시규정에 따라 서로 다른 다양한 지리적 이름들을 와인 레이블에 사용하고 있었다. 하지만 1978년 미국은 BATF 관할 하에 미국 공식인증 포도재배지역(AVA, American Viticultural Areas)라는 제도를 만들어 운영하고 있다. AVA에서는 레이블에 포도품종을 표기하려면 그 품종이 75%이상 사용되고, 산지를 표기하기 위해서는 85%이상 지정된 산지에서 재배되어야 한다는 규정을 두고 있다. 빈티지를 표기할 경우에는 적어도 95%이상의 포도들이 그 빈티지 해에 수확이 된 것이어야 한다. 그 외에도 레이블에는 병입자 이름과 용량, 알코올 도수 등이 표시되어 있는데 와인에 대한 정보를 많이 표시하면 할수록 고급와인이라 할 수 있다. 하지만 미국와인은 어느 지역에서 생산되었는지 보다 어느 회사가 만들었냐가 더 중요한 평가 요소가 되고 있다. 즉 미국와인의 품질관리체계는 와인품질에 대한 관리와 와인생산방법에 대한 규제도 하지 않고 있으며 와인 레이블에도 등급표시는 하지 않고 있다.

2) 주요 와인산지

미국의 와인은 뉴욕주에서 처음 시작되었으나 사람들이 노다지 황금을 찾아 대이동하여 캘리포니아에 정착하면서 와인산업이 발달되기 시작했다. 워싱턴주, 오레곤주, 뉴욕주에서도 와인을 생산하지만 캘리포니아만이 미국 전체 와인 생산량의 90%를 차지하고 있다.

그림 1-90 미국 주요 와인산지

(1) 캘리포니아(California) 와인산지

일조량이 많은 캘리포니아는 온난지역에서 서랭한 지역까지 여러 기후를 갖추고 있어 전체적으로 기후가 따뜻하고 건조하며 일부 안개 지역만이 서늘하고 흐린 기후이다. 다양한 와인을 만들고 주요 포도 품종은 유럽과 동일하다. 캘리포니아 와인에는 레이블에 포도품종이 명시되고 단일 품종을 75% 사용한 고급 와인과 버라이어틀 와인 (Varietal Wine), 일상적인 테이블와인의 제너릭 와인 (Generic wine)이 있다. 주로 품종은 쓰지 않고 스타일만 표시한다. 주요 지역에는 북부 해안 지방(North Coast)카운티, 소노마 카운티(Sonoma County), 나파밸리(Napa Valley), 멘도시노(Mendocino), 솔라노카운티(Solano County), 센트럴밸리(Central Valley), 중부 내륙지방(Central Valley) 카운티, 시에라 풋힐즈 (Siera Foothills), 남부 해안 지방 (South Coast) 등이 있다.

그림 1-91 캘리포니아 주요 와인산지

자료 : 캘리포니아관광청 사이트

(2) 워싱톤(Washington) 와인산지

워싱톤주 동쪽의 야키마밸리(Yakima Valley)에서 포도를 많이 재배하는데, 이 지역은 강우량이 극히 적어 인근 콜롬비아강에서 강물을 끌어다 관개를 한 후 포도를 생산하고 있다. 이곳에서 생산된 포도를 시애틀 근처 공장으로 150마일 정도 차로 운반하고 있다. 90개의 와인공장이 있고, 상위 8개의 공장이 이 지역 와인의 95%를 생산한다.

(3) 오리건(Oregan) 와인산지

대부분 최근에 만들어졌고 규모도 작은 편이다. 윌러메트 밸리(Willamette Valley)에서 많이 재배하고 있다. 오리건 주에서는 일반와인을 금하고 있으며 품종와인도 그 품종이 90% 이상이어야 하는 엄격한 규정을 적용하고 있다.

(4) 뉴욕(New York) 와인산지

뉴욕은 미국에서 세 번째로 많은 와인을 생산하는 지역이며 미국에서 가장 오래된 와이너리가 허드슨 밸리(Herdson Valley)에 있는 브라더후드(Brotherhood) 와이너리로 1839년 첫 와인을 출시한 것으로 기록되어 있다. 자극적인 향이 있는 자생종인 라브루스카 종에서 프랑스 포도품종와 섞인 하이브리드종이 많이 보급되었다.

3) 미국와인의 분류

(1) 제너릭 와인(Generic Wine)

가격이 저렴한 일반 와인으로서 단품 포도품종을 쓰지 않고 여러 품종을 섞어 스타일만을 표시한 대중적인 보통와인이다.

(2) 버라이어탈 와인(Varietal Wine)

고급와인으로 원료가 된 포도품종 자체를 와인명으로 사용하는 것이 특징이다. 포도품종을 명기할 때는 반드시 그 품종을 75%이상 사용해야 한다.

(3) 메리티지 와인(Maritage Wine)

미국의 고급와인은 포도품종을 와인 이름으로 사용하고 75%이상 그 포도 품종을 써야 하기 때문에 프랑스 보르도를 겨냥한 다른 방법의 고급와인을 만들고자 노력하는 와인 생산자들에 의해 생겨난 미국식등급이다. 이 와인은 까베르네 소비뇽이나 메를로 같은 프랑스 보르도산 품종만을 적당한 비율로 섞어 만든다.

미국와인으로 가장 비싼 가격에 판매되고 있는 오퍼스 원(Opus One)은 프랑스의 바롱 필립 드 로쉴드(Baron Philippe de Rothschild)와 미국의 로버트 몬다비(Robert Mondavi)가 합작으로 만든 대표적인 메리티지 와인이다. 그밖에 와인 제조 회사 이름과 고유 상표를 사용할 수 있는 Proprietary Wine, 고품질 · 고가격의 Cult Wine 등이 있다.

8 칠레와인

1) 칠레와인의 개요

남반구 위도 32~36도 사이에 위치한 칠레는 남북으로 좁고 긴 모양의 나라이다. 나라의 길이가 4,000km로 그 중에서 포도가 완숙하기에 충분한 양의 일조량과 온화한 기후를 가지고 있는 포도 재배에 적합한 지역이 1,400km나 된다. 고립된 영토로서 서쪽으로 태평양, 동쪽으로는 안데스산맥, 북쪽은 아타카마 사막, 남쪽은 남극해로 둘러 싸여 있다.

남미의 와인 역사는 1500년대에 멕시코에 진출한 스페인들이 멕시코에 포도원과 와이너리들을 설립하면서 와인산업이 시작되었으며 이후 이민자들의 유입이 늘어나면서부터 더욱 발전하게 된다. 세계에서 유일하게 필록세라의 피해가 없었던 칠레는 남미 최고의 와인 생산국이다. 양조기술(온도 통제용 스테인레스 스틸을 이용한 신기술과 프랑스산 오크통의 전통적인 방식을 결합)과 프랑스, 미국, 스페인 등의 풍부한 외국계 자본의 유입과 노동력으로 비약적인 발전을 이루고 있다. 특히 1980년대 중반부터 와인 산업이 크게 성장하면서 가격대비 품질이 우수하여 세계 각국에 수출되고 있으며 국내에서도 많이 사랑을 받고 있다. 재배되는 품종은 프랑스의 영향으로 프랑스 적포도 품종의 레드와인이 대다수를 차지하며, 적포도는 까베르네 소비뇽,

메를로, 까르미네르, 시라, 피노누아 등이, 청포도는 소비뇽 블랑, 샤르도네, 모스까델, 오브 알렉산드리아 등이 재배되며, 까르미네르*를 대표 품종으로 내세워 크게 성공을 거두고 있다.

2) 주요 와인산지

칠레의 주요 와인산지로는(그림 1-92)에서와 같이 산티아고에 인접한 센트럴 밸리, 까베르네 소비뇽을 주요품종의 마이포 밸리, 메를로와 까르미네르 품종의 라펠 밸리, 샤르도네를 많이 사용하는 꾸리꼬, 샤르도네와 소비뇽 블랑으로 유명한 카사블랑카 밸리 등이 있다. 특히 칠레의 와인 지역은 RV(Regions Vitivinicolas)로 구분된다. 가장 유명한 RV에는 마이포 밸리(Maipo Valley), 라펠 밸리(Rapel Valley), 마울레 밸리(Maule Valley) 등이 있다.

그림 1-92 칠레 주요 와인산지

* 1994년 프랑스 학자 Jean Michel Boursquo이 명명하였으며 보르도가 원산지이며 만생종으로 서늘한 지역에서는 재배되지 않는 칠레의 대표적인 포도품종이다.

(1) 마이포 밸리(Maipo Valley)

샌트럴 밸리에 위치해 있으며, 칠레에서 가장 오래되고 고급 와인을 생산하는 전통적인 포도산지이다. 점토질의 토양과 지중해성 기후, 낮과 밤의 큰 일교차로 포도생육의 완벽한 떼루아를 가진다. 연평균 기온은 14.5℃이지만, 여름은 평균 25℃로 덥고 건조하며, 수확 후 가을부터 겨울까지는 평균 330mm의 강수량을 보인다. 19세기 일부 재력가들이 조성한 수도 산티아고의 동부와 동남부에 가꾸기 시작한 포도밭들이 모태가 되었으며, 극소량의 부띠끄 와인부터 대량 생산하는 와이너리들까지 다양한 캐릭터의 와인들을 생산한다.

(2) 라펠밸리(Rapel Valley)

센트럴 밸리에 위치해 있으며, 칠레의 수도 산티아고 남쪽 100km에 자리 잡고 있다. 카차포알 밸리(Cachapoal Valley)와 콜차구아 밸리(Colchagua Valley)로 나뉜다.

(3) 마울레 밸리(Maule Valley)

칠레 포도재배의 43%가 있는 최대의 와인산지이다. 과거에는 빠이스 품종이 주종을 이루었으나 까베르네 소비뇽이나 메를로 등으로 변화하고 있다. 칠레에서 지역적으로 가장 다양한 기후, 토양이 분포하는 지역이며, 칠레에서 최초로 유기농 와인을 생산한 지역이다.

칠레의 와인등급은 1938년에 제정하였다가 1974년에 폐지된 법령에 의해 크게 3가지로 구분하고 있다. 첫째, DO(Denomination of Origin)와인이다. DO 와인의 지역은 75% 이상의 와인이 레이블에 표기된 지역에서 수확한 포도를 사용하고 25%는 다른 지역의 포도를 사용할 수도 한다. 둘째, DO가 아닌 와인이다. 셋째, 테이블 와인이다. 빈티지 표시도 당해 연도 생산된 포도를 75% 이상 사용해야 한다. 여러 가지 품종을 섞어서 사용할 경우 비율이 큰 순서대로 세 가지만 표시한다. 또한 칠레와인 레이블에 표기에는 다음과 같은 의미의 용어를 표기하고 있다. 최소 2년 이상 숙성된 와인의 레제르바 에스파샬(Reserva Especial), 최소 4년 이상 숙성된 와인의 레제르바(Reserva), 최소 6년 이상 숙성된 와인의 그란 비노(Gran Vino), 고급와인의 돈(Don), 정부가 인정한 포도로 만든 와인의 피나스(Finas)이 있다.

9 아르헨티나와인

1) 아르헨티나와인의 개요

과거 아르헨티나의 와인산업은 규모가 영세하고 낙후된 양조기술에 의한 값싼 벌크와인을 생산하여 90% 이상을 자국에서 소비하는 형태로 많이 알려지지 않았으나, 최근에는 품질이 우수한 와인에 대한 생산 노력으로 우수 포도품종으로 식재전환, 독특한 지형적 환경, 현대적인 기술과 전통 방식이 조화를 이룬 새로운 양조기술을 도입, 외국자본에 의한 대규모 합병 등에 힘입어 프랑스, 이탈리아, 스페인, 미국에 이어 세계 5위의 남미에서 최대 와인 생산국으로 발전하였다.

아르헨티나의 와인은 15세기 중반 스페인에 의해 크리오야 치카 품종이 전파되어 오랫동안 재배되었다. 1820년부터 스페인 식민지 통치가 끝나고 유럽으로부터 다양한 스타일의 포도와 와인제조 기법이 알려지게 되었다.

주요 재배 포도품종은 말벡, 시라, 템프라니오가 생산되며 대부분 블렌딩 와인이다. 보르도 와인기술이 주로 도입되었으며 말벡 품종이 주요 블랜딩 품종으로 사용된다. 아르헨티나 와인은 신선한 맛 보다는 구운 냄새가 나고 향이 독특한 것이 특징이다.

2) 주요 와인산지

유명 와이너리에는 오스트리아 자본으로 최초의 외국인 투자사인 노통(Norton), 이탈리아 자본인 크로타(Crota), 로버트 몬다비사의 와인메이커를 영입해 같은 방식으로 와인을 제조하는 파스쿠알 토소(Pascual Toso), 칠레의 콘차이토로가 투자한 트리벤토(Trivento), 이탈리아 와이너리의 카데나 자파타(Catena Zapata), 세계적으로 잘 알려진 전통의 트라피체(Trapiche)등이 대표적으로 유명하다. 주요 와인 산지로는 멘도사(Mendoza), 산 후앙(San Juan), 라 리오하(La Rioja), 리오 네그로(Rio Negro), 살타(Salta) 등이 있다.

그림 1-93 아르헨티나 주요 와인산지

자료: http://blog.daum.net/_blog/BlogTypeView.do?blogid=05i9g&articleno=13610853

(1) 멘도사(Mandoza)

멘도사는 아르헨티나에서 가장 유명한 와인산지로 아르헨티나 와인의 80% 이상이 이곳에서 생산되며 주로 말벡을 재배한다. 다양한 기후, 고도, 토양의 분포 등으로 전혀 다른 캐릭터의 와인들이 생산되는 지역으로 크게 북부, 중부, 남부지역으로 나뉜다. 북부지역은 해발 600~700m이며, 완만한 경사지에 포도원들이 자리잡고 있다. 이 지역에서는 주로 화이트와인이나 출시 후 바로 마시기 좋은 영한 와인, 과일 향이 풍부한 레드와인과 회전율이 빠른 와인들이 생산된다. 중부지역은 안데스 산맥의 산자락에 위치하여 해발 고도가 1,400m에 이르며, 외국 자본의 유입이 가장 활발하게 이뤄지고 있는 지역이다. 포도가 천천히 익는 지역으로 레드와인 품종 같은 경우는 탄닌과 컬러가 포도 껍질에 잘 고착되어 와인에 집중도와 탄탄한 구조감을 부여하는 특성이 있다. 남부지역은 산 라파엘 도시를 둘러싸고 있는 지역이다.

(2) 산 후앙(San Juan)

산 후앙은 아르헨티나에서 두 번째로 큰 와인산지이다. 해발 600~1,200m 사이에 포도원들이 분포해 있으며, 보나르다, 그레꼬 네로 등의 포도품종이 많이 재배되었다가 최근에는 까베르네 소비뇽, 시라, 메를로 등의 국제적인 품종으로 식재 전환이 점차 진행되고 있다.

(3) 라 리오하(La Lioja)

라 리오하는 중부지역에 위치하며 남동부 절반은 건조성 및 반건조성 평야로 구성되어 있으며, 북서부는 안데스산맥의 계곡들과 연결되어 있다.

(4) 리오 네그로(Rio Negro)

중남부에 위치한 와인산지로서 네그로강이 북서에서 남동쪽으로 흐르고 있으며, 화이트와인이 생산지로 유명하다.

(5) 살타(Salta)

아르헨티나 북부에 위치하고 있으며, 가장 오래된 전통 있는 와인산지로서 가파야타 계곡이 유명하다.

10 뉴질랜드와인

1) 뉴질랜드와인의 개요

뉴질랜드는 신세계 와인 생산국 중 가장 늦게 와인을 생산하기 시작했지만 1980년대 수출을 시작한 이래 세계 11위의 와인 수출국이 된 주목받는 신흥 와인 생산국이다. 뉴질랜드의 와인산업은 1800년대 호주로 곧바로 거슬러 올라갈 수 있으며, 뉴질랜드 최초의 와인은 1838년 호주 포도재배의 아버지라 불리는 제임스 버스비(James Busby)에 의해 이루어졌다. 버스비는 이미 1831년 호주 뉴사우스 웨일스의 헌터 계곡에 포도원을 설립했었다. 그가 1833년 프랑스와 스페인에서 포도나무를 가져와 베이 오브 아일랜드에 심으면서 뉴질랜드의 와인 역사는 시작되었다.

오스트레일리아와 비교하면 비교적 서늘한 뉴질랜드 기후 때문에 독일 날씨와 비슷하여 독일 포도재배 지역을 표본으로 삼아 뮬러-투르가우를 심었다. 그러나 현재는 다양한 포도품종이 재배되고 있으며, 전보다 더 훌륭한 와인이 생산되고 있다. 뉴질랜드에서는 주로 화이트와인이 뛰어난 품질을 보인다. 소비뇽 블랑, 샤르도네, 피노누아가 심어져 뉴질랜드를 대표하는 세 가지 와인품종이 되었다. 그 중 맛이 매우 풍부하고 산도가 강한 편인 뉴질랜드의 소비뇽 블랑은 세계 최고 수준급이라 할 수 있다. 청포도 품종이 전체 재배의 80%이상을 점유하고 있으며, 특히 뮬러-투르가우가 30% 정도를 차지하고 있다.

2) 주요 와인산지

뉴질랜드에서 와인을 생산하는 곳은 위도 35도와 44도 선내에 있다. 유럽의 동위 도상 지역과 비교해 보면 모로코와 론 계곡 사이가 된다. 위도의 영향은 섬을 둘러싸고 있는 바다, 강한 서풍, 비구름에 쌓인 산의 영향 등이 두 섬에 광범위한 재배 조건을 부여하는 요소들을 형성한다.

그림 1-94 뉴질랜드 주요 와인산지

자료 : http://www.genxywines.com

유명 와이너리로는 클라우디 베이(Cloudy Bay), 빌라 마리아(Villa Maria), 코르반(Corban), 몬타나(Montana), 미션 빈야드(Mission Vineyard), 테 마타 에스테이트(Te Mata Estate), 비달 와인 프로듀서(Vidal Wine Producers) 등이 있으며 개성 있는 작은 규모의 와이너리들도 많이 있다.

뉴질랜드의 주요 와인 생산지역은 온난한 기후와 강수량이 풍부하여 포도 수확량은 많으나 당도가 떨어지는 노스 아일랜드지역과 다소 추위와 건조한 기후를 보이며 최근에 포도재배를 많이 하고 있는 사우스 아일랜드지역으로 구분한다.

과거에는 노스 아일랜드의 혹스베이(Hawke's Bay)지역이 유명하였으나, 1980년대 이후 국제대회에서 높은 평가를 받고 있는 사우스 아일랜드의 말보로(Marlborough)지역이 유명하다. 이 지역은 사우스 아일랜드 북단에 위치해 있으며, 말보로우의 와이로 벨리(Wairau Valley)는 일조 시간이 가장 길고 강우량이 적으며 온화한 기후와 좋은 토양을 가지고 있으며 특히 신선한 화이트와인에 좋은 영향을 미친다.

노스 아일랜드에서의 가장 중요한 지역은 기스보른(Gisborne)의 포버티(Poverty)만과 혹스(Hawkes)만으로 모두 동쪽 해안 지역에 위치해 있다. 이곳에서는 게뷔르츠트라미너와 샤도네이가 재배되고 있으며 화이트와인이 생산된다. 가장 큰 포도 재배 지역이었던 오클랜드(Auckland)는 높은 습도와 도시개발로 점차 가치가 떨어지고 있다. 오클랜드 남부, 와이카토(Waikato)는 최근에 생긴 와인산지이다.

뉴질랜드의 공식적인 와인 품질등급분류는 없으나 레이블에 포도품종을 표기할 때 그 포도품종이 75% 이상 비율이어야 한다는 규제는 가지고 있다. 또한 생산지역을 표기할 때도 그 지역 포도가 75% 이상 사용되어야 한다. 빈티지 표기는 그 해에 수확한 와인으로 만들었을 때에만 표기가능하다.

11 남아프리카공화국와인

대서양과 인도양의 사이에 위치해 있는 남아프리카공화국의 기후나 지리적 특징은 구대륙과 비슷한 온화성 지중해기후를 가지며 연간 강우량은 200~1,000mm로서 대서양의 서늘한 바람의 포도원은 주로 평지성 언덕이나 산자락의 케이프타운시를 중심으로 약 169km 반경에 집중되어 있다. 구세계와 신세계 와인의 복합적인 남아공와인은 부담이 없고, 섬세하면서도 강한 맛이 특징이다.

1652년 동인도회사는 유럽에서 동양을 오가는 뱃사람들이 쉬어가는 장소를 희망봉에 마련하고 간단한 식음료와 신선한 농작물 등을 제공했다. 1659년 케이프에서 수확한 포도로 만든 남아공와인이 처음 생산되었다. 이후 1688년 종교적 박해를 피해 남아공으로 이주한 프랑스인들의 노력으로 남아공와인 문화는 점점 풍부해져 갔다. 특히 18세기 케이프 반도의 콘스탄샤지역 와인은 세계적인 명성을 누리게 되었다. 동인도 회사를 통해 본격적으로 판매가 이루어지면서 경매 등을 통해 유럽의 고급와인들과 당당히 경쟁하게 되었다. 1950년대부터 남아공와인 생산업자들은 독일과 이탈리아의 와인 생산기술의 영향을 크게 받게 된다. 1970년 말에는 좋은 품질의 와인을 생산하기 위한 노력의 일환으로 산업혁신을 이루고 와인농장 개선과 더 좋은 품종을 개발하기 위한 갖가지 방법을 도입하였다. 와인농장과 셀러 등에 새로운 기술을 소개하면서 남아공와인은 세계 10위의 와인 생산국으로 전 세계 80여 개국에 수출되고 있다.

주요 재배 포도품종으로는 상큼하고 과일향을 가진 청포도의 슈냉 블랑과 샤르도네가 있으며, 적포도는 까베르네 소비뇽, 멜로, 까베르네 프랑이 재배되고 있다.

다른 신세계 와인 생산국들과 마찬가지로 벌크와인 위주로 생산하다가 1973년 원산지 표시(WO)를 시행하면서부터 라벨에 빈티지와 품종을 표기하고 있다. 원산지와 포도를 보증하는 WO(Wine of Origin)마크 표시는 이 상표에 나타난 원산지의 포도가 최소한 80%가 포함되어 있는지, 그리고 명시된 포도품종으로 생산되었는지 여부를 표시하여 와인병에 부착하고 있다. 특히 품질이 보증되는 최고급와인은 WOS(Wine of Origin Superior)골드 마크가 부착된다. 이 마크는 지방 통제위원회로부터 인증을 얻기 위해 와인 테이스팅 검사를 통과한 와인에만 사용이 허용되고 있다.

12 한국와인

우리나라에 처음으로 와인이 소개된 것은 고려 충렬왕(1285년)때이며, 원나라의 원제가 고려의 왕에게 포도주를 보내왔다는 기록으로 볼 수 있다. 한국의 와인역사는 정확히 알 수는 없지만 대략 서구 문명을 도입하기 시작한 구한말로 추정된다. 이때 우리나라에 온 외국인을 통해서 궁중 행사 등에서 소개되었을 것으로 추측할 수 있으며, 우리나라에 주재한 외교관들이 자국의 공관에서 파티를 열 때에 사용한 것으로 추정된다.

우리나라에서 본격적으로 포도를 재배한 것은 1906년 뚝섬 원예모범장, 1908년 수원 권업모범장을 설립하여 주로 미국종 포도를 재배하면서 부터이다. 1918년 일제시대 일본인이 세운 포항의 미쯔이 농장에서 와인을 만들었다. 해방 후에는 국제관광공사에서 수입한 소량의 외국 와인을 호텔에서 취급했고, 일부 미군 부대를 통해서 시중에 유출된 와인이 국내에 극소량이 소개되었다.

1974년부터 정부는 대기업들에게 양조용 포도를 생산하는 대규모 포도단지의 조성과 와인 공장의 건설을 권고하였다. 이때 사업에 참여한 회사는 경상도지역의 동양맥주(주), 전남지역의 해태주조(주)와 전북지역의 백화양조(주) 등이 포도원을 조성하였다.

1974년 해태에서 노블 와인이 생산되었고, 1977년 마주앙이 동양맥주에서 생산되었다. 그 후 진로에서 샤또 몽블르이 출시되었고, 금복주에서 두리랑, 수석농산에서 위하여, 대선에서 샴페인 그랑주아와 일반 와인인 앙코르가 생산되었다.

국산와인은 1980년에 들어와서 그 판매량이 매년 10~30%씩 늘어났고, 1988년 88서울올림픽을 전후해서 그 판매량이 최대가 되었다. 하지만 90년대 초반부터 불어 닥친 국내 맥주 3사의 치열한 판매경쟁으로 한동안 소비자들의 관심이 맥주로 쏠리게 되었고, 소주 신제품의 출현으로 국내 소주 메이커들의 치열한 경쟁에 따라 소비자의 관심이 소주시장으로 쏠리게 되어 와인에 대한 관심이 줄어들어 1990년 이후에는 전체 와인 판매량이 감소하게 되었다. 1987년 와인의 수입 개방에 따라 외국 와인 회사들의 적극적인 판매활동과 수입와인에 대한 국민들의 선호와 국내에서 생산되는 포도의 가격이 외국보다 상당히 고가이므로 외국의 저가 수입 와인과의 경쟁에서 우리 국산 와인이 불리하게 되어 수입와인의 판매는 증가하고 국산 와인의 비중은 날로 감소하게 되었다. 급기야 1989년부터 점차 포도원의 폐원을 추진하여 포도원을 점차 폐원했고, 현재는 극소수의 농가에서만 양조용 포도를 재배하고 있으며, 일부 회사를 제외하고는 국산 와인의 생산을 거의 중단하고 있는 실정이다.

국내 와인시장의 95%를 차지하는 수입와인이 본격적으로 들어온 시기는 와인무역이 자유화된 1989년부터이다. 1997년 IMF 금융위기와 2007년 세계 금융위기 때의 마이너스 성장을 제외하고는 꾸준한 성장을 거듭하여 세계 와인시장에 비해 높은 성장세를 보이고 있다. 국내 와인 소비자들은 특히 레드와인을 선호하여 80% 정도를 차지하고 있으며, 이는 세계 와인시장에서 평균 52%를 차지하는 것에 비해 높은 편이다.

한국의 와인 소비는 소비량 보다 소비액의 성장이 빠르게 진행되고 있으며, 2003년 칠레와 FTA를 협약한 이후로 칠레와인은 수입량으로 1위를 지키고 있으며, 수입액으로는 1위인 프랑스, 미국, 이탈리아와인 순을 보이고 있다.

국내 포도품종의 약 70%는 캠벨 얼리(Campbel Early)로서 생식용이며, 무스캇 베일리 에이(MBA)는 식용과 양조 겸용 품종이다. 그 외 화이트와인품종 시이벨(Seibel), 거봉 등이 재배되고 있다. 겨울은 춥고 여름은 강우량이 많아 습도가 높은 기후조건으로 유럽종 품종에 비해 당도가 낮다. 보통 유럽종 품종의 당도가 20~25%인데 비해 우리나라 품종의 당도는 12~15% 정도 밖에 되지 않아서 높은 알코올 도수를 추출하기가 어려운 실정이다. 현재 국내에서 재배되고 있는 양조용 포도품종으로는 화이트와인용으로 사이벨, 리슬링과 샤르도네 등이 있으며 레드와인용으로는 머스킷 베일리 A 등이 있다.

대표적인 와인너리로서는 영농조합법인 형태의 충북 영동의 와인코리아, 안산의 대부도에 있는 그랑고토 와인너리, 영천시 와인너리 등이 있으며 그 밖에 감와인과 와인터널로 유명한 청도, 사과와인으로 잘 알려진 의성, 무주와 임실 지방의 머루와인 등이 유명하다.

BASIC
와인 & 소믈리에
서비스

제2부

와인서비스의 이해

제1장. 와인서비스 기물관리

제2장. 와인구입

제3장. 와인서비스

제4장. 와인보관 및 저장관리

제5장. 와인과 음식

제6장. 와인영업장 경영

제7장. 와인소믈리에

제1장

와인서비스 기물관리

1 와인글라스

와인은 와인글라스에 따라 맛과 향이 달라지기 때문에 선택이 중요하다. 와인글라스는 와인의 온도를 유지하기 위하여 잔의 다리가 긴 것을 사용하고, 와인의 색깔과 투명도를 잘 알아볼 수 있도록 무색이어야 한다. 잔의 입구는 튜울립 모양처럼 중간은 볼록하고 위쪽이 약간 오므라져야 와인향을 모아주는 역할을 하고, 입술의 촉감을 느낄 만큼 얇은 것이 좋다. 오늘날 유럽의 체코슬라바키아, 독일, 프랑스, 스웨덴, 영국, 아일랜드 등에서 Crystal Glass와 Regular Glass를 생산하고 있으며 입으로 불거나 주형으로 모양을 만들고 기계를 사용하여 대량으로 생산하고 있다. 명품 와인글라스 상표로서는 리델(Ridel)을 비롯해 호야(Hoya), 리사모리(Lisa Mori), 스피겔라우(Spiegelau), 로젠탈(Rosenthal) 등이 있다.

그림 2-1 와인글라스 명칭

와인글라스는 립(Lip), 몸통(Bowl), 손잡이(Stem), 받침 (Base)으로 나뉜다. 립(Lip)은 와인을 마실 때 입술이 닿는 부분이다. 보울(Bowl)은 와인글라스의 몸통 부분으로 보통 와인은 와인글라스의 1/3 정도만 채우는데, 와인 향을 맡으려고 와인 잔을 돌릴 때 흘릴 염려가 없으며, 나머지 공간을 와인 향으로 가득 채울 수 있기 때문이다. 손잡이(Stem)은 손으로 잡는 부분으로 스템이 길면 체온이 와인에 영향을 미치지 않으며, 와인의 색을 관찰할 때 손이 방해가 되지 않는다. 베이스(Base)는 와인글라스의 받침 부분이다.

1) 와인글라스 취급 요령

① 와인글라스는 새것이든 아니든 절대로 글라스 안쪽으로는 손을 넣어서는 안 된다. 취급할 때는 반드시 Stem부분을 잡아야 한다. 깨끗한 와인글라스는 두 손가락과 엄지를 이용하여 잔의 목 부분을 한번에 잡도록 한다.

② 글라스를 테이블에 내 놓기 전에 항상 냄새(행주, 세제냄새 등)에 주의한다.

③ 테이블에서 와인글라스를 치울 때는 반드시 Stem부분을 잡아서 이동한다.

④ Handy Tray를 사용하여 와인글라스를 운반하거나 취급한다. 이때 왼손바닥을 수평으로 하여 허리 높이로 세워서 이동하고, 한꺼번에 5개 이상의 와인글라스를 트레이에 담아 내지 말아야 한다.

⑤ 와인글라스를 손으로 이동할 경우에는 손가락 사이에 글라스의 Base부분을 끼우고 엄지로 잡고 이동한다. 이때 오른손은 반드시 1개만 취급한다.

⑥ 세척할 때는 부드러운 천을 사용하고 세제는 가급적 사용하지 않는다.

2) 와인글라스 유형

(1) 보르도 레드와인글라스

레드와인은 와인의 향기를 더욱 풍성하게 느낄 수 있도록 화이트와인글라스보다 더 크다. 보르도 레드와인글라스는 프랑스 보르도 스타일의 와인처럼 탄닌이 강한 와인을 위해 고안되었는데, 여러 품종을 섞어 무거운 보르도 와인글라스는 입술 닿는 부위가 조금 안쪽으로 굽은 튤립형이다. 이 모양은 탄닌의 텁텁함을 줄이고 과일향과 조화를 이룰 수 있도록 글라스의 경사각이 완만하다. 와인이 혀끝부터 안쪽으로 넓게 퍼질 수 있도록 입구 경사각이 작으며 볼은 넓다. 또한 와인이 숨 쉴 수 있는 공간을 확보해 줌으로써 다양한 부케와 풍부한 아로마를 느낄 수 있게 해준다.

(2) 부르고뉴 레드와인글라스

단일 품종으로 여성적이며 섬세한 향을 즐기는 부르고뉴 레드글라스는 볼 부분이 불룩하게 나온 벌룬형이다. 특히 Bowl 부분이 더 볼록하고 잔 입구로 갈수록 점점 좁아진다. 보울이 넓으면 공기와 접촉하는 와인의 면적이 넓어지므로 와인의 향을 더욱 풍부하게 맡을 수 있다. 부르고뉴의 피노누아는 까베르네 소비뇽에 비해 탄닌이 적으나 신 맛이 강하므로 와인 잔의 볼이 커야 하고, 좀 더 오랜 시간 향을 담기 위하여 글라스의 경사각이 크다.

(3) 화이트와인글라스

화이트와인에는 탄닌 성분이 없어서 잔의 볼이 크지 않다. 레드와인글라스 보다 작으며 차게 마시는 화이트와인 특성 때문에 온도가 올라가지 않게 용량을 작게 만들었다. 또한 레드와인글라스 보다 덜 오목하며, 화이트와인의 상큼한 맛을 더 잘 느낄 수 있도록 와인이 혀 앞부분에 닿도록 디자인되어 있다.

(4) 스파클링 와인글라스

스파클링 와인글라스는 길쭉한 튤립모양이나 계란형의 긴 잔으로 입구는 좁고 높이는 높은 모양으로 와인의 탄산가스가 오래 보존되고 거품이 올라가는 것을 잘 볼 수 있게 해 준다. 좋은 스파클링 와인일수록 조그만 기포들이 길쭉한 와인 잔 속에서 끊임없이 솟아오르는 모양과 독특한 향이 특징을 가진다.

그림 2-2 와인글라스 종류
(왼쪽부터 보르도 레드, 부르고뉴 레드, 화이트, 스파클링 와인글라스)

2 와인오프너

와인오프너는 소믈리에게 뿐만 아니라 흔히 와인시음을 위해 가장 필요한 기물이다. 하지만 와인의 코르크 마개를 따는 방법을 잘 모르는 사람들에게는 와인오프너를 이용하여 와인을 오픈하는 방법이 어렵고 낯설게 느껴진다.

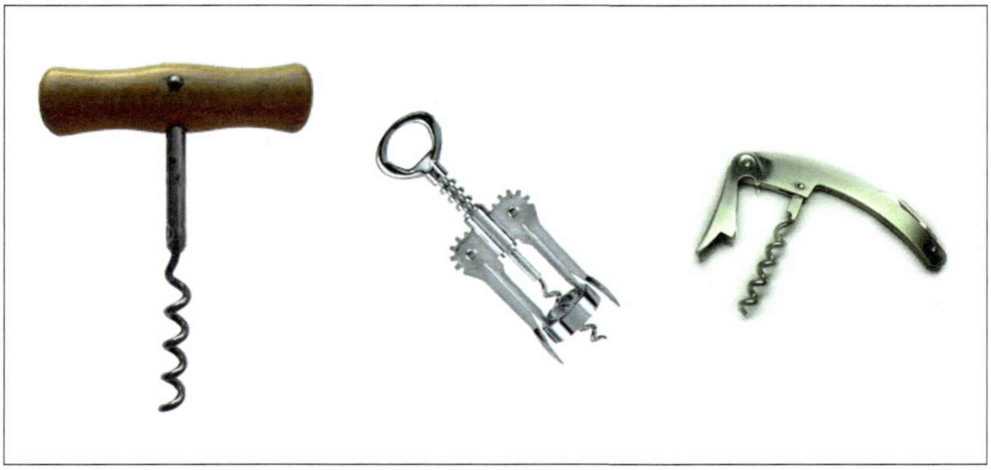

그림 2-3 와인오프너

와인 오프너의 종류는 매우 다양하다. T자형 와인오프너는 가장 단순한 모양이지만 힘이 필요하여 쉽게 사용하는데 한계가 있으며, 일반 가정집에 많이 있는 지렛대의 원리를 이용한 레버식 와인오프너는 코르크에 스크루를 넣으면 자동으로 올라오는 날개를 눌러 주기 때문에 쉽게 마개를 딸 수 있다. 이중 레버와 톱니 모양의 호일 커팅용 나이프, 스크류로 구성되어 있는 전문가용 웨이터스크루, 일명 소믈리에 나이프(Sommelier Knife)가 있다. 최근에는 자동식 또는 반자동식 같은 다양한 형태 와인오프너도 판매되고 있다.

3 와인쿨러(Wine Cooler)

와인쿨러는 와인을 가장 맛있게 마시기 위한 도구로서 특히 화이트와인이나 샴페인의 온도를 맞추기 위해 꼭 필요한 기물이다. 화이트와인이나 샴페인을 차게 마시기 때문에 와인의 온도를 차갑게 유지하기 위해 와인쿨러에 물과 얼음을 채워 넣는다. 와인쿨러에는 얼음을 이용한 습식형 와인쿨러와 와인셀러의 와인을 꺼내서 사용하는 건식형 와인쿨러 방식이 있다. 또한 제공되는 형태에 따라 테이블 위에 올려놓을 수 있는 테이블용과 테이블 옆에 세워 놓을 수 있는 스텐드형이 있으며, 요즘에는 다양한 기능과 색상의 와인쿨러가 생산되고 있다.

그림 2-4 와인 쿨러

자료 : (왼쪽)www.oempromo.com, (오른쪽)www.notonthehighstreet.com

4 디켄더(Decanter)

디켄더는 와인을 디켄딩할 때 사용하는 용기로서 과거 영국인들이 포트와인의 침전물을 제거하기 위하여 사용하였으며 저장 및 숙성과정에서 침전물이 생긴 오래된 와인일수록 침전물과 와인을 분리하여 와인의 순도와 색이 탁해지는 것을 방지하기 위하여 사용한 도구이다. 특히 장기 숙성된 탄닌이 강한 보르도와인의 경우에 필요하다. 하지만 영한 와인의 경우에도 와인이 가진 부케와 아로마를 최대한 극대화하기 위하여 사용한다. 주로 유리나 크리스털로 만든다. 입구는 좁고 길며 내부는 넓은 구조로 되어 있고 다양하고 세련된 디자인으로 만든다. 사용한 디켄더의 세척은 미지근한 흐르는 물로 2~3회 나누어 세척한다.

그림 2-5 와인디켄더

자료 : (왼쪽)www.wineware.co.uk, (오른쪽)www.gallerlly.com

5 와인 스톱퍼(Wine Stopper)

와인 스톱퍼는 마시다 남은 와인병에 공기가 들어가지 않도록 코르크를 대신해서 막아 놓는데 이용하는 악세서리이다. 흔히 와인병의 코르크를 다시 이용하여 와인을 막기도 하지만 코르크가 부서졌거나 깨끗하지 않을 경우에 사용한다. 가장 중요한 역할은 와인병에 공기가 들어가지 않도록 막는 역할이므로 세심한 주의가 필요하다.

그림 2-6 와인 스톱퍼

자료 : (왼쪽)www.thisnext.com.guide. (오른쪽)alibaba.com

6 와인 베큠 세이버(Vacuum Saver)

와인은 오픈 후 산화가 진행되어 맛과 향이 변하기 때문에 오픈 후에는 되도록 빠른 시일 내에 마시는 것이 가장 이상적이다. 베큠 세이버는 와인을 보관할 때 하루 이틀정도인 경우는 코르크나 스톱퍼를 이용하여 냉장고에 보관하지만, 3~7일 정도 보관할 때에는 오픈한 와인병의 공기를 빼내서 진공상태로 보관을 해야 한다. 이때 사용하여 병 안의 공기를 빼내는 와인 악세사리이다.

그림 2-7 와인 베큠 세이버

자료 : (왼쪽)www.ippinka.com, (오른쪽)www.atasteofmonterey.com

7 와인셀러(Wine Cellar)

와인을 저장, 보관하는 와인 전용 냉장고나 장소의 와인셀러는 와인을 정상적으로 보관 · 저장하기 위하여 적절한 온도와 습도 유지, 외부 자외선 차단, 진동 방지의 기능을 갖추고 있다. 살아 있는 발효주로서 와인은 올바르게 보관하지 않을 경우 와인이 변질될 가능성이 매우 높기 때문에 외부의 온도차나 일정치 않은 습도, 빛의 노출, 진동 등으로부터 보호해야 한다. 와인셀러는 와인보관의 크기와 특성에 따라 냉장고형 와인셀러와 창고형 와인셀러가 있다.

와인셀러의 설치 공간은 위생적으로 주변이 청결하고 냄새가 없는 바닥이 평평한 장소이어야 한다. 또한 주기적으로 위생 및 청결상태를 유지 관리해야 한다. 와인 보관 온도는 와인의 숙성진행 속도와 아로마에 영향을 주기 때문에 온도는 가능한 일정하게 유지시켜야 한다. 와인을 보관하는데 적정한 온도는 10~12.8℃이다. 또한 자외선 차단을 위한 갈색이나 푸른색 코딩의 유리를 사용한다. 와인을 보관하기 위한 적정 습도는 약 70~80%으로 정기적으로 습도를 일정하게 유지하기 위해서 체크를 해 주어야 하며, 주기적으로 내부를 마른 천등으로 닦아 주어야 한다. 특히 내부에는 와인 이외에 보관하지 않는다. 특히 진동에도 와인은 민감하기 때문에 주의하여 관리한다.

그림 2-8 와인셀러

자료 : (왼쪽)www.josephandcurtis.com, (오른쪽)item2.gmarket.co.kr

제 2 장

와인구입

과거에 비해 와인은 누구나 손쉽게 즐길 수 있는 알코올음료가 되었다. 하지만 아직도 수많은 종류와 난해한 레이블 표기 내용과 발음 등의 벽은 와인을 구매하는데 큰 장벽이다. 때때로 화려한 레이블 디자인과 겉포장으로 유혹하기도 한다. 뿐만 아니라 유명한 와인산지에서도 저품질 와인이 생산되기도 하며, 유사한 이름을 가진 와인이 판매되고 있다. 최근에는 빈티지가 오래된 와인이나 스페셜한 사이즈의 와인의 경우 경매가 중요한 역할을 담당하고 인터넷을 통한 매매도 증가하고 있다. 온라인의 경우 기본 포도품종을 주로 판매하고 있으며 와인에 대한 자세한 설명(원산지, 품질, 제조사, 와이너리 정보 등)을 얻을 수 있다.

와인 초보자들에게는 편안하고 부담 없는 와인의 선택이 좋다. 복잡 미묘한 맛의 숙성된 고급와인은 오히려 초보자에게는 오히려 와인에 대한 거부반응이 있을 수 있기 때문이다. 라이트 바디, 미디움 바디의 어느 음식에나 잘 어울리는 와인이 용이하다. 짜임새 있고 알코올 도수가 높은 레드와인은 겨울에 적당하며, 더운 날에는 신선하고 가벼운 와인이 적합하다.

와인 종류와 가격대를 미리 결정하는 것이 좋다. 와인 가격은 다양하므로 선택의 폭을 좁혀야 한다. 와인에 대한 경험과 이해에 따라, 또는 예산 정도에 따라 와인구입 수준을 결정한다. 정해진 가격 범위에서 자신이 좋아하는 것을 찾을 수 있는 요령을 길러야 한다. 특히 프랑스와인은 다양한 맛의 와인을 선보일 뿐 아니라 다양한 가격대의 와인이 있으므로 주의해야 한다.

와인을 잘 모르는 경우 부담 없이 와인소믈리에에게 도움을 받는 것이 좋다. 소믈리에는 와인을 관리하고 서빙을 담당하는 와인 전문 웨이터이기 때문에 와인에 대해 조언과 추천을 제공할 것이다. 이때 와인에 대한 대략적인 본인의 취향(레드, 화이트, 드라이, 스위트, 라이트 바디, 헤비 바디 등)을 말하는 것도 좋은 방법이다. 국가별-포도 품종별-가격별 구별을 통한 자신만의 와인타입을 결정하는 것도 중요한 과정이다. 특히 다음과 같은 기본적인 와인선택 기준을 고려하여 주문하고 구매하도록 한다.

① 초보단계 : 스위트한 화이트와인 · 스파클링 와인 · 레드와인(가메, 진판델)
② 초중급단계 : 스위트한 와인보다는 진하고 과실향의 아로마가 강한 레드와인
③ 중급단계 : 약간 드라이하며 편안한 영한 레드와인
④ 중고급단계 : 많이 떫고 묵직한 레드와인
⑤ 고급단계 : 부드럽고 섬세한 향과 맛의 부르고뉴 피노누아
⑥ 초고급단계 : 섬세한 향과 맛의 부르고뉴 화이트와인, 레드와인(시라, 메를로)
⑦ 최고고급단계 : 특징이 강한 스파클링 와인 · 숙성이 자연스러운 섬세한 레드 와인(까베르네 소비뇽)

값싼 테이블와인, 특히 화이트와인은 쉽게 변질된다. 와인 구입 시, 업장 재고 관리 상태를 확인하고 선택하는 것이 현명한 방법이며 무엇보다 회전이 빠른 곳에서 사는 것이 좋다. 구매하기 전에 와인 병목 부분까지 와인이 채워져 있는지, 코르크 마개가 밖으로 나와 있는지, 와인이 밖으로 새지는 않았는지, 레이블 청결상태 등을 확인한다. 또한 창가에 오래 진열한 것이나 안쪽에 있더라도 레이블이 변색되었거나 닳은 것은 구매하지 않는다. 와인은 세일시기에 오랜 보관된 판매되지 와인을 파는 경우가 많기 때문에 구매 시 신중하고 세심한 주의가 필요하다. 와인을 선물할 경우에는 상대방에 대한 와인의 이해를 통한 취향에 맞는 와인 선물이 중요하다. 국적, 성별, 와인에 대한 지식 정도, 선호하는 음식 등이 고려되어야 한다.

다음은 와인 전문매장을 평가하는 주요 체크리스트이다.* 5개 이상이 해당될 경우 그 매장에서 와인구입은 주의해야 한다. 6~7개가 해당되지 않을 경우 비교

---

* 김기재 외(2002), 와인을 알면 비즈니스가 즐겁다, 세종서적, p.172.

적 믿고 이용할 만한 와인매장이며, 만약 8개 이상 해당되지 않을 경우 확실히 믿을 수 있는 고급 전문와인매장이라 할 수 있다.

■ 표 2-1 상황별 추천 와인리스트

상 황	추천 와인명
기 념	Pol Roger Brut Reserve Francis Ford Coppola Sofia Blanc de Blanc Brut Brunello de Montalcino Riserva Madonna del Piano Joseph Perrier Cuvee Royal Brut NV Donatien Bahuaud Le Master Les Amants de Mont-Perat, AOC Bordeaux Blanc Champagne Louis Roederer Cristal Ferrari Rose
위 로	Far Niente Chardonnay Santa Digna Estelado
선 물	Robert Mondavi Chardonnay Reserve Louis Latour Chablis Premier Cru Chateau St. Jean Cinq Cepage Chateau Cos d'Estoumel Grand Cru
감 사	Gosset Grand Rose Brut Chateau d'Aqueria Tavel Rose Twomey Sauvignon Blanc
초보자	Villa M / Villa M Rosso / Villa M Romeo NY Braida, Brachetto d'Acqui
봄	Vina Esmeralda / Sonoma County / Anjou / Tavel Rose
여 름	Rosemount / Villa Maria Pinot Noir
가 을	Beaujolais Nouveau
겨 울	Port Wine

① 와인의 진열 및 배치 상태가 질서정연하지 않고, 와인을 아무렇게나 쌓아 놓았다.

② 와인이 매장 안쪽 깊숙한 곳에 잘 진열되어 있지 않고, 형광등 같은 조명에 그대로 노출되어 있다.

③ 레이블 표면이 빛에 바래 있다.

④ 와인진열대가 견고하지 않고, 흔들린다.

⑤ 매장 입구에 들어갔을 때 좋지 않은 냄새가 계속해서 난다.

⑥ 매장안의 조명이 너무 밝다.

⑦ 일 년 내내 와인제품에 변동이 없고, 동일한 제품만 판매한다.

⑧ 손님들이 와인레이블에 적힌 정보를 잘 볼 수 있도록 별도로 적어 게시하지 않고 있으며, 가격표시도 없다.

⑨ 매장의 판매원이 매장 자체적으로 작성한 시음 기록 등을 제시하면서 어드바이스해 주지 않고, 맛과 향, 질을 설명할 때 수출업자가 제공한 제품만을 제공한다.

⑩ 할인을 지나치게 자주하고, 특정 품목을 일 년 내내 세일한다.

⑪ 와인에 대한 전문 지식을 갖춘 직원이 없다.

⑫ 진열대에 와인을 똑바로 세워 진열한다.

⑬ 와인보다 기타 물품 판매 공간이 더 넓다.

⑭ 와인매장 실내의 온도가 너무 덥거나 춥다.

와인의 구매 또는 선택 전에 와인 시음회를 통해 와인의 맛을 다양하게 알아보는 것도 좋은 방법이 된다. 시음회 참가 횟수가 늘어나면 늘어날수록 와인상식에 대한 폭도 그만큼 깊이와 넓이가 있다는 사실을 기억하도록 한다. 이때 반드시 시음 후에는 테이스팅 노트에 기록하는 습관을 가지도록 한다. 어디서든 와인을 맛보고 괜찮다고 생각되면 그 명칭을 기록하고 어디서 살 수 있는지도 정리한다.

제 3 장

와인서비스

1 와인서비스의 개요

와인서비스는 와인의 종류에 따라 식사 전, 식사 중, 식사 후나 음식과의 조화, 고객의 선호도 등에 따라 주문이 이루어지고, 소믈리에에 의해 서비스가 이루어지며, 와인은 음식메뉴의 한 종류로 고객 개개인의 선택에 의해서 서비스된다. 따라서 와인서비스는 소믈리에가 수행하는 업무 중 가장 최종적인 임무로서 고객에게 와인을 추천하고 제안해야 하며, 고객이 주문한 음식과 와인의 최상의 조건 하에서 음미하도록 와인온도, 와인별 제공방법 등을 올바른 서비스방법으로 수행해야 한다. 와인을 보다 세련되고 전문가다운 서비스를 제공함으로서 고객에게 기쁨을 주고 제공하는 와인의 가치를 높일 수 있게 된다. 따라서 소믈리에는 와인종류에 따른 글라스 종류, 제공 온도, 보관 방법, 서비스 방법 등을 반드시 숙지하고 충분히 연습해야 한다. 하지만 가장 중요한 서비스의 기본은 고객이 즐거운 분위기 속에서 식사와 와인을 마실 수 있도록 제공하는 것이다.

1) 와인리스트

와인리스트는 와인을 포도품종, 와인색상, 무게감, 생산지, 스타일, 음식과의 조화, 판매 가격 등의 카테고리에 따라 세분화하여 정보를 고객에게 제공하는 것이다. 카테고리는 고객들의 기대와 리스트 상의 와인 개수, 생산지, 최근의 경향, 메뉴의 요리 특색, 혹은 음식점의 분위기에 따라서 구별될 수 있다. 여기에는 와인의 명칭 타입, 빈티지, 생산지, 가격, 생산자에 대한 추가 정보가 제공되기도 한다. 이러한 정보는 고객이 직접 와인을 마셔보지 않고도 와인의 품질, 구성, 선별를 예상할 수 있도록 하고 와인에 대한 이해를 높여주는 등 와인소비자과 레스토랑에 중요한 역할을 행하게 된다. 와인리스트의 디자인과 내용, 구성 및 가격 구조를 형성하는 데에는 고객의 기대에 대한 부응, 레스토랑 테마와 스타일에 적합 등의 요소들이 고려되어야 한다.

그림 2-9 와인리스트

자료 : (왼쪽)www.5wine.net, (오른쪽)www.wine79.com

와인을 처음 접해보는 고객들에게는 와인에 대한 약간의 유용한 정보와 간략한 소개를 통하여 글라스 와인의 판매나 혹은 고가 제품의 와인 판매를 유도할 수 있다. 이때에는 포도 품종에 따라 와인 리스트를 작성하는 것이 좋을 것이다. 또한 음식과 와인을 적절하게 짝지어 주는 것은 와인 주문에 대해 주저하거나 혹은 많은 정보를 가지고 있지 않은 고객들에게 아주 훌륭한 수단이 된다. 따라서 와인 리스트에 보이는 와인의 개수에 상관없이, 정보가 일관성 있게 제공될 때 정보의 양과 구성, 와인 리스트의 기능이 보다 잘 활용될 수 있다. 와인리스트의 형식을 결정하고 구성하는데 있어서 가장 중요하게 고려해야 할 점은 와인리스트가 고객들이 와인을 충분히 이해하고 선택할 수 있는 기회를 제공해야 한다는 것이다. 와인리스트는 많은 사람이 사용하기 때문에 항상 오물이 묻어 있지 않고 낙서가 없는 깨끗한 상태로 보존 관리되어야 하며 모서리가 닳지 않도록 주의하고 필요한 경우에는 교체하도록 한다.

2 와인과 서비스 온도

와인을 비롯한 모든 음료는 온도에 따라 맛의 차이가 심하기 때문에 적절한 온도의 와인을 서빙하는 것은 매우 중요한 과정이다. 일반적으로 와인의 온도가 낮으면 신선하고 생동감 있는 맛을 느끼게 되고 신맛이 예민해지고 떫은 맛은 강해진다. 반면에 온도가 높으면 와인의 향이 강해지고 숙성감이나 복합성과 단맛이 강해진다. 또한 신맛은 부드럽게 느껴지며 쓴맛과 떫은 맛은 상쾌하게 된다. 따라서 와인서비스에서 온도는 세심한 주의와 관심이 요구된다.

화이트와인은 보통 신선한 상태로 마시는데, 이는 청량감과 상큼한 과일 향을 즐기기 위해서다. 산도가 높은 화이트와인 일수록 낮은 온도로 마시면 거친 산도의 느낌을 완화시킬 수 있다. 화이트와인이라고 무조건 차게 마시는 것은 아니다. 풀 바디 드라이 화이트와인은 상대적으로 높은 온도에서도 즐길 수 있다. 반면 레드와인은 와인 속에 들어있는 탄닌이, 낮은 온도일 때 떫은 느낌이 부각되는 경향이 있기 때문에 낮은 온도에서의 마찰을 피하기 위해 상대적으로 높은 온도에서 마신다. 또한 잘 익은 과일의 풍성한 향과 레드와인 고유의 복합적인 향을 즐기기 위해서라도 온도를 다소 높여주는 것이 필요하다. 하지만 20℃이상이 되면 알코올이 강하게 느껴지므로 주의해야 한다. 와인의 온도가 낮을수록 탄닌이 거칠어진다. 그렇기 때문에 탄닌이 많은 와인이나 장기 숙성용 와인은 반드시 실온에 맞춰 마셔야 한다. 레드와인 중에서 탄닌 함량이 적은 포도주만 시원하게 마실 수가 있다. 온도가 높을수록 와인의 산도는 강하게 느껴진다. 알코올성 성분이 높은 와인은 약간 시원하게 서빙한다. 탄산가스는 온도에 강하게 반응하여 온도가 높아지면 쉽게 퍼지는 성질 때문에 스파클링 와인은 차게 서빙한다.

화이트와인과 스파클링 와인은 아이스 버킷에 얼음과 물을 채우고 비스듬히 뉘어둔다. 아이스 버킷이 없을 경우에는 냉장고의 하단부에 30분정도 넣어 두어 온도를 낮추는 방법도 있다. 레드와인은 와인셀 러에서 한두 시간 전에 꺼내어 침전물이 바닥에 가라앉도록 세워 둔다. 자연스럽게 실내 온도에 의해 온도가 올라가며 마시기 편안한 온도가 되면 서빙한다. 고급 레드와인의 경우에는 와인 바스켓에 넣어서 서빙해도 좋으며, 경우에 따라서는 디켄딩도 필요하다. 와인을 실내 온도로 마신다는 것이 와인을 마시는 방의 온도에 맞춘다는 것을 의미하지는 않는다. 때로 실내 온도가 더운 때는 20℃가 훨씬 넘어 버리기 때문이다. 실온에 맞출 때는 16~ 17℃ 맞추면 된다. 특히 마개를 딴 병속에서만 와인의 온도가 실온에 맞추어지는 것이 아니라 잔을 통해서도 이루어진다는 사실을 알아두어야 한다. 와인을 마시는 데 절대 온도는 없다. 레드와인은 너무 차지 않게, 화이트와인은 너무 오래 얼음에 담가 두어서 지나치게 차게 되는 일을 주의해야 한다. 와인을 서비스하기 위해서는 온도뿐만 아니라, 산화에 대한 확인과 글라스를 비롯하여 다양한 와인 서브 관련 도구의 상태와 활용능력을 갖추어야 한다.

■ 표 2-2 와인별 서비스온도

와인 종류	샴페인 스위트 와인	드라이 화이트 와인	묵직한 화이트 와인	로 제 와인	가벼운 레드 와인	보통 레드 와인	묵직한 레드 와인
온 도℃	6-8	10-12	12-14	8-12	15-16	16-18	18-20

3 와인 추천과 주문

최근 와인에 대한 고객들의 선호도가 다양해지고 전문지식이 많아 주문이 보편화되고 있다. 이에 따라 풍부한 와인 전문지식과 서비스를 갖춘 소믈리에가 고객접점에서 이를 제공하고 음식에 적절한 와인을 추천하는 등의 수준 높은 서비스 제공은 차별적인 요인으로 레스토랑의 서비스 품질 향상에 중요한 역할을 담당한다.

소믈리에는 레스토랑을 찾는 고객들의 선호도, 가격수준, 수급능력에 따라 다양한 와인을 준비해야 한다. 준비된 와인은 종류별로 분류하고 일정조건을 갖춘 장소에 체계적으로 보관해야 하며, 테이스팅을 통하여 와인의 특성을 파악하고 와인의 생산지, 빈티지, 포도품종, 어울리는 음식 등의 와인의 배경과 특성에 대한 정보를 수집하고 정리해 두어야 한다. 이를 통하여 실재 테이블 서비스 시에 고객에게 전문가다운 서비스가 제공되어야 한다.

와인을 주문받을 때에는 복잡한 상황을 연출하는 격식이나 절차로 고객을 부담스럽게 하지 말고, 고객이 편안한 마음으로 최상의 와인선택을 할 수 있도록 자연스러운 분위기 연출도 중요하며 준비된 와인리스트를 통하여 최상의 매출을 올리는 세일즈 방법도 고려되어야 한다.

일반적인 와인추천은 식사 시기에 따라 차이가 있다. 먼저 식사 전에 입맛을 돋우어 주는 식전용 와인의 경우는 주로 드라이한 화이트와인이나 스파클링와인, 쉐리와인, 소비뇽 블랑와인 등을 추천한다. 다음으로 식사하는 동안에 마시는 식사용 와인은 화이트와인, 레드와인, 로제와인 등이 모두 가능하며 주문한 음식과 가장 어울리는 와인(음식의 색과 맞추어 추천하며 육류에 어울리는 레드와인, 생선요리에 어울리는 화이트와인)을 추천하면 된다. 육류 요리 중 송아지고기나 닭고기처럼 흰 색을 띄는 음식에는 미디엄드라이 화이트와인, 색이 연한 레드와인을 추천하며 쇠고기, 돼지고기, 양고기 등에는 향기가 짙은 풀 바디 레드와인(까베르네 소비뇽, 메를로, 시라즈 등)을 추천한다. 마지막으로 식사 후에 마시는 식후용 와인은 단맛의 스위트와인, 포트와인(헝가리 토카이, 독일의 아이스바인 등)을 추천한다.

와인주문은 고객 테이블의 왼쪽으로 접근하여 상냥하게 인사하고 주빈에게 와인리스트를 제공하고 준비된 와인에 대한 정보를 제공하며 추천하는 판매기술을 익히도록 한다. 이때 고객이 주문한 요리와 어울리는 와인을 추천하고 단골고객의 경우에는 선호하는 와인에 대해 숙지하고 서비스 여부를 확인한다.

4 와인서비스 요령

와인서비스요령은 크게 레드와인, 화이트와인, 스파클링와인 서비스로 구분할 수 있다. 소믈리에는 이에 대한 충분한 이해와 연습이 필요하다.

1) 레드와인 서비스 요령

① 와인서비스에서는 모임을 주최하는 호스트에게 주문을 받고, 원하는 와인상표 여부를 확인시킨 다음 코르크 스크류를 사용하여 병목의 윗부분에 칼집을 넣어 캡슐을 잘라내어 코르크 마개의 윗부분이 보이도록 한다. 이때 스크류가 가운데에서 똑바로 들어가지 않으면 코르크가 부서지거나 중간에 빠지기 때문에 주의하고, 너무 힘을 주면 병목부문이 깨질 수 있기 때문에 주의하고, 가급적이면 레드와인의 경우 앙금이 떠오르지 않도록 와인 병을 돌리지 않고 스크류를 돌리도록 한다. 또한 코르크 가루가 떨어지지 않게 하기 위해 코르크에 구멍이 뚫리지 않도록 해야 한다. 오픈하는 방법으로는 와인 병을 테이블에 바로 세워 둔 상태로 오픈하는 방법, 와인바스켓에서 오픈하는 방법이 있다.

② 스크류의 지레를 병목 테두리 부분에 갈친 후 반대쪽 손잡이를 천천히 위로 들어 올려 코르크를 뽑아낸다. 이 때 코르크가 부서지는 것을 방지하기 위해 수직 방향 위쪽으로 잡아당긴다. 비스듬히 또는 억지로 잡아당기지 않도록 조심한다.

③ 마지막 크르크 밑에 둥근 원의 각인이 새겨진 부분에서는 손으로 천천히 코르크를 조금씩 돌려 풀면서 내부압력으로 자연스럽게 빠져나올 수 있도록 꺼낸다. 특히 펑하는 소리가 나지 않도록 주의한다. 만약 코르크가 병목에서 빠지지 않은 채 부서지거나 쉽게 빠져 나오지 않을 때에는 당황하지 말고, 집게형 스크류, 코르크 리트리버(Retriever)을 이용하거나 디켄딩을 하여 다시 코르크를 조심스럽게 꺼낸 후 병에 붙었던 찌꺼기가 들어가지 않도록 빼내기

전에 냅킨이나 타올로 병 입구 부분을 깨끗이 닦아낸다.

④ 코르크를 코에 가까이 대어 이상여부 와인상태를 확인한다. 이때 식초냄새, 코르크의 건조냄새, 썩은 나무냄새 등의 냄새를 주의해서 확인한다. 고객이 확인할 수 있도록 테이블의 고객 오른손 옆 접시에 코르크를 올려놓는다. 고객이 코르크 이상 유무를 확인하는 동안 소믈리에는 와인 병 입구를 천으로 닦는다.

⑤ 와인을 호스트의 글라스에 소량(2oz)의 와인을 따른다. 테이스팅 후 허락을 얻은 후 다른 손님들에게 호스트로부터 시계방향으로 돌면서, 성직자, 고령자, 여성, 남성 순으로 와인을 서브한다. 화이트와인은 2/3정도로 채우고, 레드와인의 경우에는 절반 이하로 분배에 주의하여 글라스에 따른다. 이때 와인을 글라스에 따른 후 손목을 이용해 빠르게 회전하며, 병을 세워 와인 방울이 테이블 또는 병에 흘러내리지 않도록 특히 주의한다. 만약 불안한 경우에는 냅킨을 떠받친다. 와인을 따를 때에는 글라스와 병이 부딪히는 소리가 나지 않도록 한다. 고객의 글라스를 채운 다음 호스트 글라스를 서브한다. 와인 병은 고객에게 상표가 잘 보이도록 테이블에 놓는다. 빈와인 병은 호스트의 승낙 없이는 치우지 않는다.

⑥ 고객의 요청이 있거나 없어도 적당한 때에 물을 서브한다. 고객이 더 이상 원하지 않을 경우를 제외하고는 글라스가 비워지지 않도록 계속해서 서브하고 식사 도중에 와인이 바뀔 경우에는 글라스도 바꾸어 서비스하는 세심한 관심이 요구된다. 디켄딩이 필요한 경우에는 화이트와인을 서브하는 동안에 준비하며 두 번째 와인을 서브할 때에는 호스트에게 오픈 여부를 확인한 후 오픈한다.

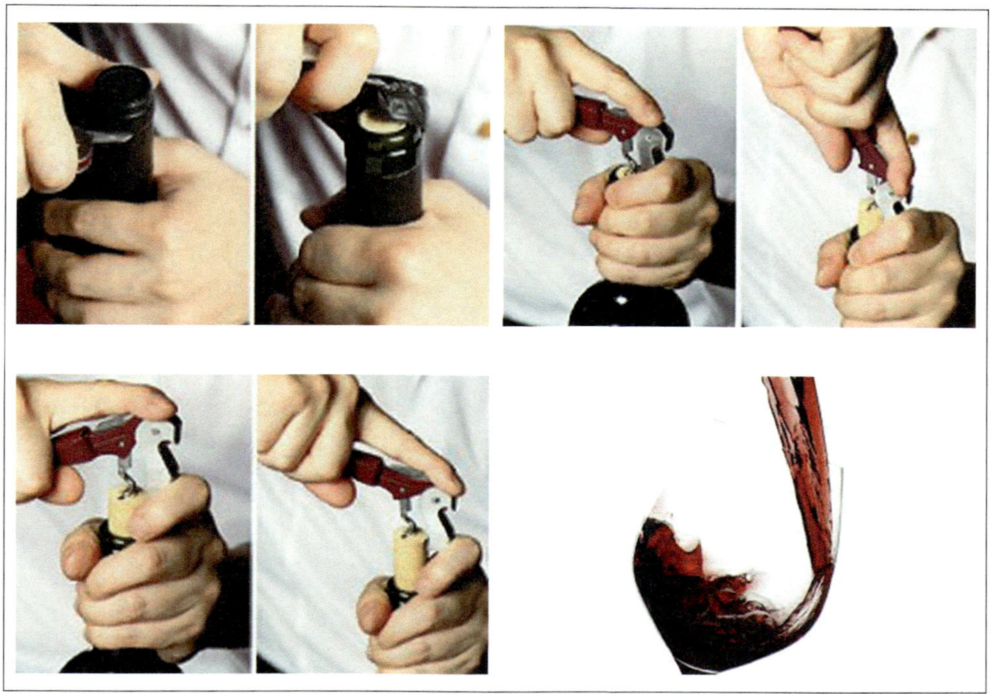

그림 2-10 와인 오픈 서비스

2) 화이트와인 · 로제와인 서비스 요령

화이트와인은 와인 쿨러에 얼음물을 3/4정도 채운 후에 와인을 담가 차게 해서 서브한다. 와인을 너무 차게 하면 와인의 향이 감소하기 때문에 주의한다. 서브 할 때 얼음물이 떨어지면 닦아내기 위하여 냅킨을 준비한다.

3) 스파클링 와인 서비스 요령

스파클링 와인 오픈에서는 '펑'소리가 나지 않도록 주의하고 주변의 안전에도 관심을 가져야 한다. 스파클링 와인 서비스는 압력을 가지고 있기 때문에 특별한 주의가 필요하며 얼음과 물을 적당히 섞은 아이스 버킷에 비스듬히 눕혀 낮은 온도로 안정시킨 뒤에 코르크를 열도록 한다. 스파클링 와인의 적정 서빙온도는 6~8℃로서 와인 종류 중에서는 가장 낮은 편이다. 압력에 의해 코르크가 튀어나올 수 있기 때문에 항상 병을 30도 정도 기울이고 철사줄과 캡슐을 열도록 주의한다.

그림 2-11 스파클링 와인 오픈 서비스

자료 : 김춘호 · 이상준(2014), 와인소믈리에실무, 재구성

고객의 왼쪽에서 핸드 타올로 물기를 제거하고 고객에게 상표를 확인시킨다. 병목 밑부분의 절취선을 따라 잡아당겨 캡슐을 연다. 알루미늄 호일 아래 있는 철사줄을 들어 올린 뒤, 캡슐을 벗긴다. 철사줄을 푼 후 한 손으로 핸드타월을 이용하여 코르크를 움켜 주고 다른 손으로 조심스럽게 병을 돌린다. 코르크가 튀어나가지 않도록 주의해서 엄지로 누르면서 천천히 뽑아낸다. 이때 사람과 전구가 없는

방향으로 향하도록 한다. 코르크가 거의 빠질 때 코르크의 머리 부분을 조금 기울여 탄산가스를 빼내면 오픈 시 소리가 나지 않는다. 스파클링 와인은 호스트가 테이스팅을 하지 않는 것이 일반적이지만 원하는 경우 서브한다. 처음에는 거품이 글라스 가득히 찰 때까지 따르고, 두 번째는 적당한 높이까지 따른다.

4) 디켄딩 서비스 요령

디켄딩은 와인의 종류와 스타일에 따라 목적이 다르다. 숙성이 오래된 레드와인을 여과시키는 과정의 디켄딩은 와인을 마시기 전 침전물(색소, 탄닌, 주석산염 등)을 와인에서 분리 · 제거시키는 작업의 와인의 정화를 의미한다. 6~7년 이상 묵힌 레드와인은 병 안에 붉은 색소의 탄닌 등 자연 침전물이 끼어 있을 수 있다. 이런 찌꺼기가 와인 속에 섞여 있으면 좋지 않은 맛을 낸다. 또한 탄닌이 강한 미숙성 와인의 디켄딩은 와인에 산소공급을 조절하는 과정이다. 디켄딩을 하면서 산, 에스테르 그리고 탄화수소가 산소와 빨리 결합하게 되며 이에 따라 와인 맛이 풍미해진다. 풍미한 맛을 억제시키는 탄닌은 다른 성분보다 더 쉽게 산소와 반응하게 되어 먼저 산소와 결합하게 되고 와인이 오래 보관될 수 있도록 도와준다. 따라서 탄닌이 다양으로 함유된 와인은 천천히 숙성되고 수명이 더 길어진다. 와인을 숙성되기 전에 마시고자 한다면 숙성을 인위적으로 도와주어야 한다. 디켄딩은 와인의 숙성도에 따라 차이가 있지만 와인 향의 보존을 위해 일반적으로 서비스하기 전 약 30분 전에 아래와 같은 순서로 서브한다.

디켄딩에 필요한 도구(디켄더, 테이스팅 글라스, 초, 재떨이, 코르크 스크류, 성냥, 냅킨, 접시 등)를 준비한다. 와인 병을 흔들리지 않게 주의하고, 코르크를 오픈한다. 유황냄새가 사라지도록 와인을 개봉하기 전에 양초를 켰다. 와인을 디켄더 안으로 약간 부어 넣어 와인향이 디켄더에 배이게 한다. 고객 곁에 서서 와인을 테이스팅 글라스에 따르고 테이스팅 한다. 와인을 기울여서 와인 병 밑 부분을 잡고 그래도 와인병을 양초 위에 갖다 대어 촛불로 병 안을 비추어 병 안의 침전물을 유무를 확인한다. 와인을 디켄더에 천천히 따른다. 이때 디켄더의 하단 상부를 오른손으로 감싸 쥐고 한 손가락으로 디켄더 목을 고정하여 조절하면서 와인이 테이블에 떨어지지 않도록 주의하며 서브한다. 병목 주위까지 침전물이 올라왔을 경우 따르는 것을 중지한다. 다시 한 번 디켄더 안의 침전물 여부를 촛불 위에서 확인한다. 호스트에게 와인을 테이스팅하게 하고, 언제 와인을 제공할 것인가를 물어본 후 고객에게 서브한다. 양초를 끈다. 단 입으로 불어서 끄지 않도록 주의한다. 사용한 디켄딩 도구를 제자리에 정리 정돈한다. 빈와인 병은 디켄더와 함께 테이블에 올려놓고 치우지 않는다.

그림 2-12 와인 디켄딩 서비스

자료 : 김춘호 · 이상준(2014), 와인소믈리에실무.

5 고객 불평불만 관리

호텔은 고객에게 단순히 제품이나 서비스만을 제공 판매하는 것이 아니라 이를 통하여 고객만족에 도달해야 한다. 이러한 성공적인 고객관리는 고객을 충성도가 높은 단골고객(Repeat guest)화와 긍정적 구전에 의한 신규고객의 자연스러운 증가로 호텔수익이 증가를 가져 온다.

고객만족과 불만족은 지속적인 성향을 지니고 있는 것이라기보다는 특정한 소비경험이나 소비상황에 따른 것이고 감정이기 때문에 소비경험에 대한 기대의 불일치에 의해 부정적 감정으로 변화한 것을 뜻한다. 소비자는 지각된 성과가 자신의 기대수준과 차이가 없거나 기대수준 이상이며 소비경험의 결과로 경험한 희생이 적절한 것으로 판단할 경우 상품에 대해 만족하고, 지각된 상품에 대한 성과가 자신의 기대수준 이하일 때와 소비경험의 결과로 경험한 희생이 부적절한 것으로 판단할 경우 상품에 대해 불만족으로 평가하는 경향이 있다. 흔히 호텔식음료고객의 불만족 요인으로는 주차가능정도, 주변 교통 혼잡도, 소음정도, 실내장식, 영업시간 등의 물적 환경과 가격, 안전 등의 물적 상품으로 구성되어 있는 외부적 요인(Hardware)과 청결상태, 예약, 불평의 반응정도, 서비스 양, 메뉴상의 음식 가능정도, 서비스의 다양성, 계산서의 정확성, 예약시스템운영 등의 서비스와 서비스 품질, 음식의 맛, 외국어 구사력, 용모 등의 종사원으로 구성되어 있는 내부적 요인(Software)이 있다. 이밖에 호텔식음료업장에서 자주 발생하는 고객의 불평불만 내용으로는 다음과 같은 것이 있다.

- 주문한 음식에 이 물질이 나온 경우
- 서비스종사원의 어설픈 서비스 태도와 행동
- 서비스종사원의 미흡한 언어구사력
- 단골고객의 인지부족으로 인해 서비스가 소홀한 경우
- 주문한 음식이 늦게 제공된 경우
- 잘못된 계산서가 청구된 경우

- 주문한 음식이 아닌 다른 음식이 나온 경우
- 주문을 늦게 받은 경우
- 예약한 고객에게 자리를 늦게 배정한 경우
- 미숙하고 불쾌하게 컴플레인을 처리한 경우

또한 호텔식음료업장에서 주의해야 할 용어는 다음과 같다. 모른다(I don't know, sir.), 안 된다(must not, should not, ought not to.), 못 한다(cannot.), 없다(do not exist, There is not, do not have, have not.) 등이 있다.

고객과의 신뢰가 중요한 환대산업의 불평불만 관리 전략은 고객과의 관계가 매출 성장에 중요한 역할을 하며, 호텔에서 고객이 불평불만 행동을 보이는 것은 여러 가지 상황의 과정을 거치면서 대안을 평가하고 행동여부에 대해 상품이나 서비스에 문제가 있는 것을 고객이 인식하였기 때문이며, 성공적인 고객 불평불만에 대한 관리는 불평이 발생함으로써 일어나는 여러 가지 비용적인 요소와 이에 따른 위험성을 감소시킬 수 있다. 특히 고객의 이탈을 억제하고, 부정적인 구전 확산을 방지하는 레스토랑 마케팅의 기본적인 전략이며 상품이나 서비스의 경쟁력을 높이는 활동이라 할 수 있다. 따라서 고객으로부터 불평불만에 대해 적극적으로 받아들이는 긍정적 자세가 필요하다.

레스토랑에 대한 고객의 불평불만을 적절한 시기에 대응하지 못하면, 처음 상품을 이용한 고객은 물론 단골고객 역시 상품에 대한 신뢰도가 저하하게 된다. 고객의 유지를 위한 비용에 비하여 새로운 고객을 창출하기 위한 기회비용이 더욱 커지고 레스토랑 경영측면에서 큰 부담으로 작용하게 된다. 그러므로 레스토랑의 신규고객 확보를 위한 공격적 마케팅활동과 더불어 고객 유지를 위한 방어적 마케팅활동도 필요하다. 이것이 레스토랑의 최선에 판매촉진 활동이며 가장 효과적인 홍보활동이다. 레스토랑이 고객의 불평을 처리하는 과정은 레스토랑과 고객의 호의적인 관계 유지와 개발에 있어 중요한 진실의 순간(moment of truth)인 것이다.

따라서 고객이 불평불만을 표출할 수 있는 여러 창구를 공개적으로 운영하고, 자연스러운 분위기에서 접근이 용이할 수 있도록 서비스가 제공되어야 한다. 고객의 불평불만을 담당하는 부서와 타 부서와의 긴밀한 의사소통과 담당 책임자가 직접 해명과 내부 규정에 의한 절차의 공정성, 편리성, 신속성 등의 일관적인 대응이 이루어질 수 있도록 일원화하고, 이들이 표출한 문제내용에 대해서는 전사적으로 정보를 공유하고 차후에는 다시 거론되지 않도록 불평불만 고객 대응요령, 처리방법 등을 주제로 표준적인 교육훈련 프로그램을 개발하여 진행되어야 한다.

와인상품에 대해 불만족스럽게 이용한 고객은 레스토랑을 대상으로 직접 불평불만 사항을 접수하거나, 다른 레스토랑으로 이탈, 부정적인 구전에 의한 활동, 공공단체에 고발이나 신고 등의 공적행동을 취한다.

첫째, 잠재 소비자들에게 부정적인 구전효과를 유발할 가능성과 많은 사람들에게 일시에 전달하여 부정적 파급효과가 높은 이탈고객은 레스토랑 이미지에 큰 충격을 줄 수 있기 때문에 레스토랑에서는 고객의 이탈을 방지하기 위해 최선을 다하도록 한다. 많은 대체상품이 존재하는 경쟁적인 와인시장 상황에서는 소비자 입장에서 고객이탈이 용이하기 때문에 고객이탈 반응이 쉽게 일어나지만, 독점적인 시장상황에서는 제한되거나 불가능하기 때문에 다른 고객 불평불만 행태를 보이게 된다. 둘째, 소비자의 재구매활동에 대한 증가와 다양한 소비자운동의 등장으로 중요성이 강조된 구전은 준거집단의 구성원 또는 고객 및 판매원과 같이 두 명 이상의 사람들 간의 긍정적 · 부정적인 인적 커뮤니케이션 활동이다. 무형적 성격의 서비스는 소비자들이 직접 경험하지 못한 불확실한 소비에 대한 재무적 · 심리적 위험을 감소시키기 위해 레스토랑에서 제공하는 문서에 의한 다양한 상품에 대한 정보보다는 주위의 준거집단에게 전하고자하는 내용을 상대방에게 직접 구전으로 전달하는 정보나 의견을 더 신뢰하는 경향이 강하다. 셋째, 고객은 본인이 입은 물질적 또는 정신적 피해에 대해 보상을 요구하게 된다. 불평불만에 대한 보상의 효과는 레스토랑의 즉각적이고 정중한 서비스복구 노력이 극대화 될 수 있다. 마지막으로 소비자 단체나 법률 기관, 언론매체 등의 제3자의 외부기관을 통하여 고객의 불평불만 내용이 처리될 수 있도록 하는 행동으로 유형이 있다. 레스토랑에서 고객의 다양한 불평불만 행동에 대한 대응 요령은 다음과 같다.

- 최초 접수 시, 내용을 경청하고 필요한 정보(수준과 상황정도, 원인 등)를 수집한다. 고객의 의견을 받아들일 열린 자세가 필요하며, 이때 고객과 언쟁하지 않도록 한다.
- 불평수준 정도에 따라 책임자 또는 관계 부서에 신속히 보고 처리한다.
- 타 고객에게 불쾌감을 주지 않도록 조용한 장소로 이동한다. 되도록 앉아서 이야기 할 수 있도록 하고, 이때 시원한 물을 제공한다.
- 경청내용을 신중하게 메모하는 모습을 고객에게 보여준다. 이때 고객의 의견을 상세하고 정확하게 정리한다.
- 고객의 이야기에 대해 동의하는 태도(소리, 몸동작 등)을 자연스럽게 보여준다. 고객과의 정도의 차이가 있더라도 관심을 갖는 자세가 필요하다.
- 고객의 불평내용에 대해 정중하고 예의바른 태도로 사과한다. 이때 레스토랑의 정책, 규정 등의 표현은 자제하고, 무조건 잘못을 인정하지 않는다.
- 처리 가능한 권한 범위 내에서 적절한 해결방안(방향, 보상 등)을 제시한다. 이때 과소평가나 성급하게 해결하려는 듯 한 인상을 고객에게 주지 않도록 주의한다.
- 고객이 제기하는 불평내용을 신속하게 시정 조치한다. 이때 불평내용을 반복하여 정확하게 고객에게 알려준다.
- 시정 조치한 내용에 대해 고객에게 확인시킨다.
- 시정 조치한 내용에 대해 고객의 의사를 재확인한다.
- 정중히 고객에게 감사의 표현과 인사를 진심으로 한다.

TIP 6
레스토랑 기본 영어표현

A : How many people, please ? / 몇 분이십니까 ?

B : A table for four please. / 네 사람입니다.

A : Where would you prefer to sit ? / 원하는 자리가 있으십니까 ?

B : Well, by the window, please. / 저 창가의 자리로 안내해 주십시오.

A : Which would you prefer wine or beer ? / 와인과 맥주 중에 어느 것을 원하십니까?

B : wine, please. / 와인으로 부탁드립니다.

A : Well, how much is it ? / 얼마입니까 ?

B : K/W 20,000, Sir. / 20,000원입니다.

* I'll show you to your new table. / 다른 테이블로 안내해 드리겠습니다.
* Could you pay after your meal, sir ? / 계산은 식사 후에 부탁합니다.
* I'm very sorry to have kept you waiting, sir. / 기다리게 해서 죄송합니다.
* Do you have a reservation, ma'am ? / 예약 하셨습니까?
* Here is the menu. / 여기에 메뉴가 있습니다.
* May I take your order now ? / 주문을 하시겠습니까?
* Excuse me. May I take your glass, sir ? / 실례합니다. 컵을 치워드릴까요 ?
* Would you like anything to drink, sir ? / 음료는 어떤 것으로 하시겠습니까?
* Would you prefer korean or imported wine ? / 국산 와인과 수입 와인 중 어느 쪽이 좋습니까?
* I'll have red wine. / 레드와인으로 부탁드립니다.
* Which brand of whisky would you prefer ? / 위스키는 어떤 브랜드가 좋겠습니까?
* It's very kind of you, sir, but I'm afraid we cannot accept tips.
  A 10% service. There's a 10% service tax included in the bill. / 성의는 감사합니다만, 저희들은 팁을 받지 못하도록 되어있습니다.
  10% 서비스료가 계산서에 포함되어 있습니다.
* You may pay at this table, sir. / 계산은 여기에서도 가능합니다.
* I'm afraid that's not be enough. / 죄송합니다만, 청구금액이 약간 부족합니다.
* Thank you, sir. Have a nice evening. / 감사합니다. 아름다운 밤 되세요.

* Welcome to Gold King Bar. / 골드킹바에 오신 걸 환영합니다.
* Come this way please. / 이쪽으로 와주세요.
* Is it your first time in Gold King Bar? / 저희 바에는 처음이세요?
* Children's Playroom is over there.
  We got some rule for your children safety. / 어린이 놀이방은 저쪽이고, 약간의 규정은 지켜주시기 바랍니다.
* Have a good time. / 즐거운 시간 되세요.
* Sorry, Can you say that again ? / 죄송합니다. 다시 말씀 해 주시겠습니까?
* Sorry, Can you say little bit slowly ? / 죄송하지만, 천천히 말씀해 주세요.
* May I help you ? / 도와 드릴까요 ?
* Excuse me sir. here is non-smoking area.
  So you can not smoke here, do you want change your seat to smoking area seats ? / 실례합니다. 이곳은 금연석입니다. 자리를 옮겨 드릴 까요 ?

* Long time no see. / 오랜 간만입니다.
* If you need anything. Please call me. / 도움이 필요하시면 저를 불러주세요.
* Give it try. You would not be sorry. / 한번 드셔보세요, 후회하지 않을 겁니다.
* Turn left (right), please. / 왼쪽(오른쪽)으로 돌아가 주십시오.
* Go straight ahead, please. / 곧장 가십시오.
* You can't miss it. / 바로 거기입니다.
* Do you take credit cards ? / 신용카드사용이 가능한가요?
* We accept most credit cards. / 우리는 모든 신용카드사용이 가능합니다.
* Terribly sorry, sir. I'll bring a clean one, sir / 죄송합니다. 새것으로 바꾸어 드리겠습니다.
* This coffee is so strong. / 커피가 너무 독하군요.
* There's 20% added on, 10% tax and 10% service charge. / 20%가 추가됩니다. 10% 세금과 10% 봉사료입니다.
* Do you want separate check ? / 계산을 각자 하시나요 ?
* It's impossible to accept this card. / 이 신용카드는 승인이 나지 않습니다.

제4장

와인보관 및 저장관리

1 와인보관

와인은 다른 음료와 달리 보관하기 힘든 음료로서 보관에 따라 동일한 장소에서, 동일포도로, 동일한 사람이 양조를 해도 많은 차이를 보인다. 와인은 비록 병 속에 들어 있지만 살아 숨을 쉬고 계속 숙성이 진행되는 살아있는 생명체와 같이 와인의 타입에 따라 태어나서, 성숙기하고 이를 유지하며, 결국 쇠퇴하여 부패되면서 와인의 가치를 잃게 된다. 알코올 농도가 높고 탄닌을 많이 지닐수록 숙성기간이 길고 장기간 보관이 가능하다. 또한 포도품종, 떼루아, 양조방법, 수확년도, 보관 장소와 방법에 따라 와인의 수명이 달라진다. 대부분의 와인은 만든 지 1~2년 내에 소모되지만, 특별한 와인은 10년 이상 오랜 시간 동안 숙성이 가능하다.

1992년 싱가포르 해안에서 침몰한 한 화물선이 발견되었다. 이 화물선은 1892년 침몰된 것으로 확인되었으며, 이 화물선에서 보르도 생 쥴리앙, 사또 그리오 라오즈 와인이 발견되었다. 이 와인은 오랜 세월동안 깊은 바다 속에서 빛이 차단되고 적당한 온도, 진동이 없는 환경 속에서 훌륭한 와인의 맛이 유지되었다.

와인보관이 용이한 곳의 환경은 햇빛과 흔들림(진동), 냄새가 없고 이상적인 10~12℃정도의 온도가 유지될 수 있는 곳이 용이하다. 습도는 약75%일 때가 가장 좋으며 60%이하인 경우는 부족하다. 습도가 너무 건조하면 코르크가 건조해져 수축되고 부스러질 수 있기 때문이다. 또한 습도 조절이 안 되면 와인 병 입구에 곰팡이가 생길 수도 있다. 또한 원활한 통풍은 나쁜 향이 발생하지 않도록 한다.

와인 병은 세워서 오래 두면 코르크가 말라서 외부의 공기가 침입하여 와인을 산화시키기 때문에 수평으로 눕혀서 보관한다. 와인은 보관이 무척 까다롭기 때문에 보관조건이 구비되어 있지 않는 경우에는 구입한 후 빨리 마시는 것이 가장 좋다. 마시다 남은 와인은 버큠 세이버(Vacuum Saver, 진공펌프)와 질소 투입기를 이용하여 빠른 시일 내에 마시는 것이 좋다. 스파클링 와인은 이산화탄소가 들어 있기 때문에 다른 와인보다 오래 보관이 가능하지만 기포가 빠져나가지 않도록 보관하는 것이 중요하다. 이를 위하여 스톱퍼(Stopper)를 사용하거나 원래 코르크를 적당히 깎아서 막는 방법도 있다. 단, 철사망을 덮어주어야 하는 불편이 있다.

프랑스의 전통 포도원은 생산된 와인을 보관하기 위하여 어둡고, 서늘하며 안정된 자연적인 동굴이나 지하실을 이용하여 왔다. 일반 가정의 냉장고는 단기간 보관은 용이하나 자주 열고 닫기 때문에 일정한 온도 유지의 한계와 미세한 진동이 와인보관에 좋지 않다. 이를 방지하기 위하여 진동에도 노출되지 않으며 습도와 온도 등의 변화가 거의 없는 와인셀러가 널리 사용되고 있다. 하지만 와인에 따라 보관온도는 차이가 있으므로 분류에 따른 보관은 필수이다.

그림 2-13 와인보관

소믈리에는 각 와인에 대한 실제 원가를 파악하고 숙지하여 적정 재고량을 관리하고 새로운 와인 구입양과 시기를 결정해야 한다. 또한 트렌드와 업장 판매 분석에 의한 인기 와인품목의 최소 재고수준을 결정하여 예상 수요계획 능력이 요구된다. 특히 체계적이고 과학적인 와인셀러의 관리와 운영을 위해 전산화 시스템이 필요하다.

2 와인 저장관리

호텔에서는 식재료의 변질을 방지하고 오래 저장하기 위해 식재료를 가공 · 저장한다. 즉 식재료의 수확기는 일정하고 단시간에 대량으로 생산되므로 그대로 두면 부패하기 쉽고 장시간의 저장이 곤란하여, 식품의 저장성 · 기호성 · 운송성을 높이는 데 가공 및 저장의 목적이 있다. 일반적으로 사용되는 가공 및 저장법에는 건조법, 냉장 · 냉동법, 가열법, 훈연법 등이 있으며, 와인에는 냉장법이 사용된다.

저장관리는 검수과정을 거쳐 입고된 식재료를 손실 없이 보관하여 출고가 원활히 이루어지도록 관리하는 것이다. 생산에 지장이 없도록 적정 재고관리가 유지되기 위해서는 도난이나 부패를 방지하고 능률적인 재고 및 출고관리가 이루어지도록 특정인에게 책임을 위임하여 관리할 수 있는 제도장치가 마련되어야 한다. 또한 와인의 맛과 향의 특성을 보존하고 위생상의 위해방지, 손실방지, 원활한 유통과 비축에 대해 체계적으로 관리해야 한다. 이를 위해서는 다음의 사항에 항상 유의하여야 한다.

① 창고에 라벨이 부착되어 있는가?
② 물품이 제자리에 잘 정돈되어 있는가?
③ 와인셀러의 온도가 올바르게 유지되고 있는가?
④ 선입선출에 의한 저장관리가 시행되고 있는가?
⑤ 적절한 데이터와 라벨이 사용되는가?
⑥ 와인셀러에서 꺼내는 품목이 정확히 관리되는가?
⑦ 올바른 행동절차를 거치는가?
⑧ 구매명세서가 올바르게 사용되는가?
⑨ 재고조사는 지속적 정기적으로 행해지고 있는가?

와인이 필요 이상으로 과다하게 보관될 경우 자금이 묶여 유리한 투자기회를 상실하게 되고, 손실을 초래하며, 과다한 자본이 재고에 묶이게 되어 필요 이상의 유지관리비가 지출되고 필요 이상의 공간을 차지하게 된다. 반대로 재고량이 너무 적으면 와인 상품구성이 지연되거나 판매기회를 상실하는 손실을 입게 된다. 와인은 장기간 보존에 한계가 있고, 고객의 주문에 의존하는 특성을 갖고 있기 때문에 와인의 특성에 맞는 재고관리가 적절히 이루어지지 않으면 안 된다. 재고관리란 한마디로 상품구성원과 판매에 지장을 초래하지 않는 범위 내에서 재고수준을 결정하고, 재고상의 비용이 최소가 되도록 계획하고 통제하는 경영기능을 의미한다. 이 밖에 재고관리는 고객을 위한 서비스가 재고비용과 균형이 이루어지도록 적정한 재고를 유지 관리하는 것이 주요 목적이다.

재고관리 시 발생하는 비용은 크게 다음의 세 종류가 있으며, 재고관리의 기능은 이 비용들을 최소화하는 데 두고 있다. 첫째, 주문비용으로 와인을 보충 · 구매하는 데 소요되는 비용을 의미하며, 청구비 · 수송비 · 검사비 등이 포함된다. 이 비용은 고정비의 성격을 띠고 있기 때문에 주문량의 크기와는 무관하다. 둘째, 재고유지비용으로, 재고 보유과정에서 발생하는 비용으로 보관비 · 세금 · 보험료 등이 포함된다. 주문비용이 고정비의 성격인 반면, 이 비용은 변동비의 성격을 띠고 있다. 마지막으로 재고부족비용으로, 충분한 와인을 보유하지 못하여 발생하는 비용을 말한다. 즉, 와인 부족으로 인한 판매기회 상실과 중단 등으로 호텔에서 입게 되는 비용을 의미한다. 따라서 와인에 대한 적정 주문량은 이들 비용이 균형을 이루도록, 총비용이 최저가 되는 시점에서 결정되어야 한다.

제 5 장

와인과 음식

1 와인과 음식

음식에 맞는 와인 추천은 식사시간을 즐겁게 하고 음식의 맛을 더 한층 맛있게 한다. 소믈리에는 고객이 주문한 음식에 어울리는 와인을 추천 판매하여 고객이 보다 더 즐거운 식사시간이 될 수 있도록 서브해야 한다.

와인은 그 자체만으로도 훌륭한 알코올음료이지만 음식과 곁들여지면 서로 그 풍미가 더해진다. 더욱이 와인은 식사 중 분위기를 연출할 수 있고 음식과의 조화를 통해 식사를 즐겁게 한다. 와인과 음식의 궁합은 음식에 특히 조화가 잘 이루어지는 와인이 있다는 것이다. 와인의 맛(단맛, 신맛, 탄닌맛, 과일맛 등)과 향은 음식의 맛을 돋보이게 한다. 음식과 와인의 이상적인 궁합은 서로의 맛을 더욱 강화시켜 주는 파트너 역할을 하며 와인은 음식과 곁들여 마시기 위한 알코올음료이다.

음식과 와인의 조화, 음식과 와인의 궁합을 따져 매칭하는 것을 '마리아주(Mar-iage)'란 프랑스어로 표현한다. 서양요리에서 음식과 와인은 서로 보완관계로 밀접하다. 서양 사람들에게 와인은 술이라기보다는 맛을 내기 위한 천연조미료에 가깝다. 레드와인에는 생선, 육류를 불문하고 양념이 진한 요리가 어울리며 화이트와인에는 양념이 적은 요리가 어울린다. 와인이 식욕을 북돋아주고 분위기를 조성해 식사 시간을 즐겁게 만들기 때문이다. 그래서 와인과 요리의 조화를 결혼에 비유해 마리아주라 표현하는 것이다.

한꺼번에 모든 음식을 꺼내어 놓고 먹는 우리나라의 공간전개형 음식 문화에서는 모든 요리와 잘 어울리는 와인이 필요하며, 국이나 찌개가 거의 빠지지 않지만 서양처럼 코스별로 요리가 나오는 시간 전개형 음식 문화에서는 식사를 하다 보면 목이 마르게 된다. 따라서 에피타이저부터 메인요리, 디저트에 이르기까지 각 코스에 어울리는 와인이 스타일별로 함께 한다.*

재료와 조리법이 다른 다양한 음식과 많은 종류의 와인에 대한 최고 조합을 위해서는 와인과 음식의 구성요소와 개성을 잘 파악하고 서로 조화와 균형이 이루어지는 것이 중요하며 이에 따른 개인적 경험도 필요하다. 와인 맛이 음식 맛보다 지나치게 강하거나 반대로 음식 맛이 와인 맛보다 너무 자극적이면 좋지 않다. 하지만 음식과 와인의 조화는 개인의 취향이나 문화적 차이에 따라 상이하기 때문에 음식의 색깔보다는 음식의 조직에 따라 와인을 선택하고 음식에 사용되는 주재료보다는 향신료나 양념, 소스에 맞추어 와인을 선택한다. 또한 음식 조리과정에서 와인을 어떻게 활용하느냐에 따라 큰 차이가 있다.

음식과 와인을 선택하는 기준은 접근용이성, 미각의 조화, 식사 분위기, 음식구성과 음식의 맛, 입안에서 느껴지는 무게감의 조화, 음식의 종류, 계절, 가격에 따라 결정된다. 특히 와인 맛의 성분을 중심으로 와인을 선택할 때에는 레드와인의 경우에는 탄닌이 많고 적음과 탄닌의 질이 중요하다. 화이트와인은 와인 맛의 강약과 산도, 당도가 중요한 요인이다. 일반적인 음식과 와인을 매칭하는 기준은 다음과 같다.

- 느끼한 음식 : 신선한 산도의 와인
- 향신료가 강한 음식 : 탄닌이 무거운 와인
- 부드럽고 연한 음식 : 산도가 있는 상큼한 와인
- 지역특산 음식 : 지역생산 와인
- 기름진 음식과 육류 : 무거운 와인, 알코올 도수가 높은 와인
- 맛이 강하거나 풍부한 음식 : 풀바디 와인
- 허브가 들어 있는 소스로 만든 음식 : 풀향기 나는 소비뇽 블랑
- 과일소스나 열대과일 : 과일향이 나는 리슬링, 비오니에

---

* 고재윤(2003), 육류와 와인의 절묘한 만남.

- 버섯음식 : 부르고뉴 레드와인
- 그릴에 구운 고기음식 : 훈연향이 있는 진판델
- 해물탕과 프랑스의 부이야베스 : 라이트 드라이 화이트와인
- 부대찌개 : 라이트 드라이 레드와인
- 떡, 단맛이 나는 음식 : 스위트 화이트와인
- 조개요리와 훈제 생선, 굴요리 : 스파클링와인
- 식전에 먹는 스낵, 스프류 : 톡 쏘는 맛의 강화와인
- 치즈, 초코렛 : 알코올 도수가 높은 강화와인
- 갈비찜 : 보르도 뽀이악, 론지방 와인
- 불고기 : 보르도 뽀므롤, 쌩떼밀리옹
- 삽겹살 : 샤르도네, 가벼운 레드와인
- 생선회 : 뮈스까, 샤블리

2 와인과 치즈

치즈는 세상에서 가장 다양한 종류의 미묘한 맛을 지닌 음식 중의 하나이다. 치즈는 담백한 맛, 버터 맛, 상큼한 맛, 풍성한 맛, 크림 맛, 자극적인 맛, 쏘는 맛, 짠 맛, 미묘한 맛 등 많은 다양한 맛을 느끼게 해 주는 음식이다. 부스러기가 나올 정도로 딱딱한 치즈도 있으나 너무 연해서 숟가락으로 떠먹어야 하는 치즈도 있다. 건장한 사람의 속도 뒤틀어 놓을 정도의 역겨운 냄새를 가진 치즈도 있으나, 실제로 향이 있는지조차 느끼기 힘들 정도로 은은한 향을 지닌 치즈도 있다.

우유, 과실이라는 서로 다른 재료를 가지고 있으면서도 모두가 발효식품이라는 공통점을 가지고 있는 와인과 치즈는 어울리는 음식이다. 치즈는 고소함을 와인은 다양한 맛과 그윽한 향을 제공하여 훌륭한 조화를 이룬다. 또한 스낵이나 주요리 또는 코스와는 별도로 샌드위치 속에 혹은 샐러드나 모든 종류의 요리에 곁들여 먹을 수 있다. 치즈는 우유의 영양분의 대부분이 함유되어 있거나 육류나 생선, 달걀과 같은 질 좋고 높은 단백질이 모두 모아진 음식이다. 치즈는 유럽에서는 '하얀

고기'라고 불릴 정도로 단백질, 칼슘, 비타민, 미네랄이 가득 들어있다. 칼슘의 흡수율도 멸치보다 높아 골다공증과 스트레스의 내성을 강하게 해 준다. 치즈의 단백질은 발효과정에서 아미노산으로 분해되기 때문에 소화 흡수도 잘된다. 치즈 단백질에는 아미노산 성분이 있는데 이 성분은 건강 활동을 돕고 알코올 분해를 원활하게 해주는 역할을 한다. 특히 치즈에 있는 지방성분으로 하여금 위벽을 보호하여 알코올의 직접적인 자극으로부터 위장을 보호해 준다. 술안주로 치즈가 많이 나오는 것은 이러한 이유이다.

치즈를 후식으로 할 때에는 보다 많은 영양을 흡수하는데 그 목적이 있으며, Soft cheese에는 Mozarella치즈, Camembert치즈가 유명하고, Hard cheese에는 Parmesan치즈, Eedam치즈, Gouda치즈, Emmental치즈 등이 있다.

1) 치즈의 선택

치즈를 선택함에 있어 치즈를 어떻게 사용할 것인가에 맞추어 치즈를 구입해야 한다. 치즈는 종류가 매우 다양하기 때문에 가능한 많은 종류의 치즈를 맛보거나 경험을 통해서 알 수 있다. 흔히 치즈는 크게 두 가지로 구분되는데 자연 치즈와 저온 살균치즈이다. 자연 치즈는 우유에서 직접 만들어진 것인데, 어떤 것은 숙성되어진 정도에 따라서 특유의 향과 조직이 형성되고 순한 맛과 매운 맛과 같은 표시와 치즈가 익혀진 온도, 유통기한이 라벨에 표시된다. 어떤 자연 치즈의 경우는 덜 숙성된 것도 있다.

같은 방법에 의해 만들어진 치즈는 'Family'처럼 그룹화 되어 있으며, 비록 조직과 매운 맛 정도의 변화는 있지만 Family의 향은 기본적으로 비슷하다. 기본적인 치즈 Family에는 9가지가 있다. Cheddar, Dutch, Provolone, Swiss, Blue, Parmesan, Fresh, Surface−ripened, Whey치즈이다. 또한 농도와 조직에 따라 분류되는데 Parmesan처럼 곱게 간 것, Cheddar와 Swiss 치즈처럼 딱딱한 것, Brick와 같이 부드러운 것, 그리고 Cottage와 Racotta 치즈처럼 부드럽고 덜 성숙된 것으로 분류된다. 저온 살균 치즈는 여러 농도의 자연 치즈를 한 가지 이상 빻고 섞어서 만들어진다. 그리고 열처리 또는 더 숙성되는 것을 막고 획일화된 치즈의 생산과 일관된 향과 조직을 위해서 저온 살균 처리한다.

2) 치즈의 제공

치즈는 항상 제공되기 전에 냉장고에서 꺼내어 최소한 30분 내지 1시간 정도 포장을 벗겨 놓는다. 이것은 실내 온도에 놓아두면 치즈의 향이 풍부하게 형성되기 때문이다. 하지만 Cottage, Cream 치즈 등은 예외이다. 이것은 냉장고에서 꺼낸 직후 바로 먹는 것이 좋다. Camembert 치즈와 같은 몇몇의 치즈는 그것이 점성이 될 때가 최상이다. 따라서 제공하기 한 두 시간 전에 상온에 두어야 한다. 아침부터 저녁까지, 식사와 간식 사이 또는 와인파티, 만찬 등 치즈는 하루의 어느 시간에 제공되어도 적당하다. 특히 와인은 치즈와 완벽한 조화를 이룬다. 만일 치즈를 식사 후에 제공할 경우에는 치즈를 와인과 함께 제공하는 것이 좋다. 크고 평평한 원형의 브리 치즈는 기본적인 모양인 쐐기꼴로 자르며 긴 원통형 모양의 치즈는 얇고 둥글게 자르고, 넓적한 모양의 치즈는 막대 모양으로 자른다. 둥글고 두꺼운 큰 치즈는 쐐기꼴로 자른 후, 그것을 더 작은 조각으로 자른다.

3) 치즈의 종류

(1) 모짜렐라(Mozzarella) 치즈

섬세하고 부드러운 흰색의 모짜렐라 치즈는 원래 버팔로의 우유로 만들어져야 하지만, 보통은 일반적인 암소 우유로 만들어진다. 달콤한 우유 맛의 치즈 볼은 훌륭한 용해도를 가지고 있기 때문에 피자, 빵을 구울 때 사용되며, 경우에 따라서는 샐러드에 제공되어도 잘 어울리게 된다. 모짜렐라 치즈는 아보카도, 그리고 토마토와 결합했을 때 정통 이탈리안 삼색의 샐러드가 만들어진다.

그림 2-14 모짜렐라(Mozzarella) 치즈

(2) 페타(Feta) 치즈

최고의 치즈 중 하나로 일컬어지는 페타 치즈는 우유의 응고제의 첨가 없이 자연스럽게 응고되며 이 치즈는 한때 염소 또는 양의 젖으로 만들어졌지만 지금은 거의 대부분 암소 우유로 만들어지고 있다. 페타 치즈는 소금물에서 절여지므로 그 단단한 소금기가 푸석푸석하게 씹히는 맛을 가지고 있다. 이것은 오이, 토마토, 그리고 올리브와 함께 정통 그리스 샐러드에 사용된다. 페타 치즈는 소금의 짠맛을 줄이기 위해 물에 씻고 10분 동안 찬물에 넣은 후 사용한다.

그림 2-15 페타(Feta) 치즈

(3) 고트(Goat) 치즈

암소우유에 과민반응을 보이거나 적합하지 않을 경우, 부드러운 속과 푹신한 겉을 가진 Camembert-type으로부터 단단한 Cheddar에 이르기까지 부드럽고 크림 같은 Goat 치즈의 다양함을 선택할 수가 있다. Goat 치즈의 맛은 신선하고 크림 같은 부드러운 맛에서부터 맵고 자극적인 맛까지 다양하다.

그림 2-16 고트(Goat) 치즈

(4) 파마산(Parmesan) 치즈

적어도 18개월 이상에서 4년 정도 숙성시켜야 품질이 인정될 수 있는, 맛이 풍부하고 지방질이 높은 품질이 좋은 치즈가 된다. 파마산 치즈는 냉동상태에서 오랜 기간 동안 보존되며 사용할 때에는 갈아서 파스타, 스튜요리, 그리고 빵을 구울 때, 혹은 샐러드에 첨가한다.

그림 2-17 파마산(Parmesan) 치즈

(5) Non-dairy 치즈

콩으로 만든 치즈는 일반적으로 우유가 첨가되지 않은 치즈이다. 그것은 암소, 염소, 또는 양의 우유로부터 만들어진 치즈의 깊이 있는 맛은 부족할 수 있지만 그럼에도 유제품을 사고 싶지 않은 사람 또는 유당에 적합하지 않은 사람들을 위한 대체적 치즈이다. 콩으로 만든 치즈는 콩이 식물성의 지방으로 변화되는 과정의 단계에서 만들어지고, 허브와 향신료로 맛을 낼 수 있다.

그림 2-18 Non-dairy 치즈

(6) 고다(Gouda) 치즈

딱딱하게 숙성시킨 네덜란드 치즈로서 감미롭고 부드러운 맛이 난다. 내부는 오렌지색이며 평평한 원형 모양이고 표면은 노랑 또는 빨강 색 왁스로 코팅되어 있다. 전채요리, 샐러드, 스낵, 디저트 등에 광범위하게 사용되고 있다.

그림 2-19 고다(Gouda) 치즈

(7) 얄스버그(Jalsberg) 치즈

단단하게 숙성시킨 노르웨이 치즈로서 에멘탈 치즈와 비슷한 맛이 나고, 둥근 바퀴모양으로 되어 있으며 옅은 노란색의 내부에는 커다란 구멍이 나있다. 샐러드, 샌드위치, 디저트에 사용된다.

그림 2-20 얄스버그(Jalsberg) 치즈

(8) 묑스테르(Muenster) 치즈

약간 부드럽고 잘 숙성된 프랑스 치즈로서 부드럽고 감미롭다. 작고 둥근 모양인데 조각을 내보면 내부는 흰색이고 표면은 노란색으로 구멍이 많이 나 있다.

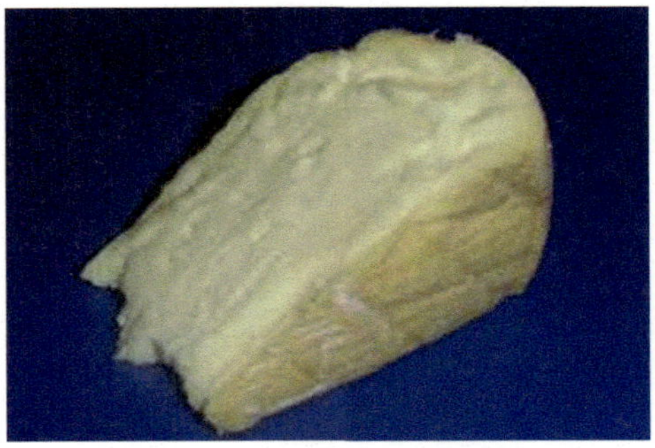

그림 2-21 묑스테르(Muenster) 치즈

(9) 프로마주 프레(Fromage Frais) 치즈

부드럽고 걸쭉한 요거트와 같은 농도를 가지는 치즈로서 산성도는 적으며 지방 함유량은 거의 없는 것에서부터 8% 정도로 매우 적은 치즈이다.

그림 2-22 프로마주 프레 (Fromage Frais) 치즈

(10) 크림(Cream) 치즈

일반적으로 치즈 케이크이나 빵에 발라먹는 치즈로서 풍부한 영양, 촉감이 부드럽고 순한 맛을 가지고 있으며 약 35%의 정도의 고지방 함유율을 가지고 있다.

그림 2-23 크림(Cream) 치즈

(11) 리코타(Ricotta) 치즈

부드럽고 저지방이며 짜지 않은 치즈로, 양, 염소, 또는 소의 우유로 만들어지는 치즈이다. 리코타 치즈는 가벼운 과립의 조직으로 되어 있으며 이탈리아 요리에 많이 사용된다. 부드럽고 깨끗한 맛을 가지고 있으며 케이크이나 샌드위치 속으로 많이 쓰이며 단순히 과일과 그 자체만으로도 제공되기도 한다.

그림 2-24 리코타(Ricotta) 치즈

(12) 카티지(Cottage) 치즈

다른 치즈보다 지방 함유율이 2~5% 정도로 낮고, 요리에는 사용되지 않는 치즈이다. 그러나 샐러드와 종류 및 부드러운 과일과 곁들여서 먹기 좋으며 가능한 치즈 그 자체로 먹는 것이 가장 맛을 잘 음미할 수 있다.

그림 2-25 카티지(Cottage) 치즈

TIP 7
와인칵테일

❶ 미모사

칵테일의 색이 미모사 꽃을 닮았다하여 붙여진 이름으로 '세상에서 가장 맛있고 사치스러운 오렌지 주스'를 의미한다. 오래전부터 프랑스의 상류사회에서 '샴페인 아 로랑주'라는 이름으로 즐겨 마신 가벼운 식전 와인베이스 칵테일이다. 오렌지 주스에 톡쏘는 시원한 맛이 첨가된 맛이다. 샴페인 글라스에 샴페인과 오렌지 주스를 1:1 비율로 조주한다.

❷ 와인쿨러

와인과 과일 주스, 시럽을 약간 첨가하는 와인베이스 칵테일이다. 가볍고 부드러운 맛을 내기 위해 로제와인을 사용했지만, 더 시원한 맛을 위해서 화이트와인을 사용하기도 한다. 특히 진한 맛을 원한 경우에는 레드와인이 사용된다. 와인글라스에 잘게 부순 얼음을 넣고 와인(2), 과일주스(1), 시럽(약간)을 넣은 다음 오렌지로 가니쉬 한다.

❸ 벨리니

르네상스 시대의 화가 벨리니를 기념해 이탈리아 베네치아의 어느 바에서 만들어진 와인베이스 칵테일이다. 키르 임페리얼, 미모사와 함께 세계 3대 샴페인 베이스 칵테일로 유명하다. 샴페인 글라스에 복숭아주스(1), 시럽(약간)을 넣고 샴페인(2)을 부어 가볍게 저어준 후 제공한다. 달콤하고 뒷맛이 깔끔하다.

④ 스프리처

'톡 쏘다, 터지다, 톡톡튄다.'라는 의미의 독일어 '슈퍼리첸(Spritzen)'에서 유래하여 오스트리아 잘츠부르크 음악제 파티에서 처음 선보인 칵테일이다. 경쾌하고 캐주얼한 칵테일로 유명하며 남녀 모두 즐길 수 있다. 화이트와인(1)과 소다수(1)를 붓고 취향에 따라 얼음과 라임조각을 넣는다.

⑤ 키르

와인글라스에 화이트와인(3), 크림 드 카시스(1/2)을 넣고 저어서 제공한다.

⑥ 레드 맨해튼

와인글라스에 앙고스트라 비터 1dash, 설탕 1티스푼, 약간의 소다수를 넣고 바스푼으로 잘 저어서 설탕을 녹인다. 차게 한 레드와인 3온스, 얼음, 스위트 베르뭇 ½온스를 넣고 바스푼로 3~5회 정도 잘 저어준다. 마지막으로 오렌지 껍질을 트위스트하여 넣어 제공한다.

⑦ 아도니스

믹싱 글라스에 얼음 적당량과 세리와인 1온스, 스위트 베르뭇 ½온스, 오렌지 비터 1dash를 넣고 바스푼으로 5~7회 정도 저은 다음 스트레이너를 끼우고 냉각된 칵테일 글라스에 따라 준다.

⑧ 오퍼레이터

6온스 하이볼 글라스에 3~4개의 얼음과 화이트와인 1온스를 넣고 진저엘로 글라스를 채운 후 레몬주스 1dash를 넣고 바 스푼으로 3~5회 정도 잘 저어준 뒤 라임 또는 레몬 조각으로 가니쉬 한다.

⑨ 와인 앤 비터

설탕 1티스푼, 잉고스트라 비터 2dash, 약간의 소다수를 와인글라스에 넣고 설탕이 완전히 용해될 때까지 저어주고, 화이트와인과 얼음을 첨가한 후 저어준다. 레몬과 오렌지로 가니쉬 한다.

제 6 장

와인영업장 경영

1 식음료원가관리의 이해

기업에서는 원가계산과 원가관리의 도입과 시행으로 효율적인 경영관리를 진행한다. 재화나 서비스를 생산하기 위한 기업의 경영활동으로서 구매, 제조, 판매와 관련하여 소비되었거나 미래에 소비될 경제 가치를 화폐가치로 표시한 원가는 식음료경영성과를 위해서는 합리적인 식음료 원가관리제도가 요구되며, 식음료의 원가관리는 수많은 시행착오 끝에 어렵게 개발한 새로운 요리가 맛과 향, 분위기 그리고 서비스 등을 통해 고객에게는 만족감을 주고 업체 측에는 영업상의 이익을 올릴 수 있도록 최저비용을 계산해 내는 절차를 말하는데, 원가를 구성하는 요소를 종류별로 또는 원자재가 소비되는 장소별로, 더 나아가서는 제품단위마다 계산하는 것이다.

다양한 식음료 상품을 생산하기 위하여 투입한 재료비의 합계, 특정 상품의 제조, 판매 및 서비스의 제공을 위하여 소비된 총 경제 가치의 원가에 대한 효율적 관리는 경영 이윤과 밀접한 관계를 갖는 만큼 매우 중요한 과정이다. 상품의 판매가에 비해 원가가 너무 높을 경우 목표 이익의 감소를 초래하여 경영 수지에 압박을 주게 되고, 반대로 너무 낮을 경우에는 단기적으로는 목표 이익이 증가하겠으나 식음료상품의 질적 저하로 고객이 감소하여 매출이 감소하게 되어, 궁극적으로 이익도 감소하게 된다.

월별, 분기별, 연별 기간에 따라 실시되는 원가계산은 원가절감을 통한 이익의 증가, 식음료상품의 가격과 예산편성의 기초자료 활용, 매출규모의 산정, 재무제

표 작성에 자료, 경쟁업체와의 경영효율성에 대한 기준 등에 대한 종합적인 관리 수단으로 이용된다.

식음료 상품단위마다 일정기간 동안에 소비된 모든 원가를 집계하여 그 기간 동안의 생산량으로 나누어 원가를 산출하는 원가계산은 일반 기업의 원가계산과는 차이를 가진다. 일반적으로 식음료 부문의 영업활동은 원가계산의 가장 중심에 있는 식자재 구입을 위한 구매활동, 메뉴에 따른 조리활동, 마지막으로 고객에게 전달해 주는 판매활동의 3가지로 구성된다. 반면에 일반 기업의 경우 단순히 외부에서 구입한 재료대금이 원가로 산정되지만, 식음료의 경우에는 판매된 상품에 대응하는 원가로서 음식을 생산하기 위해 가산되는 원가를 의미한다. 여기에는 제품의 식자재 또는 가공의 대상물 구입에 투입된 재료비, 노동의 대가인 임금 등의 노무비, 재료비와 노무비를 제외한 모든 경비로 이루어진다. 원가에는 다음과 같은 유형이 있다.

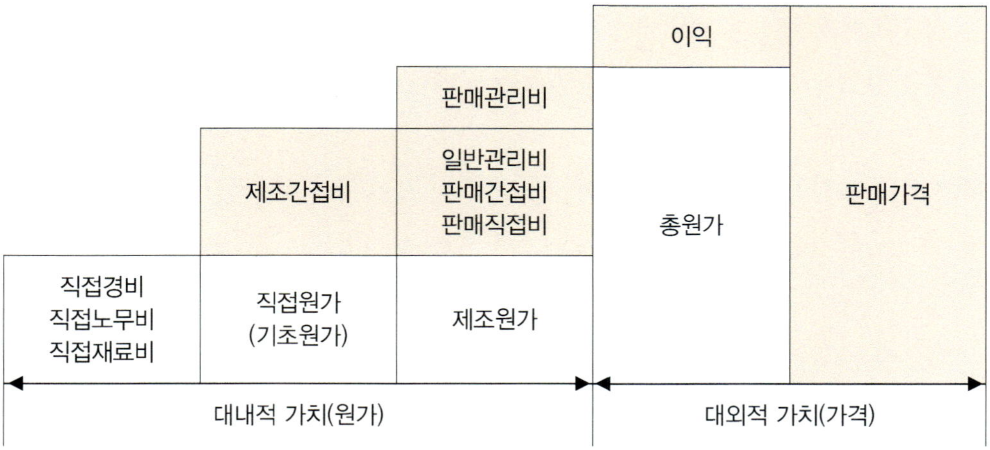

- 판매원가 = 총원가 + 판매이익
- 총원가 = 제조원가 + 판매관리비 (일반관리비 등 포함)
- 제조원가 = 직접원가 + 제조간접비
- 직접원가 = 직접재료비 + 직접노무비 + 직접경비

그림 2-26 원가와 판매가격의 구성

① 직접원가 : 특정제품에 직접 부담시킬 수 있는 원가, 직접재료비, 직접노무비, 직접경비로 다시 구분된다.

② 제조원가 : 직접원가에 제조 간접비를 추가한 원가

③ 총원가 : 제조원가에 판매관리비를 추가한 원가

④ 판매원가 : 총원가에 이익을 추가한 원가

⑤ 실제원가 : 제품을 제조한 후에 실제로 소비된 재화 및 용역의 소비량에 대해서 계산된 원가. 일반적인 원가의 의미를 나타내며, 확정원가 또는 현실원가라고도 한다.

⑥ 예정원가 : 제품의 제조 이전에 제품의 제조에 소비될 것으로 예상되는 원가를 산출한 사전원가. 추정원가라고 한다.

2 식음료원가계산의 이해

식음료의 원가관리 형태에는 여러 가지가 있지만 영업장의 규모나 성격에 따라 적당한 방법을 택해야 한다. 특히 음료는 구매나 저장, 출고, 사용과정이 복잡하고 통제가 어렵기 때문에 주의가 필요하다. 경영자가 직접 운영하는 소규모 영업장에서는 식음료원가가 총매출에 대해 어느 정도인가를 아는 정도로 충분하지만, 대규모의 식음료업장의 경우에는 식음료 원가율을 계속 점검하여 원가율의 과대 여부를 판단하고 원가율이 과대하다고 판단되면 그 원인이 어디에 있는가를 밝혀내어 관리자의 적절한 관리 조치를 취해야 한다.

1) 비율에 의한 원가관리(Percentage Control System)

식음료의 매출원가를 매출로 나눔으로써 계산되는 식음료의 원가율을 기초로 하는 것으로 식음료원가가 매출의 일정 범위 내에 있도록 관리하려는 통제적 개념의 원가관리 형태이다. 이 방법은 구체적인 원가수치가 아닌 전체의 비율에 의해 원가관리를 도모하는 것이므로 메뉴의 원가나 원가변동에 관계없이 그 비교가 가능할 뿐 아니라 높은 식음료원가 여부를 밝히는 데 매우 효과적이다. 하지만 메뉴 품목의 어디에서, 또는 어떤 품목이 과대한 원가를 발생시키는지에 대해서는 밝혀내지 못하는 단점을 가지고 있다.

2) 표준원가관리(Standard Cost System)

미리 재료비를 사전에 산정하여 놓고, 이것을 목표로 실제원가와 비교함으로써 원가를 관리하는 방법으로 식음료사업의 목표에 의한 관리를 중심으로 이상적 여건 하에서라면 얼마만큼의 원가를 절감할 수 있는가를 신속히 파악하는 방법이다.

식음료 원가계산의 기초자료로서는 1인분의 표준크기, 표준조리법, 표준구매명세서, 메뉴별 판매수량, 소비된 원재료의 구입원가(시가) 등의 조사가 필요하며, 복수 메뉴의 판매, 가격정도의 변동, 메뉴의 변화 등의 원가계산에 영향을 주는 요인분석도 요구된다.

3) 판매 분석에 의한 원가관리

특정 품목에 대한 과거의 매출기록을 자료로 이용함으로써 보다 더 정확한 장래의 매출예측과 이에 따른 생산량을 예측할 수 있다. 또한 예측된 판매수량을 실제의 판매수량과 비교함으로써 그 적정 여부를 판단, 관리하고 장래의 새로운 예측을 위한 자료로 활용하는 원가관리방법으로 표준원가관리와 원가분석에 이용된다.

4) 상품군별 원가관리(Commodity Group Control)

어느 식음료업장에서 과대한 원가가 발생하고 있는지를 발견해 내는 데 효과적인 원가관리방법으로 재료원가의 계산을 위해서는 당일의 구매와 저장고로부터의 재고 인출분을 각 그룹별로 구분하여 기록해야 한다. 즉, 육류, 야채류, 해산물류, 과실류 및 기타 잡류 등으로 식음료상품을 구분하여 관리한다. 이 기록을 기초로 하여 각 구분별 원가와 전체의 합계된 식음료원가를 계산하여 매일 식음료 지배인에게 보고한다. 단점으로는 많은 경비와 시간 및 노력이 소요된다는 점이다.

5) 단위 원가관리(Portion Cost Control)

저 원가 식음료품목에 대한 이윤을 잠식하는 고 원가 품목으로 인하여 야기되는 문제를 해소하고 식음료상품 중에서 고 원가 품목을 알아내는 데 이용되는 관리방법이다. 즉 구매, 검수, 조리, 서비스 등을 표준화시키고 각종 단위의 크기에 대한 단위 원가를 분석하여 전체의 메뉴품목 중에서 가장 높은 원가를 발생시키는 품목을 밝혀낼 수 있으므로 비교적 정확한 식음료 원가관리방법이라고 할 수 있다. 하지만 각 분야별 · 단계별에 따른 표준화가 먼저 시행되지 않는다면 무의미한 원가관리방법이다.

6) 식음료별 원가관리와 단위 원가관리의 비교

식음료별 원가관리와 단위 원가관리 방법은 매월의 수치를 알게 됨으로써 모든 문제를 해소하고 원가수치가 무엇을 의미하는가에 대해 올바른 판단을 하고 거기에 알맞은 수정조치를 즉각적으로 취할 수 있는 방법으로 모색되었다. 두 제도는 각각 고 원가를 야기하는 식음료, 상품군과 품목을 가려내는 데 기여한다. 하지만 동일 식음료 내에서라면 저원가품목이 고 원가를 평균시키는 기능을 수행하는 한편 계절적인 식료원가의 변동에 따라 식음료의 원가수치가 다르게 표시되기도 한다. 따라서 식음료 상품의 원가로는 어떤 품목 또는 몇 개의 품목이 원가차이를 발생시키는지 원가관리자가 알 수 없게 된다. 단위원가 관리방안은 이상과 같은 문제를 해소하여 계절적인 가격변동을 조정할 수 있게 하지만, 대부분의 경우에는 일별 단위원가 수치(Daily Portion Cost)가 부정확하고 이 제도에 따른 업무수행에는 많은 시간과 경비의 지출이 따른다는 단점이 있다.

식음료 업장운영의 손실부분은 모든 곳에 존재하고 있으므로, 다음과 같이 메뉴계획–구매–검수–저장–출고–조리–판매서비스–요금수납 단계별 검토와 개선노력이 필요하다.

(1) 메뉴계획 단계

① 마케팅 환경(지역, 계절, 환경)에 적합한 메뉴계획
② 최근 트렌드 수요에 적합한 메뉴구성 계획
③ 매력적인 메뉴구성 계획
④ 적정한 메뉴 품목수 고려 계획
⑤ 원가수준에 따른 메뉴 품목수 비율 고려 계획
⑥ 판매실적에 근거한 계획
⑦ 식재료 공급여건에 적합한 메뉴계획
⑧ 음식의 분량과 판매가격의 조화 계획
⑨ 합리적 판매가격 계획
⑩ 비용을 고려한 메뉴선정 및 판매가격 계획
⑪ 주방 상황과 여건에 근거한 메뉴 계획
⑫ 다양한 운용비용을 고려한 메뉴계획

(2) 구매단계

① 식자재의 적정한 수량에 대한 적정시기 구입
② 적정가격에 의한 경제적 구입
③ 구입 식자재에 관한 표준재료명세서 사용
④ 자유공개 경쟁 입찰에 의한 거래 구입처 활용
⑤ 구매 결정권과 책임의 획일화
⑥ 우량 납품사의 발굴 및 긴밀한 관계유지
⑦ 계획에 근거한 체계적 구매 예산시스템 구축
⑧ 납품 및 대금 지불청구서에 관한 철저한 심사
⑨ 탄력적인 구매시스템 운영
⑩ 구매담당자의 사명과 도덕적 직업의식 고취
⑪ 경쟁사 구매가격의 조사와 비교 분석
⑫ 재료의 다량구매에 관한 계약협정내용의 개선

(3) 검수단계

① 검수원에 대한 교육훈련 개선과 강화

② 식자재 검수업무 매뉴얼 체계화

③ 불량 및 파손품의 반품처리 시스템화

④ 검수업무진행에 대한 철저한 심사

⑤ 도량형 검수에 사용되는 기구 개선

⑥ 검수장소 설비 및 설계 개선

⑦ 검수 업무일지 작성

⑧가변성 식자재에 대한 철저한 관리

(4) 저장단계

① 저장재료에 대한 내부관리 방법 개선

② 적합한 저장고 내부의 온도와 습도

③ 저장고 내부의 위생 및 방충

④ 저장고 도난방지 관리

⑤ 저장고의 시설 및 장비 개선

⑥ 효과적이고 정확한 재조조사

⑦ 저장고 책임의 분산 및 키 보관 결여

⑧ 가치분석에 따라 저장방법 및 절차 개선

(5) 출고단계

① 철저한 자재관리 및 출고기록대장 관리

② 출고의뢰 및 출고결정에 관한 권한 및 책임의 일원화

③ 출고 시간대를 설정하고 유형별 출고를 제도화

④ 효율적인 출고방법 및 절차개선

⑤ 재료출고를 보조하는 설비 및 도구를 설치

⑥ 장기사장 자재에 대한 강제출고를 실시

⑦ 서류업무와 절차의 단순화

(6) 조리/조주단계

❶ 준비

- 충분한 작업도구 준비와 활용
- 요리의 조리 준비방법의 개선
- 식자재의 산출량 조사 파악
- 잔품자재의 효율적인 활용
- 조리사의 원가에 대한 교육 강화와 개선
- 메뉴에 따른 규격분량의 표준화
- 작업장의 환경 개선과 철저한 위생관리

❷ 조리/조주

- 적량의 생산
- 적합한 조리방법 및 기술의 적용
- 조리에 적합한 온도 활용
- 새로운 조리기구 및 장비의 도입
- 조리와 서브상의 시간조사와 분석
- 조리사의 원가에 대한 교육 강화와 개선
- 조리용의 계측 기구 도입과 사용

(7) 판매 서비스단계

① 조리표준의 규격화

② 서비스 방법 및 용기의 표준화

③ 조리부서와의 원활한 의사소통 환경 구축

④ 재료수량 및 메뉴 판매량의 차이분석

⑤ 효율적인 판매스킬에 의한 판매

⑥ 서비스 부주의에 의한 낭비요인 개선

(8) 요금 수납단계

① 종사원의 부정 요금수납행위 통제
② 충분한 판매 분석 및 관리감독
③ 원활한 메뉴 개발 및 관리
④ 체계적인 요금수납 시스템 구축
⑤ 제공서비스에 대한 정확한 요금내역과 청구
⑥ 잘못된 요급 청구에 대한 신속한 수정

3 음료의 원가계산

조주과정에서 바텐더의 개인 능력과 고객의 칵테일에 대한 개성, 선호도에 따라 표준 레시피와 이에 따른 재료 사용량에 차이가 발생하기 때문에 조주의 원가관리는 낭비를 예방하고 품질관리와 매출 극대화를 위한 중요한 과정이다.

칵테일의 판매가격은 가장 먼저 재료의 원가를 판매가격의 몇 %로 할 것인지의 목표원가를 결정해야 한다. 주류의 목표원가는 20-30% 정도이다. 예를 들어 원가가 5,000원이고 이에 대한 목표원가를 20%로 결정한 경우, 판매가격은 25,000원이다. 판매가격을 구하는 다른 방법은 칵테일의 경우 먼저 단위원가×재료사용량을 통하여 얻을 수 있는 재료원가를 모두 합한 총재료원가를 구하고 이를 평균원가율로 나누어 주면 칵테일의 판매가격이 된다. 총재료원가와 판매가격을 알고 있을 때에는 총원가율을 구할 수 있으며, 총재료원가와 평균원가율이 정해졌을 때에는 판매가격을 구할 수 있다. 만일 스카치 위스키(750ml/25oz/50,000원) 1잔의 판매가격이 20,000원 일 경우, 1oz 단위원가는 2,000원이며 단위원가율은 10%가 된다. 만일, 평균 원가율이 20%로 사전에 책정되었을 경우에는 단위원가 2,000원의 판매가격은 10,000원/oz당 이다.

제7장

와인소믈리에

1 와인소믈리에의 기본자세

1) 마음가짐

서비스는 제공자가 마음가짐을 어떻게 갖느냐 에서 출발한다. 따라서 종사원의 마음가짐은 서비스의 뿌리이며 근원이라 할 수 있다. 식음료업장에 근무하는 종사원은 한 사람 한 사람이 업장의 대표가 되는 것으로 강한 자주정신을 가져야 한다. 고객의 마음의 문을 열기위해서는 무엇보다도 진정한 서비스 마음가짐을 지는 것이 가장 중요한 기본자세이다.

서비스는 마음의 표현이다. 마음속에 가지고 있는 바를 겉으로 표현하는 것이 서비스의 기본인 것이다. 올바른 마음을 가지고 있으면 자연스러운 서비스가 제공될 수 있으며, 이러한 마음을 가지면 종사원의 표정, 말투와 행동이 예스러울 것이지만 마음이 불편하고 형식적인 상태에서는 서비스의 말과 행동도 만족스럽지 못하게 된다. 식음료종사원의 기본 마음가짐을 살펴보면 다음과 같다.

(1) 서비스 정신(Service Mind)

서비스는 개념은 타인을 위한 노력과 협조 및 친절한 마음이다. 식음료 업장을 이용하는 고객의 편안함과 위안의 증대를 위하여 경주되는 일체의 행위로서 고객을 위한 협조는 모든 식음료 종사원들에게 하나의 의무이다. 종사원의 진정한 서비스 행위는 친절을 바탕으로 하는 진실한 서비스로서 고객에게 제공될 때 고객의 만족은 극해 달해 성공적인 매출과 수익을 달성할 수 있게 된다.

(2) 청결(Cleanliness)

청결이란 언제나 경건과 버금가는 내용이다. 깨끗한 몸과 마음은 떼어놓을 수 없는 동일한 목적이 된다. 머리를 숙이고 힘없이 어깨를 구부리고 다가서는 종사원은 자신의 인품을 깎아 내리는 것이고 이와는 반대로 머리를 똑바로 하고 어깨를 펴고 자신 있는 걸음걸이와 단정한 용모로 서비스 할 때는 더 없이 좋은 인상을 고객에게 주게 된다. 이러한 청결함은 항상 일상생활에서 몸에 배도록 노력해야 하고, 특히 신체의 각 부위 · 복장 · 태도 등에 깊은 주의를 기울여야 한다.

(3) 정직성(Honesty)

식음료 업장의 영업신장과 지속적인 발전은 무엇보다 종사원의 정직과 긍지로 유지되고, 나아가서는 재산과 시간의 귀중함이 정직과 직결된다. 한 사람의 부정직한 종사원이 저지른 잘못이 업장의 평판과 명예에 어떠한 영향을 미칠 것인가는 추정하고도 남음이 있다. 정직함이 무엇보다도 자기 자신과 업장의 번영을 위해서 중요한 요인임을 잊지 말아야 한다.

(4) 능률(Efficiency)

식음료 업장의 경영자는 항상 종사원이 최소의 비용으로 최대의 효과를 올릴 수 있도록 독려하고 체계적이고 지속적인 교육과 훈련을 제공해야 한다. 이러한 과정 속에서 종사원은 자신의 직무를 수행하는 업무 과정에서 쓸데 없는 동작과 행동은 곧 비생산적인 행동으로서 낭비를 수반하게 된다는 것을 알 수 있게 된다. 스스로 창의적이고 능률적인 작업 개선방안을 적극적으로 강구하고, 주체적으로 업무를 효율적, 생산적으로 처리하여 생산성을 최대한 향상시키게 된다.

(5) 경제성(Economy)

절약과 검소는 식음료 종사원의 좌우명이다. 하지만 현실은 종사원들의 낭비가 때로는 일상적 양상으로 보일 때가 많이 있다. 특히 식음료 업장의 기물과 장비, 사용되는 식재료 등은 고가품이기 때문에 아무렇게나 소홀히 취급하여 낭비되거나 파손되지 않도록 세심한 주의와 관리가 요구된다. 종사원은 진정한 주인의식을 통하여 모든 기물을 아끼는 습관을 통하여 종사원 스스로 경영활동에 적극 동참하고 기여하도록 힘써야 한다.

(6) 환대성(Hospitality)

마음속의 진정한 기쁨을 동반한 표출된 서비스 정신을 의미한다. 마음에 없는 거짓된 꾸밈과 부자연스러운 친절은 상대방이 먼저 피부로 느끼기 때문이다. 따라서 환대라는 것은 마음에서 우러나오는 상냥스러움을 의미한다. 이러한 환대는 고객에게 강렬하고 긍정적인 업장에 대한 인상과 호감을 불러일으키는 중요한 요인이다. 주변에서 규모와 시설이 훌륭한 업장들이 환대정신의 결여로 적자 운영을 면치 못하는데 반하여 이름이 없던 작은 업장들이 훌륭한 환대의 분위기를 수행하면서 융성한 사례를 보더라도 정직하고 친절한 종사원의 몸가짐과 태도가 어떠한 것이어야 함은 분명하다.

2) 표정

표정은 마음과 직결되어 심성의 변화를 잘 표현하므로 인간관계에서의 첫인상에 큰 영향을 미친다. 따라서 바람직한 표정을 짓는 습관 형성은 인격수양의 중요부분인 것이다. 미소가 있는 얼굴은 상대방을 편하게 해주고, 원만한 인간관계를 형성시켜주고, 호감 가는 인상으로써 자신과 상대방의 만남과 대화를 즐겁게 해주게 된다.

(1) 얼굴의 표정

① 얼굴 전체를 부드럽고 온화하게 갖도록 노력한다. 명랑한 얼굴 표정은 상대방에게 즐거움과 행복감을 준다.

② 얼굴의 근육을 긴장시키거나 찡그리지 않는다. 딱딱한 얼굴은 상대가 겁을 준다.

③ 의식적으로 턱을 자연스럽게 반듯하게 갖는다.

④ 부자연스러운 억지 표정을 짓지 않는다. 마음에 있는 대로 표정을 지어야 하며, 가식적으로 보이지 않도록 주의한다.

⑤ 경우와 상황에 잘 어울리는 표정을 짓는다.

⑥ 갑작스럽고 경솔하게 표정을 바꾸면 안 된다. 온건하고 담담한 표정은 사람의 신중함을 나타내기 때문이다.

(2) 눈의 표정

① 눈은 마음의 창이라고 한다. 맑고 밝은 생각을 가졌을 때는 표정도 맑고 밝아진다.

눈을 자주 깜빡이는 버릇, 안구를 데굴데굴 굴리는 것 등은 상대방을 불안하게 만들어 바른 표정이라 볼 수 없다.

② 상대방을 아래위로 훑어보는 것은 불쾌감을 준다. 또한 눈을 힐끔거리거나 곁눈질을 하는 등 부자연스럽게 움직이면 보기 흉하다.

③ 곱게 뜬 눈, 단정한 시선을 갖는다.

④ 얼굴색으로 가슴속을 보이고, 눈빛으로 말을 하도록 한다. 다정한 표정, 진지하고 선명한 눈빛은 고객의 신뢰감을 가져온다.

⑤ 항상 고객의 동작에 주의와 관심을 기울인다.

(3) 입의 표정

입은 항상 자연스럽게 다물되 힘주지 않는다. 입가에 너무 힘을 주게 되면 아주 차가운 인상을 풍기고 또한 너무 힘을 주지 않고 벌리고 있으면 정신이 허술하게 보이기 때문이다. 가능한 한 입가에 미소를 하도록 노력하고 입 모양을 가지런히 하고 긍정적인 입술 표정으로 상대방에게 좋은 이미지를 남길 수 있도록 노력해야 한다. 특히 미소는 자기 자신의 기분을 정화시키는 마인드 컨트롤 효과가 있으며, 건강 증진과 상대방으로부터 호감을 증진시킬 수 있도록 해 주는 역할을 한다.

■ 표 2-3 표정 연습 요령

1	눈썹	- 찡그린 표정의 눈썹 모양을 가져본다. 화난 표정의 눈썹 모양을 가져본다. 행복한 표정의 눈썹 모양을 가져본다. - 웃을 때 표정의 눈썹 모양을 가져본다. - 손가락을 이용하여 일자로 대고, 눈썹만 상하로 이동하여 운동한다.
2	눈	- 눈을 감고 차분히 마음을 안정시킨다. - 눈을 뜨고, 눈동자를 오른쪽-왼쪽-위-아래로 반복 운동한다. - 깜짝 놀란 표정을 위하여, 눈에 힘을 주어 크게 뜬다. - 어색한 표정을 위하여, 눈을 반복 이동한다.
3	입	- 발음을 겸하여 (아-에-이-오-우-에)하고 소리 내어 발음한다. - O를 한 채 최대한 입을 상하좌우로 재빨리 반복적으로 연습한다. - 입을 다물고 뺨을 부풀린다. - 위스키 · 김치 · 미나리 등의 입모양을 끝까지 모양을 연습한다. - 큰소리로 우, 이 등을 정확히 발음하며, 연습을 반복한다.
4	턱 · 코	- 아래턱을 오른쪽, 왼쪽 움직인다. - 냄새를 맡는 듯, 코를 단번에 쑥 올린다. 자유롭게 턱과 코를 움직여 근육을 풀어준다.

3) 몸가짐

예절의 마음은 안에 있으나 그것이 표정으로 얼굴에 나타나고 몸가짐과 옷차림도 안에 있는 마음의 발현임은 더 말할 나위가 없다. 그러므로 몸가짐은 마음가짐과 표정 및 몸가짐과 옷차림이 복합적으로 형상화되어 그것이 정지되고 움직임에 있어서 어떻게 하는 것인가를 말하는 것이다. 몸을 정결하게 하고 옷맵시를 깔끔하게 했더라도 몸가짐과 동작이 예의범절에 어긋나면 아무런 가치가 없다. 특히 호텔리어로서의 몸가짐은 서비스의 기초가 된다. 따라서 평소에 곧고 바르고 공손하게 몸가짐을 가지도록 노력하여 서비스 제공시 올바른 서비스를 제공하게 된다.

(1) 남성의 몸가짐

❶ 유니폼

- 바지는 항상 청결하고 무릎이 나오지 않도록 다림질을 해서 착용한다.
- 바지의 길이는 양말이 보이지 않을 정도로 착용한다.
- 단추가 떨어져 있거나 바느질이 터진 곳은 없는지 확인한다.
- 먼지나 비듬 등이 묻어 있어서는 안 되도록 손질하여 청결한 것을 착용한다.
- 상의나 바지의 주머니가 불룩하면 보기 흉하므로 불필요한 물건을 넣지 말아야 한다.
- 만년필이나 볼펜은 안쪽 주머니에 넣도록 하고 바깥주머니에는 꽂지 않도록 한다.

❷ 와이셔츠

- 언제나 청결하고 주름이 없는 흰색와이셔츠를 착용해야 하며 무늬가 있는 와이셔츠를 착용해서는 안 된다.
- 소매 끝, 깃 등이 더러운 것이나 주름투성이의 와이셔츠를 착용하는 것은 서비스맨의 품위를 떨어뜨린다.
- 소매길이는 상의소매에서 3~5mm 나오는 것이 가장 적당하다.
- 옷자락이 바지 밖으로 보여서는 안 된다.

❸ 구두

- 검정단화가 원칙이며 장식이 달린 복잡한 것은 착용을 금한다.
- 언제나 광택이 나는 것을 착용해야 하며 착용 후에는 잘 손질하여 보관한다.
- 회사에서 지급된 구두는 사내에서 착용하고 사외에서는 착용을 금한다.

❹ 양말

- 검정, 감색의 단일색상을 선택하며 화려한 색상은 금한다.
- 불결해지기 쉬우므로 세탁 관리에 유의한다.

⑤ 얼굴

- 면도는 매일 하여 단정한 인상을 주도록 하며 콧수염도 주의하여 자주 자르도록 한다.
- 향이 강한 화장품이나 향수는 사용하지 않는다.
- 바다나 산에서 지나치게 햇볕에 그을리지 않도록 한다.
- 시력이 좋지 않은 종업원들은 안경보다는 콘택트렌즈를 사용하도록 한다.
- 얼굴에 난 종기, 상처 등은 빨리 치료를 해야 하며, 반창고를 붙이고 영업장에 나가지 않도록 한다.

⑥ 두발

- 장발이나 심한 파마는 금한다.
- 뒷머리는 짧게 깎아서 와이셔츠칼라 부분이 덮이지 않도록 해야 하며 옆머리는 귀가 덮이지 않도록 짧게 깎고 머리가 흘러 내려 이마를 덮지 않도록 한다.
- 항상 청결히 하고 향이 강한 포마드나 머릿기름은 사용하지 않는다.
- 빗질을 자주하여 청결함을 유지한다.

⑦ 손, 손톱

- 손은 항상 청결을 유지한다.
- 손톱은 짧게 깎아서 불순물이 들어가지 않도록 주의한다.
- 시계는 손목 밑으로 흘러내리지 않도록 하고 약혼, 결혼반지 이외는 착용을 금한다.

⑧ 구취

- 입 냄새에 주의하고 식후에는 반드시 이를 닦고 입안을 가셔야 한다.
- 담배를 피운 후 서비스할 경우에는 반드시 양치질을 한다. 가능한 금연을 한다.

⑨ 명찰

- 명찰은 정 위치에 똑바로 단다.(와이셔츠 3번째 단춧구멍 평행선상에 또는 상의 좌측 흉부에 부착한다.)

(2) 여성의 몸가짐

① 유니폼

- 항상 청결하고 다려진 옷을 착용해야 하며 소매 끝, 깃 등이 더러운 것은 착용을 금한다.
- 지급된 유니폼 이외에는 착용하면 안 된다.
- 단추가 떨어져 있거나 바느질이 뜯어진 곳은 없는가? 세밀한 주의를 해야 한다.
- 먼지나 비듬이 묻어 있어서는 안 되므로 반드시 손질하여 청결한 것을 착용한다.
- 스커트의 길이와 폭은 회사의 규정에 따르며 유행에 따라 개인적으로 길거나 짧게 입는 것은 허용되지 않는다.
- 블라우스는 치마 속에 넣어 나오지 않도록 주의한다.
- 앞치마는 깨끗하고 항상 다림질하여 착용하고 뒤틀려지지 않도록 한다.

② 액세서리

- 귀걸이, 목걸이, 반지, 팔찌 등 액세서리는 근무 중엔 일체 착용치 않으며 고급시계의 착용도 금한다. 단, 약혼, 결혼반지는 검소한 범위 내에서 허용한다.

③ 구 두

- 검정색이 원칙이며 장식이 달린 복잡한 것은 착용을 금한다.
- 언제나 깨끗한 것을 착용해야 하며 착용 후에는 잘 손질하여 보관해야 한다.
- 뒤 굽이 닳은 것이나 끈이 느슨해진 상태의 것은 좋지 못한 인상을 주므로 주의한다.

- 같은 모양으로 통일하여야 하며 끌고 다니거나 꺾어서 신고 다니면 안 된다.

❹ 스타킹

- 살색에 가까운 것을 선택하며 화려한 색상은 피한다.
- 흘러내리지 않도록 주의하고 올이 나간 것은 사용을 금하며 만일에 대비하여 여분을 항상 준비해 두어야 한다.

❺ 화 장

- 밝고 건강하게 보일 정도가 좋다.
- 눈 화장(Eye Shadow, Eye Line)은 자연스럽게 하고 속눈썹은 달지 않도록 한다.
- 립스틱은 엷은 색으로 하고 창백하게 보이는 색이나 짙은 색은 피해야 한다.
- 향이 강한 화장품이나 향수의 사용은 금한다.
- 바다나 산에서 지나치게 햇볕에 타면 보기에 흉하므로 주의해야 한다.

❻ 두 발

- 항상 단정하게 빗질을 해야 한다.
- 긴 머리는 단정하게 묶고 흘러내리지 않도록 짧게 손질하여 활동하기 편해야 한다.
- 짧은 머리는 짙은 갈색이나 흑색의 리본 또는 핀으로 청결하게 손질해서 부착한다.

❼ 손과 입

- 손은 항상 청결하게 한다.
- 손톱은 불순물이 끼지 않도록 짧게 깎고 색상이 있는 매니큐어는 피해야 한다(자연스런색, 엷은 색은 사용 가능하다).
- 입 냄새에 주의하고 식후에는 양치질을 해야 한다.

4) 자세

(1) 인사자세

❶ 인사의 의의

인사는 서비스의 기본이며 인간관계의 시작이다. 인사는 인간사회에서 윤리 형성의 기본적 단계이며, 직장인에게 있어서는 애사심의 발로인 행동이다. 또한 정중하고 예의바른 인사는 누구에게나 호감을 주게 되며, 상사에 대하여는 존경의 표현으로, 동료 간에는 우애의 상징으로, 고객에 대하여는 서비스를 바탕으로 한 고객을 향한 감사의 표시이며, 아울러 자신의 인격과 교양이 밖으로 나타난 행동이다. 따라서 인사는 정성과 감사하는 마음으로 예절 바르고 정중하며, 밝고 상냥하게 진심한 마음가짐으로 해야 한다. 특히 호텔에서 고객에게 심어주는 첫 인상이 이러한 종사원들의 인사 모습으로 결정되기 때문에 많은 연습과 훈련이 요구된다.

❷ 인사 상식

- 인사는 아랫사람이 먼저 하는 것이 원칙이다.
- 인사를 한다는 것은 "나는 당신의 적이 아니다"라는 뜻으로 마음을 열고 상대방에 관계를 갖고자 하는 적극적인 행동이다.
- 인사 하나로 회사의 사활이 결정될 수 있다.
- 고객이 인사하는 모습을 언제, 어느 때, 어디서, 누가 보는지 모른다.
- 차별을 둔 인사는 많은 고객을 잃거나, 큰 낭패를 보게 된다.
- 인사의 기본은 "안녕하십니까?"이다.
- 항상 웃는 얼굴을 잊지 말아야 한다.
- 인사를 할 때는 말이나 태도 외에도 얼굴의 표정이라는 것이 대단히 중요하다.
- 인사말은 생략해서는 안 된다.
- 지나치게 정중하면 형식적인 인사로 오해 받을 수 있다.
- 기계적이 아닌, 마음이 담겨 있는 인사를 해야 한다.

- T.P.O(Time, Place, Occasion)에 따른 인사를 해야 한다.
- 똑똑하고 뚜렷한 말솜씨로 "네"가 나오는 응대는 상대에게 있어서도 기분 좋은 것이고 교섭하는 일들도 부드럽게 진행된다.
- 인사의 가치는 상대를 얼마나 안심시켰는가에 달려 있다.

③ 인사의 자세

■ 표 2-4 인사의 기본자세

동작 구분	정중한 인사	보통 인사	가벼운 인사
인사의 속도	하나, 둘 – 구부림 셋 – 멈춤 넷, 다섯 – 폄	하나 – 구부림 둘 – 멈 춤 셋 – 폄	하나 – 구부림 둘 – 폄
인사의 각도	45도	30도	20도
시선	발 1m 전방	발 2m 전방	발 5–6m 전방
양손 위치	• 남자 : 손을 편 채로, 엄지손가락을 감싸서 바지 재봉선에 댄다. • 여자 : 왼손으로 오른손을 감싸서 아랫배에 가볍게 댄다.		
발	• 뒷 꿈치를 붙이고 발의 내각을 30도 벌린다.		
표정	• 가벼운 미소를 띈다.		
허리 · 머리	• 허리에서 머리까지 일직선을 유지한다. (머리만 숙이거나, 허리만 굽히지 않도록 주의한다.)		
인사말	• 안녕하십니까? 등의 인사말은 1초 동안 구부린 상태에서 한다.		
다리	• 곧게 펴고 무릎을 붙인다.		
히프	• 뒤로 빼지 않도록 한다.		
주의	• 시선을 똑바로 치켜뜨지 말도록 주의한다.		

(2) 대기자세

❶ 대기의 원칙

대기라는 것은 고객이 오는 것을 기다리는 것이고, 또 오신 고객에게 "어서 오십시요"라고 이야기함으로서 고객과 가까워질 수 있는 기회를 갖는 것이다.

정 위치를 정한다.

업장에서 정 위치라는 것은 자기의 맡은 구역이나 카운터에서 모든 것을 볼 수 있는 장소로, 고객에게 재빨리 접근할 수 있는 가장 편리한 위치, 즉 수비위치이다.

접대하는 조직을 만든다.

고객이 혼잡한 정도에 따라 서비스맨의 수나 정 위치를 정하는 것으로, 이 인원구성을 서비스조직이라 한다. 즉 서비스조직이 제대로 편성되어 있지 않으면 종사원의 효율적인 움직임은 기대하기 어렵다.

정 위치를 지킨다.

정 위치라는 것은 접객이 시작되어 고객에게 서비스를 조직적으로 하게 되고 접객이 끝나면 원위치로 돌아와 자리를 지키지 않으면 안 된다. 이것이 지켜지지 않으면 대기 그 자체의 기본이 흐트러져 버린다. 따라서 서비스형태가 어떠한 조직으로 구성이 되어도 고객의 흐름으로 보나 업장의 상태로 보나 반드시 팀원이 대기하고 있을 필요가 있다.

바른 자세로 고객을 기다린다.

아무리 서비스조직이 잘 되어 있고 정 위치가 지켜져도 대기의 자세가 흐트러지면 그 효과를 거두지 못한다. 대기의 바른 자세라는 것은 양 발을 가지런히 모으고 정 위치에서는 것이고 항상 고객에게 접근할 수 있는 자세이다. 고객에게서 불쾌한 상태라고 가장 많이 지적 받는 대기의 자세는 하품을 하고 있거나, 2-3인이 모여서 잡담을 하는 것, 손님에게 등을 돌리고 소리 내어 웃으며 전화를 걸고 있는 것 등이다. 또한 고객의 복장이나 가고 있는 물건을 아래위로 쳐다본다든가, 또는 고객을 곁눈으로 보면서 팀원들과 속삭거리는 귓속말을 하는 것은 절대금물이다.

고객을 항상 의식한다.

팀원이 영업장에 서 있으면 무대에 서 있는 배우와 같다. 따라서 무대의 배우와 같은 마음가짐으로 어느 쪽에서 언제 보여도 상관없도록 고객을 항시 의식하고 집중하고 있는 것이 중요하다.

❷ 대기 시 주의사항

- 뒷짐을 지거나 팔짱을 껴서는 안 된다.
- 팀원 간의 사담이나 고객과의 장시간 대화는 피한다.
- 대기 중에는 얼굴이나 머리 등에 손을 대지 않는다.
- 기침, 재채기, 고음 등을 내어서는 안 된다.
- 고객을 손가락으로 가리키거나 평을 하여서는 안 된다.
- 대기의 위치는 홀 전체나 각 업장을 전부 볼 수 있는 곳에서 위치한다.
- 대기 중 몸을 비틀거나 벽에 기대거나 혀를 내밀거나 의자에 손을 얹어서는 안 된다.

(3) 고객응대 자세

❶ 고객응대의 기본자세

- 고객에 대한 말씨는 높임 말씨로 하고, 존대 어휘를 선택해서 쓴다.
- 모르는 고객은 일단 '고객님', 선생님'이라 호칭한다.
- 고객의 직함을 알면 그 직함을 쓰되, 자기보다 상위 직이면 그에 상응한 대우를 한다.
- 고객에 대한 예우는 직장의 상급자에게 하듯이 한다.
- 찾아온 고객은 불편이나 주저함이 없도록 응대하고 최대의 편의를 제공한다.

- 어떤 경우라도 고객을 기다리게 하거나 의심나게 해서는 아니 된다.
- 사적인 고객이 왔을 때는 공무에 지장이 없도록 접대하고, 공용집기나 소모품 또는 음식류를 임의로 이용하거나 대접해서는 아니 된다.
- 자기에게 용무가 있는 손님으로 인해 상급자나 동료 또는 하급자에게 불편이나 수고를 끼치지 않도록 세심한 배려를 한다.
- 고객에 대한 만족할만한 응대를 하기 위해 고객의 얼굴과 성명 등 기본적인 사항을 항상 습득 암기하도록 노력한다.
- 고객의 외모로 사람을 판단해서는 안 되며 평범한 태도로 미소를 띄고 응대한다.

❷ 외국 고객응대의 자세

외국고객에 대한 서비스에 있어서도 그 근본정신에는 변함이 없다. 외국인이라고 해서 인정이 우리들과 하등 다를 바 없는 이상, 진심으로 친절히 봉사한다면 반드시 그들의 호감을 살 것이다. 단지 외국인은 언어, 생활양식, 풍속, 습관 등이 다른 것뿐이니 외국고객에 대한 서비스를 완전히 하기 위해서는 이에 대한 어느 정도의 이해와 기술 습득이 필요하다.

- 외국인(서양인)들은 첫째로 합리주의자들이다. 그들은 이치에 맞지 않는 것은 어느 것이나 납득하지 않는다.
- 외국인들은 전반적으로 좋은 의미에서 개인주의자들이다. 그들은 타인의 일을 간섭하지 않으며 동시에 타인으로부터 간섭을 받는 것도 좋아하지 않는다. 따라서 각별히 그들 개인 생활에 관한 질문은 삼가한다.
- 외국인은 일반적으로 부인존중의 관념이 지배적이다. 즉 서양의 사회습관은 여성 제일주의(Ladies First)이다. 따라서 여성에 대한 응대에 세심한 주의가 필요하다.
- 외국인은 대체로 권리의무에 대한 관념이 대단히 분명하다. 그들은 자기 의무를 다하면 그와 동시에 자기의 권리도 아울러 강력히 주장하는 경향이 강하다. 신속하고 효율적으로 일을 처리함을 바라기 때문에 이들에 대하여는 솔직, 간명, 신속, 능률이 절대 불가결요건이다.

- 외국인은 일반적으로 '13'이란 숫자를 꺼린다. 이는 우리 동양인이 꺼리는 '4'의 숫자에 해당한다.
- 동양인과 서양인은 성격이나 습관에 있어서 차이가 크다고 하겠지만 우리가 다만 주의를 하면 그 차이점을 많이 발견할 수 있다. 하지만 서양인의 이상한 기호라든가 풍속, 습관에 대하여는 절대로 호기심에 찬 눈으로 주시해서는 안 된다.

❸ 고객응대의 유의사항

- 주인의식을 갖고 고객을 맞이하는 주인으로서의 자세로 예의를 다한다.
- 고객과 응대자의 마찰이 있을 때에는 즉시 상급자가 개입하여 조용한 자리로 안내한 후 시비를 해결토록 한다.
- 고객이 무례한 요구를 할 경우에는 부드럽게 설득하여 거절하도록 한다.
- 의심 많은 고객에게는 될 수 있는 대로 객관적인 수치적 근거를 제시하도록 한다.
- 고객이 따지거나 불평하는 경우에는 일단 긍정한 후 자세히 내용을 설명하여 설득해야 한다.

(4) 보행자세

❶ 보행자세의 의미

사람의 걸음걸이는 그 사람의 품성, 교양 및 직업까지도 나타낸다. 따라서 아름다운 걸음걸이를 걷도록 연구하고 주의와 훈련을 쌓아야 한다. 몸을 좌우로 기우뚱거리거나 상하로 흔들지 말고 수평으로 걸어야 하며 신발 뒤꿈치를 끌지 말고 사뿐사뿐 경쾌한 발걸음이어야 한다. 발을 옮기는 모양은 똑바로 딛고 직선으로 걷는 것이 가장 아름다울 뿐만 아니라 시간과 에너지 절감도 된다. 또한 걸음을 걸을 때는 팔의 운동이 수반된다. 팔을 군대의 행진같이 어깨높이로 높게 젓거나 실의에 빠진 사람같이 맥없이 흔들거리거나 또 앞뒤로 팔자 형으로 젓는 보행은 아름답지 못하다. 걸음은 반드시 자기 몸과 평행하여 전후로 알맞게 흔들어야 한다.

❷ 보행 시 주의사항

- 바른 걸음걸이는 바른 자세에서 시작된다. 바로 선자세로 등을 펴고 턱을 당기고 그대로 똑바르게 걸으면 된다.
- 항상 경쾌하나 조용하게 걷는다. 긴급 시 이외에는 결코 달려서는 안 된다. 질질 발을 끌면서 걷거나 불안스런 걸음걸이는 금하도록 한다.
- 복도에서는 상사나 고객을 앞지르지 않는 것이 원칙이다. 급한 용무나 부득이한 때는 반드시 "실례합니다."하고 사과를 한 다음 앞지른다.
- 고객이나 상사와 엇갈릴 때는 공손히 가볍게 인사를 한다.
- 여럿이 걸을 때는 종으로 걸으며, 횡으로 통로를 가리는 일이 없도록 한다. 큰소리로 이야기하거나 콧노래 또는 휘파람을 불면서 걷는 것을 금한다.
- 고객을 안내할 때는 고객에게 유의 집중하면서 조심성 있게 한걸음 앞에서 선도한다. 고객을 수행할 때는 좌측 1보 뒤나 또는 후방에서 걷는다.
- 보행 중에는 담배를 피우거나 껌을 씹으며 다녀서는 안 된다.
- 보행 중에는 주머니에 손을 넣거나 팔짱을 끼거나 뒷짐을 져서는 안 된다.
- 보행 중에는 눈망울이 초롱초롱하며 얼굴표정에 생기가 있어 보여야 한다.
- 보행 중에 소리가 나므로 주머니에 소리 나는 것(동전, 과자 등)등을 넣지 말도록 한다.
- 휴식 시 유니폼을 입은 채로 건물 밖에 나와서는 안 되며 휴식 장소에서 휴식한다.

(5) 기타 자세

❶ 방향 지시자세

- 고객의 눈을 바라보면서 고객이 찾으시는 곳을 복창한다.
- 손가락을 모아 손바닥 전체로 찾으시는 곳을 가리킨다.
- 팔꿈치의 각도로 거리감을 표현한다(완전히 펴면 멀어 보이니 주의한다.).
- 상체는 약간 앞으로 수그린다.

- 시선은 상대방 → 가리키는 방향 → 상대방 순으로 자연스럽게 옮긴다.
- 손방향지시를 하지 않은 팔은 자연스럽게 내려놓는다.
- 찾으시는 곳의 방향에 따라 고객의 앞을 가로 막지 않도록 주의하며 안내한다.

❷ 계단이용 자세

영업장의 계단을 오르내릴 때는 상체를 굽히지 말고 꼿꼿한 자세로 오르내려야 한다. 특히 미니스커트를 입고 계단을 오르내릴 때는 남성보다 앞서 올라가는 것을 삼가야 한다. 단, 반대로 내려올 때는 여성이 먼저 내려오도록 한다. 한복, 이브닝 드레스차림으로 계단을 오르내릴 때는 옷자락을 살짝 들고 걷는 것이 매력적이며 편리하다.

❸ 착석 자세

먼저 남성 종사원의 착석자세 요령은 다음과 같다.

- 의자 앞에 선다.
- 한발을 뒤로 빼며 의자 위치를 확인한다.
- 바지가 구겨지지 않게 바지 주름을 살짝 잡아주면서 앉는다.
- 양발은 허리 정도 넓이로 벌리고, 자연스럽게 11자형을 취한다.
- 두 손을 모아 다리 위에 자연스럽게 올려놓는다.
- 턱을 당기고 정면에 시선을 바라본다.

다음으로 여성 종사원의 착석자세 요령은 다음과 같다.

- 의자 앞에 선다.
- 한발을 뒤로 빼며 의자 위치를 확인한다.
- 의자 깊숙이 앉는다.
- 양 무릎을 붙이고 가지런히 다리를 모은다.
- 두 손을 모아 다리 위에 자연스럽게 올려놓는다.
- 턱을 당기고 정면에 시선을 바라본다.

④ 문을 이용하는 자세

창문이나 방문을 열 때는 여는 방향을 향해서 걸어가며 연다. 이때 자기의 자세를 흐트러뜨리는 것은 좋지 않다. 문을 닫을 때도 닫아야 할 방향을 향해서 걸어가며 닫는다. 특히 소리 나지 않게 조심스럽게 닫아야 한다. 앞으로 당겨서 여는 문의 경우에는 손잡이 가까이 있는 손으로 잡고 당기고, 당긴 채로 비켜서서 고객이 들어가도록 안내한 후 마지막으로 들어간다. 또한 밀어서 여는 문의 경우에는 손잡이 가까이 있는 손으로 잡고 밀고, 먼저 안으로 들어가서 안쪽 손잡이를 잡고 맞아들인다. 이때 머리만 내밀지 말고 몸의 반 정도가 보이는 위치에 선다.

2 와인소믈리에의 직무

1) 와인소믈리에의 개요

와인 전문가로서 소믈리에(Sommelier)는 레스토랑이나 바에서 고객에게 와인에 대한 조언과 추천, 서비스, 진열, 구매, 재고관리, 종사원 와인교육 등 와인과 관련한 전반적인 업무를 총괄한다.

원래는 와인의 감식 전문가에서 출발하여, 점차 레스토랑에서 전문적으로 와인을 관리하고 서빙에 관한 모든 것을 책임지는 전문 종사원으로 발전하였다. 레스토랑의 크기와 명성에 따라 수석 소믈리에, 보조 소믈리에, 견습 소믈리에 등의 직급이 있기도 한다.

소믈리에 어원은 소를 이용하여 식음료를 나르게 하는 사람, 즉 동물들에게 짐을 지우는 사람을 뜻하는 프랑스어"saumalier"의 somme/semmier에서 유래하였으며, 점차 시간이 흐르면서 테이블을 준비하고 서빙하는 사람을 가리키는 것으로 확대되었다.

중세시대 궁중에는 예샹숑(Echanson)이라고 하는 식품보관 담당 관리가 있었다. 주로 귀족들이 담당했고, 귀족들의 저택에도 와인관리사들이 있었다. 17세기에 레스토랑이 등장하면서 소믈리에라는 용어가 등장하기 시작하였으며, 18세기에는 직업인으로 인정받으면서 운송수단의 발달로 대량소비가 가능해진 19세기부터 20세기에 이르러 지금의 와인전문가로 발전하였다.

소믈리에는 와인에 대한 지식은 기본이고 세련되고 자연스러운 서비스로 고객을 응대할 수 있는 마음가짐과 매너, 서비스 스킬은 물론이고 와인과 어울리는 음식 추천 실력도 겸비해야 한다.

국내에서 소믈리에가 등장한 시기는 '88서울 올림픽과 다양한 국제회의 개최, 와인수입자유화 등으로 와인문화가 형성되면서부터이다. 1991년부터는 한국소믈리에협회가 결성되어 전문 직업인으로 활동하고 있다. 최근 우리나라의 음주문화가 고급화되면서 와인 소비가 급증하고 있다. 하지만 비약적인 와인산업의 성장에 비해 와인에 대한 전문 지식과 현장 경험을 겸비하고 있는 고급 와인문화를 이끌어갈 와인 전문 인력을 호텔경영전공 전문대학교와 직업훈련교육기관에서 양성하고 있지만 아직까지 턱없이 부족한 실정이며 향후 지속적으로 발전할 것으로 전망되며 소믈리에의 수요는 계속 증가할 것이다. 프랑스에서는 국가에서 엄격한 심사기준에 따라 소믈리에자격증(MC ; Sommellerie · Mention Complemetaire Sommellerie)과 소믈리에국가자격증(B.P ; Sommelier · Vravet Professionnel Sommelier) 등 2개의 자격증을 부여하고 있다. 국내에는 와인 관련 단체에서 직업능력개발원의 민간자격증으로 발급을 하고 있으며, 국가에서는 2015년부터 와인소믈리에 대한 NCS(국가표준직무능력)시스템 도입에 따른 체계적인 교육훈련을 실시하고 있다.

2) 와인소믈리에의 직무

해당직무를 수행하기 위해 요구되는 사항을 명시해 놓은 직무분석은 대상을 두 가지로 구별할 수 있다. 하나는 개개의 인적 구성원의 직책을 중심으로 하는 개별 직무분석이고, 다른 하나는 각각의 단위영업장의 직무에 대한 분석이다.

레스토랑에서 소믈리에의 역할은 고객에게 와인과 요리에 대한 정보를 제공하여 즐거운 식사를 도와주고, 고객들 스스로 자신에게 알맞은 와인을 선택할 수 있도록 하는 것이다. 고객이 즐거운 식사의 경험을 갖도록 도움을 주며, 고객에게 맞는 와인을 고르도록 유도한다. 와인 구매와 보관, 저장을 관리하여 좋은 품질의 와인을 제공하며, 고객의 방문 목적에 맞는 와인을 선택하고 진열한다. 특히 와인과 요리의 관계를 고려하여 추천한다. 와인에 대한 고객의 피드백을 파악하여 재방문 시에 참고하여 서브하는 것이다. 이를 구체적으로 살펴보면 다음과 같다.

첫째, 소믈리에는 와인의 품질과 가격대의 균형을 고려하여 평가를 내리고 테이스팅과정을 통해 와인을 선택하며, 업장의 예산, 음식의 종류, 와인 재고 보유능력 한계에 따라 양질의 와인을 구매한다.

둘째, 소믈리에는 와인 셀러에 대한 전문 지식과 기술로서 와인의 품질이 최상이 될 수 있도록 수준을 유지하고 관리한다. 특히 최고급 와인의 경우 저장 상태에서 품질차이가 발생하므로, 주기적으로 저장고의 온도와 습도 상태를 체크하고 청결상태를 유지해야 한다.

셋째, 소믈리에가 제공하는 서비스는 본인 단독의 서비스가 아닌 레스토랑 구성원 전체의 팀웍과 서비스품질이 중요하다. 따라서 업장 구성원을 교육 훈련시키고 주방과 홀 구성원 상호간의 의사소통이 원활히 진행될 수 있도록 서비스 매뉴얼 구성에 대한 숙지와 이에 따른 지도능력이 필요하다. 이에 따른 고객만족 극대화와 업장 이윤창출을 실현할 수 있다.

넷째, 소믈리에는 와인의 매출관리를 통해 인기 와인추천과 매칭되는 음식에 대한 정보를 이해하고 고객에게 적극적인 추천 서비스를 제공함으로서 매출을 극대화해야 한다. 고객 상황(예산, 욕구 등)과 내외부적인 상황을 충분히 고려하여 고객이 인정할 수 있는 자연스러운 마케팅 활동으로서 고객에게 즐거움을 주고, 업장 매출에는 목표달성을 위한 경영적인 마인드와 활동이 필요하다.

다양한 소믈리에 직무를 원활히 성공적으로 수행하기 위해서는 다음과 같은 능력과 노력이 필요하다.

첫째, 레스토랑의 메뉴나 분위기, 고객의 수준과 요구에 따른 와인을 구매하고 서비스하는 것이 소믈리에가 해야 하는 가장 중요한 업무 중의 하나이기 때문에, 세계 각국의 수많은 종류의 와인에 대한 정보수집과 분석을 통해 냉철하고 효율적인 선별과정을 통해 구매과정이 투명하게 진행되어야 한다.

둘째, 구매한 와인들을 고객 입장에서 쉽게 이해할 수 있도록 와인리스트 작성 계획과 기본적인 디자인 능력이 필요하다. 와인리스트는 단순이 판매하는 와인에 대한 리스트제공에서 벗어나 이를 통한 최상의 매출이 도출될 수 있도록 세심한 전략적 접근이 필요하다. 먼저 와인을 종류별로 구분하고, 와인명, 빈티지, 제조사 등을 쉽게 알아볼 수 있도록 표기하며, 주문 받기 용이하고, 재고조사나 재 주문 처리를 간소하기 위해 식별번호를 붙이는 것도 하나의 방법이다. 영업장의 경영과 형편에 맞는 와인 가격 책정과 마진율을 고려하며, 영업장을 이용하는 고객의 층이나 지역적인 특성, 고객 성향(대중매체 정보수집 활동) 등을 고려하여 고객들이 본인이 원하는 와인을 쉽게 선택할 수 있도록 작성하여 판매 활성화에 도움이 되도록 한다.

셋째, 소믈리에는 준비된 와인을 일정기간 내에 고객에게 추천하여 판매해야 한다. 소믈리에의 지식과 경험, 노하우를 총 동원하여 고객에게 부담을 주지 않으면서 판매하기 위해서는 고객과의 충분한 대화를 통해 고객의 취향이나 감정 등을 파악하여 신뢰감 을 쌓아야 한다. 신뢰감을 전재로 적당한 와인을 추천하면 고객은 소믈리에를 믿고 주문하게 된다. 하지만 고객과의 개인적인 교감으로 와인을 판매활동에는 한계가 있으므로 다양한 프로모션(계절별, 시기별, 음식별 등)을 기획하여 자연스럽게 판매가 연결될 수 있도록 접근한다. 특히 단순히 와인 관련 서비스 전문가로서의 활동은 시간이 흐르고 한계가 있으므로 영업장 전반적인 경영자적인 시각과 노력이 필요하다.

넷째, 가장 근본적인 와인을 서비스하는 전문 직업인으로서의 자질과 자기개발 노력이 필요하다. 와인 서비스에 사용되는 영업장의 각종 기물과 장비를 세련되게 다룰 수 있도록 연습하고, 제공되는 와인의 시음온도와 기물 상태 등이 항상 최적으로 와인이 서비스 될 수 있도록 한다. 와인은 기호음료로서 상황에 따라 변화하기 때문에 국내외 와인시장의 트렌드와 정보를 수집 분석하기 위해 다양한 온 · 오프라인 활동을 적극 참여하고 타 영업장의 소믈리에들과 정기적인 모임과 정보교류에 따른 국제적인 감각을 익히려고 노력하는 전문가로서의 자세가 필요하다.

BASIC
와인 & 소믈리에
서비스

부록

부록 1. 와인 용어 해설

부록 2. 와인매너와 상식

부록1

와인 용어 해설

A

- **Abboccato(아보카토)** 약간 달콤한(와인)
- **Abfullung(압풀렁)** (독일) 병입
- **AC/AOC(Appellation Controlee-AC/AOC)** 프랑스 정부에서 규정한 와인의 특정지역, 생산자에 따른 와인의 품질 규정이다.
- **Acetaldehyde(아세트알데히드)** 발효 때 생성되는 물질로서 자극적인 냄새가 있으며, 와인이 산화될 때 많이 생성되어 셰리 냄새를 풍긴다.
- **Acidity** 와인이나 음식에서 느끼는 시큼한 맛의 정도. 주로 포도가 주는 산도는 주석산이고 풍부한 능금산으로 섬세한 와인을 만드는 데에 많은 기여를 한다.
- **Aftertaste** 와인을 한 모금 마시고 나서 입안에 남아있는 맛의 향미로 와인 테이스팅 할 때 추가적으로 느껴지는 와인의 특질이나 결점을 감지할 수 있어 중요하다.
- **Aging** 와인을 발효한 뒤 오크통이나 병에 보관하면서 와인을 익히는 과정으로서, 이는 '최상의 와인으로 완성하기 위해 특정한 환경 속에서 와인을 보관'하는 것을 의미한다. 주로 레드와인 경우에는 오랜 기간 동안 오크통에서 와인을 숙성시키며, 화이트와인이든 레드와인이든 좀 더 복잡 미묘함 맛을 발달시키기 위해 병 속에서 숙성시키는 경우가 많다.

- **Alcool** 와인에 있어 물 다음으로 가장 중요한 성분이다. 에틸알코올이 와인에 더운 기운을 불어 넣는다. 하지만 너무 많이 함유되는 경우 와인이 타는 듯한 느낌을 갖는다.
- **Aleatico(알레아티코)** 주로 달콤한 디저트 와인으로 많이 사용되는 포도품종으로 무스캇(Muscat) 포도품종과 같은 향이 있다.
- **Aligota(알리고떼)** 화이트와인 포도품종으로 많은 나라에서 다양한 블렌딩에 사용되고 있다. 특히 프랑스 버건디 지역에서 생산되는 과일 맛이 강하고 가벼운 성격의 와인이다.
- **Amelioration(어밀리어레이션)** 포도즙의 당도와 산도를 조절하기 위하여 설탕이나 물 등을 첨가하는 과정이다.
- **Angelica(안젤리카)** 달콤한 디저트 와인이다. 주로 호박색이고 독특한 향이 별로 없다. 켈리포니아에서는 와인을 만들다 남은 포도들을 모아서 만들기도 한다. 역사적으로는 교회 성찬식에 팔렸던 와인이다.
- **Ano(아노)** (스페인어) 숙성연도
- **Anthocyanin(안토시아닌)** 붉은 색소의 일종으로 적포도의 주요 색소이다.
- **Aperitif wine(아페리티프 와인)** 식전에 마시는 와인
- **Appellation(아펠라시용)** 특정 포도가 재배되는 포도원의 위치를 세분화한 명칭으로 라벨에 표기한다.
- **pellation-Communale(아펠아시옹-코미날)** 부르고뉴의 제3급 포도산지이며, 공동구역일 때는 구역 명칭과 포도밭의 명칭을 사용할 수 있게 되어 있으므로 밭의 명칭을 표시할 수 있으나 지역 명칭보다 포도밭의 명칭이 활자가 적게 표시되어야 한다.
- **Aroma** 포도의 원산지에 따라 맡을 수 있는 와인의 냄새 혹은 향기를 의미한다. 또 다른 말로"부케(bouquet)"라고 하는 경우에는 와인의 제조 처리과정 이나 숙성 방식에 따른 2차적 향기를 의미 한다.
- **Armagnac(아르마냑)** 포도로 만든 브랜디로 프랑스의 아르마냑 지방에서 생산된 것
- **Arome(아롬)** (프랑스) 향

- **Assemblage(아썽블라즈)** 조합. 여러 품종의 와인을 섞는 것이다. 동일한 원산지의 와인을 섞어 각 포도원의 제품을 생산하는 방식으로 보르도에서는 두 가지 이상의 품종을 섞어 만든다.
- **Astringency** 와인에 있는 탄닌에 의해 느껴지는 맛의 감각을 의미하는데 주로 표현되는 말로는 입안에서 드라이(Dry)하다, 쓰다, 떫다 라는 표현을 한다.
- **Auslese(아우스레제)** (독일) "선택된"이란 의미이다. 독일와인 법규에서 아우스레제는 잘 익은 포도송이만을 골라서 만들어진 와인이라는 특별한 의미가 있다.

B

- **Bacchus(바커스)** 로마시대의 와인의 신. 로마시대 이전의 그리스의 와인의 신이었던 Dionysus(디오니 소스)와는 다르다.
- **Bagaceira(바가세이하)** (포르투갈) 포도 찌꺼기로 만든 브랜디이다.
- **Baked** 포도가 햇빛을 많이 쬔 것에서 나는 향기이다.
- **Balance** 와인 평가를 할 때 사용되는 주관적인 용어이다. 산도, 당분, 탄닌, 알코올 도수와 향이 좋은 조화를 이루는 맛을 느낄 때 발란스가 있다고 표현한다.
- **Ban des vendanges(벙 데 벙덩즈)** 포도수확 개시를 알리는 포고로서, 포도수확의 개시를 허가하는 날짜이다.
- **Barbera(바베라)** 주로 이태리의 피에몬떼(Piedmont)지역에서 생산되는 것으로 잘 알려진 레드와인 포도품종이다.
- **Barrique(바리끄)** 오크통. 225리터들이 보르도 오크로 만든 통으로 옛날에는 와인 운반과 보관용으로 사용했으나 최근에는 숙성용으로 사용되고 있다.

- **Beerenauslese(베렌아우스레제)** (독일)“선택된 열매”라는 뜻이다. 포도 수확 시 포도 송이 째 골라 따기 보다는 좋은 포도알을 골라 딴 포도로 와인을 만드는 특성이 있다. 최상의 와인을 만들기에 많은 노력이 들어간다. 그래서 이 와인의 가격은 비싼 편이다.
- **Berry(베리)** 포도알 낱개
- **Bianco** (이탈리아) 화이트
- **Binning(비닝)** 와인을 숙성시키기 위해 병을 눕혀서 보관하는 것
- **Blanco(블랑코)** (스페인) 화이트
- **Blackcurrants** 여러 가지 레드와인에서 나는 냄새와 향
- **Blackish** 숙성(연한)되지 않은 붉은 와인으로서 탄닌산이 많고 숙성시키는데 장기간 소요된다.
- **Blush wine(블러쉬 와인)** 캘리포니아의 달콤하고 신선한 핑크와인이다.
- **Bodega(보데가)** (스페인) 와인을 저장하는 곳으로 양조장을 의미한다.
- **Botrytis cinerea(보트리티스 시네리아)** 어떤 특정한 기후 환경 속에서 포도가 무르익을 때 포도껍질에 생성되는 일종의 곰팡이로 포도에 좋은 영향을 주어 훌륭한 디저트 와인을 만들기에 귀부병이라 불린다.
- **Bottle aging(보틀 에이징)** 병 숙성으로 고급 레드와인에 적용되는 개념이다.
- **Bottle sickness** 잘못된 주병으로 와인에 공기가 들어가 와인의 생동감이 없어지는 현상이다.
- **Bottle Stink** 너무 오래된 와인에서 나는 불쾌한 냄새이다.
- **Bottling** 술이나 음료 등을 병에 넣는 작업이다.
- **Bottiglia(보틸랴)** (이탈리아) 병
- **Bouchon(부숑)** (프랑스) 코르크
- **Bouchonne** (프랑스) 불량한 코르크로 인해 변질된 와인이다.
- **Bouquet(부케)** 주로 와인 생산과정이나 숙성과정에 의해 생기는 와인의 냄새 혹은 향기이다.
- **Bouteille(부테이유)** (프랑스) 와인병
- **Branco** (포르투갈) 화이트와인

- **Brandy** 와인을 증류하여 만든 증류주이다.
- **Breathe** 와인 코르크를 오픈 한 후 와인이 공기와 접촉하는 상태로서, 흔히 "공기와 결혼시킨다."라는 표현을 쓴다.
- **Breed** 포도의 종류, 토질 및 영조기술에 의한 좋은 와인의 질적인 균형을 의미
- **Brick-red** 숙성된 자주색깔
- **Brillinant** 완전히 투명하고 선명한
- **Brix(브릭스)** 미국, 일본, 한국에서 사용하는 당도 단위이다.
- **Brown** 와인색을 의미하며, 쉐리 와인 또는 Madeira(쉐리 와인의 일종)을 제외한 Brown Wine은 오래된 것이다.
- **Brut(브뤼)** (프랑스) 가장 드라이(가장 달지 않은)한 샴페인이다. 영국의"Extra Dry"보다는 덜 Dry하다. 극히 미량의 당분이 함유된 발포성 와인로서."브뤼 제로"는 당분이 전혀 없음을 의미한다.
- **Bruto(브루투)** (포르투갈) 드라이 스파클링와인
- **Bulk wine** 병에 들어있지 않은 와인이란 뜻으로 대용량의 용기로 거래되는 와인

C

- **Cabernet Franc(까베르네 프랑)** 레드와인 포도품종으로 까베르네 쏘비뇽, 메를로와 함께 보르도 와인 생산에 쓰이며 쌩떼밀리옹과 뽀므롤에선 부쉐(Bouchet)라고 부른다. 대게 와인의 복합성과 부케향을 위해 소량 사용되며 올리브를 연상시키는 풀내음이 섞인 톡 쏘는 향이 특징이다.
- **Cabernet Sauvignon(까베르네 소비뇽)** 레드와인 포도품종으로 전 세계적으로 가장 많이 사용되며 사랑 받고 있다. 4개의 특징으로 쉽게 구분이 되는데, 작은 포도알, 깊은 어두운 색, 두꺼운 껍질, 많은 씨앗이 특징이다.
- **Cantina(칸티나)** (이탈리아) 와인셀러 혹은 와이너리
- **Cantina Sociale(칸티나 소시알레)** (이탈리아) 와인 생산자 조합

- **Cap** 레드와인 발효 시 위로 떠오르는 껍질 층이다.
- **Capsule(캡슐)** 포장된 와인 병의 윗부분 즉 코르크와 병구를 둘러싸는 호일
- **Carafe(카라프)** 와인 서빙에 사용되는 값싼 와인 서빙용 유리병이다.
- **Carbonated** 와인에 관한 표현으로는 Sparkling Wine의 경우를 말하며, Club Soda와 같은 성질을 가지고 있고 대중적인 인기가 아주 높다.
- **Carbonic Maceration(탄소 메서레이션)** 포도알 전체를 으깨지 않고 발효하는 과정을 말한다. 이 과정은 주로 가볍고 포도의 성격이 강한 화인일 경우 병 속에서 숙성시키지 않고 빨리 마셔버리는 와인에 많이 사용된다. 주로 프랑스 지역의 보졸레 누보를 생산할 때 많이 쓰이는 제조 방식이다.
- **Carte de Vin(카르트 드 뱅)** (프랑스) 와인 리스트이다.
- **Cascina(카시나)** (이탈리아) 북부 이탈리아의 농장 혹은 포도밭
- **Cask** 크기에 따라 여러 종류가 있는 나무통이다. 'Barrel'과 같은 뜻이지만, Cask는 이동성이 없는 나무통을 지칭하는 경우에 사용된다.
- **Castello(카스텔로)** (이탈리아) 프랑스 샤또에 해당되는 성이다.
- **Catawba(카토바)** 미국 동부 지역에서 대체적으로 생산되는 혼성 포도품종이다. 주로 발포성 와인, 로제와인, 혹은 과일 성향이 강한 화이트와인을 만들 때 사용된다.
- **Caudalie(꼬다리)** 시음 후 입안에 향이 남아있는 시간을 측정하는 단위로서 1꼬다리는 1초에 해당된다.
- **Cava(카바)** (스페인) 와인을 저장하는 곳이지만, 샴페인 방식으로 만든 스파클링 와인을 의미한다.
- **Cave(까브)** 와인 셀러로서 지하실 또는 와인을 숙성시킬 수 있는 선반이다. 발효가 끝난 와인을 배양·숙성시키기 위해 보통 지하에 만든 와인 보관 장소이다. 지하 저장소가 없는 한국에서는 와인 셀러라고 하면 와인을 보관하는 냉장고를 가리킨다.
- **Cellar(셀러)** 와인을 저장하는 곳이란 뜻이지만, 요즈음은 와인 파는 곳, 와인 전용 냉장고 등도 의미한다.
- **Cellar master** 와인제조 책임자

- **Cepa** 와인이나 포도의 품질
- **Cepage(쎄빠즈)** (프랑스) 포도품종. 포도나무의 다른 종을 일컫는다. 보르도 와인은 여러 품종을 섞어 만든다.
- **Chablis(샤블리)** 미국에서 일상적인 화이트 테이블 와인들을 말한다. 또는 프랑스 중부근처에 있는 마을이라는 뜻이 있다. 프랑스 중부에 있는 와인 생산 지역으로 아펠라시옹의 규정에 따라 100% 샤도네 포도품종만 생산된다.
- **Chai** 통에 들어있는 포도주를 저장하는 지상에 있는 저장실로, 병에 담은 포도주를 저장하는 저장실과는 다르다. 와인 양조장, 주로 포도원 지상 1층에 위치하고 있는 와인 양조 건물이다.
- **Chambra** 실내온도로 보관되는 레드와인의 상태이다.
- **Champagne** 프랑스 샹빠뉴(Champagne)지역에서 생산되는 발포성 와인이다. 협정에 의해 다른 나라에서 생산되는 발포성 와인을 샴페인이라 부를 수 없다.
- **Chaptalisation(샵딸리자씨옹)** 보당. 포도즙에 설탕 넣기. 알코올 발효과정에서 알코올 함량이 너무 낮은 경우 함유량을 높이기 위하여 법이 정해진 규정 내에서 설탕을 첨가하는 작업이다.
- **Character** 와인 맛의 스타일을 표현하는 와인 테이스팅 용어이다.
- **Chardonnay(샤도네이)** 전 세계에서 가장 훌륭한 화이트와인 포도품종이다. 샴페인과 같은 발포성 와인을 생산한다.
- **Chateau(샤또)** 원래 프랑스어로 "성(Castle)"이라는 뜻이다. 보르도에서는 "포도원 · 제조원"이라는 용어로 주로 사용된다. 실제로 예전에는 성에서 주로 포도가 생산이 되었다.
- **Chateau-Bottled** 포도가 재배된 지역의 성에서 직접 병입된 와인이다.
- **Chandelle(샹델)** (프랑스) 디켄딩에 사용되는 초이다.
- **Chenin(슈냉)** 루아르 지방의 무감미, 감미 화이트와인 포도품종으로 균형 있고 미묘한 와인을 생산하며, 매우 섬세한 꿀 향과 꽃향기가 특징이다

- **Chenin Blanc(슈넹볼랑)** 전 세계적으로 널리 재배되고 있는 화이트와인 포도 품종이다. 진정한 Pinots도 아니고 관계가 있는 것이 아니지만 가끔 Pinots De la Loire로 알려진 특질의 화이트와인용의 양질 포도 종류이다. 프랑스에서는 타의 추종을 불허하는 특주이다.
- **Chiant(끼안띠)** 중간 바디(Medium body)에서 풀 바디(Full body)테이블 레드 와인으로 이태리 토스카나 지역에서 생산되는 와인이다. 끼안띠는 블랜딩을 하는 와인이지만 사용되는 주요 포도품종은 산지오베제이다.
- **Clairet(끌래레)** 영국인이 보르도의 레드와인에 부쳐준 이름으로 연한 와인 색상을 가지고 있다. 양조 시 짧은 기간의 침용을 통해 만들어지고 로제 와인보다 더 짙은 색을 띠고 있으며 가벼운 레드와인이다.
- **Clarity** 와인을 평가할 때 와인에 침전물이나 뿌연 느낌이 없이 투명한 경우에 사용되는 테이스팅 용어이다.
- **Clarete** (스페인) Light Red Wine 혹은 Dark Rose Wine
- **Clarets** 프랑스 보르도 지방에서 생산되는 진홍빛의 레드와인
- **Classico(클라시코)** (이탈리아) DOC 지역의 중심으로 유명한 와인 생산지역
- **Clean** Clean Wine은 완벽하고 냄새나 맛이 변하지 않고 입맛이 나며 신선하다.
- **Climat(끌리마)** 부르고뉴 지방의 포도밭 토지대장에 있는 지명에 사용되는 개념으로 특정 포도밭을 가리킨다.
- **Clos(끌로)** 울타리가 쳐진 포도밭. 일부 지방에서는 벽으로 둘러싸인 포도밭을 의미하는 용어로 많이 사용된다. 그 의미가 확대되어 포도원 자체를 의미하기도 한다.
- **Cloudy** 와인의 색깔이 흐려진 것으로 대개 이상이 있을 때 발생한다. 모든 와인은 색깔이 투명해야 한다.
- **Coarse** 익지 않아 냄새가 나는 것
- **Cognac(꼬냑)** 꼬냑 지방에서 생산되는 브랜디이다.
- **Collage(꼴라즈)** 와인을 맑게 하기 위하여 계란 흰자나 아교를 오크통에 넣어 와인을 정화시키는 작업이다. (Finning)

- **Complex** 여러 가지 향기와 다양한 맛이 복합되어 어울려져 결국 좋은 느낌을 갖게 해주는 다 차원적이고 미묘하다고 할 수 있는 긍정적인 표현이다.
- **Cork** 코르크 오크나무의 두꺼운 껍질을 실린더 모양으로 잘라진 조각으로 탄력이 뛰어나 와인이 산화하지 않고 숨을 쉬게 도와주기에 와인 병마개로 사용된다. 코르크는 17세기 경 프랑스 동부의 오트빌리예에 위치한 성 베드로 수도원의 포도주 관리를 책임졌던 페리농이라는 수도사가 여러 종류의 포도주를 만들다 지금의 샴페인을 만들게 되었는데, 이 때 코르크도 함께 발명하였다. 코르크는 참나무의 외피로 만든 것으로 가볍고, 깨끗하며, 밀폐성이 강하고, 신축성이 뛰어나며, 온도변화에 둔감하여 쉽게 부패하지 않는 특성으로 가장 이상적인 와인 마개이다. 코르크 마개 수명은 보통 20~25년 정도로 와인을 오래 보관할 시에는 7년마다 전문가에 의뢰하여 코르크를 교체하기도 한다.
- **Cork Charge** 자기가 보관하고 있는 와인, 또는 와인숍에서 구입한 와인을 레스토랑이나 와인바에 들고 가 마실 때 서빙 받는 조건으로 와인 가격의 일부 혹은 병당 일정 금액이 청구되는 요금이다.
- **Corkscrew** 와인의 코르크 마개를 뽑는 나사못 형태의 소도구이다.
- **Corky** 콜키 와인은 케케묵은 콜크 향으로 와인의 냄새를 나쁘게 한다.
- **Cote(코뜨)** (프랑스) 포도가 재배되는 언덕진 포도밭
- **Coteau(코토)** (프랑스) 작은 언덕의 포도밭
- **Cradle** 붉은 포도주를 제공할 때 사용되는 철 혹은 바구니를 의미한다.
- **Creme de Eassis** Black Currants(씨 없고 알이 작은 건포도 종류)를 사용하여 만든 진환 적색의 리큐르로서 약간 산미가 특징이다.
- **Crement(Cremant 크레멍)** 알자스 지방에서 생산되는 스파클링 와인이다.
- **Crianza(크리안사)** (스페인) 숙성시킨
- **Cru(크뤼)** (프랑스) 와인 재배. 옛날에는「특정지역의 산물」이라는 의미로 쓰였는데, 현대에 와 서는 크뤼 클라세(Cru class, 선별등급)와 같은 높은 품질의 와인을 의미한다. 숙성 또는 질을 표시한다는 의미이고 와인의 특정생산 지역을 표현한다.

- **Cru Bourgeois(크뤼 부르조와)** 메독지역에서 1855년 등급에 들지 못한 포도원 중에서 우수한 포도원에 크뤼 끌라쎄 보다 한 등급 밑의 포도원 등급이다. 이 등급 포도원에서도 고품질 와인이 생산된다.
- **Cru Classes(크뤼 끌라쎄)** 1885년 메독 지구에서 와인 산지를 법적으로 규정
- **Cru Exceptionnel(크뤼 엑셉셔널)** 2급 산지
- **Cru Bourgeois Superieur(크뤼 브르조아 슈페리에르)** 3급 산지
- **Cru Bourgeois(크뤼 브르조와)** 4급 산지
- **Cru Artisan(크뤼 아르티장)** 5급 산지
- **Crush** 캘리포니아에서 사용하는 용어로서 포도의 파쇄, 포도수확을 의미한다.
- **Crust** 레드와인이 병 속에 보관된 상태이다.
- **Crusted Port** 좋은 와인이지만 빈티지는 아니며, 일찍 병에 담아서 저장한 와인
- **Cutting** 포도재배 과정에서 꺾꽂이나 접붙이기를 하기 위해 자른 순이다.
- **Cuvaison(뀌베종)** 발효공정으로 레드와인 양조과정에서 발효조안에서 발효되는 포도즙이 있는 기간이다. 와인의 빛깔과 탄닌 성분 함량이 이 기간에 따라 결정되는 중요한 과정이다.
- **Cuvee(퀴베)** 원래는 특정 주조통이나 오크통의 와인을 의미한다. 브랜딩 한 후, 와인의 최종 결과물을 지칭하는 여러 오크통 와인이 혼합된 상태로 사용되기도 한다. 또한 샴페인의 이름에 사용되는 이 단어의 의미는 첫 번째 압착에서 얻어진 포도즙으로 만 만들었다는 것이다. 즉, 최고급 샴페인이라는 뜻이다.

D

- **Decanting** 고급 레드와인은 탄닌과 안토시아닌의 화학적 반응으로 인해 병 안에 자연적으로 생성된 침전물이 생기는 경우가 있다. 이런 침전물을 걸러내기 위해 디켄더에 와인을 따르는데 이때 병에서 디켄더로 옮기는 것을 디켄딩이라 한다. 디켄딩은 주로 와인을 서빙하기 1시간 전에 한다.
- **Decanteur(데캉퇴르)** (프랑스) 디켄더
- **Decuvage(데뀌바즈)** 발효 후 자연 액체인 뱅드구뜨와 분리하는 과정이다.
- **Delicate** 와인 감정의 용어로서, 섬세하고 신선하며, 가벼운 질의 와인을 의미한다.
- **Demi, Demie(드미)** (프랑스) 절반의(Half)
- **Demi-sec(데미 섹)** 샴페인 용어로 중간정도 달다(medium-sweet)라는 뜻이다.
- **Denominacion De Origen** (스페인) 프랑스의 Appllation Controlee와 같음
- **Depot(데뽀)** 와인 병안에 가라앉은 침전물이다. 오래된 와인에서 볼 수 있는 와인의 고체 찌꺼기 또는 침전물로서 비정상적으로 생성된 것이 아니며 디켄딩을 통해 제거한다.
- **Dionysus(디오니소스)** 그리스의 와인의 신
- **Doce** (포르투갈) 달콤한 Sweet
- **Dolce(돌체)** (이탈리아) 아주 단
- **omaine(도멘)** (프랑스) 소유지, 영지의 뜻. 주로 부르고뉴 지방의 와인 제조업체를 의미한다.
- **Domaine Bottled** Chateau Bottled라는 말과 유사한 의미이나 주로 버건디 지방에서 생산되는 와인에 사용한다.
- **Dom Perignon(돈 페리뇽)** 1670~1715년 사이에 Champagne지역 수도원의 와인 창고 담당이었던 수도사로서 최초로 샴페인의 양조술을 발견한 사람이다. 현재 판매되고 있는 샴페인은 이 명칭을 갖는 아주 양질의 고급 샴페인이다.
- **Doux(Doo)** (프랑스) 달콤한(Sweet)
- **Dry** Sweet의 정반대적인 표현으로서 당도가 0.5% 이하일 때를 가리킨다.

- **Dulco** (스페인) 달콤한(Sweet)
- **Dumb** 와인이 미성숙하거나 너무 차가워서 그 질을 완전히 나타내지 못하는 경우를 의미한다.

E

- **Earthy** 와인을 평가할 때 사용되는 테이스팅 표현으로, 토양, 버섯류 혹은 곰팡내를 연상하는 냄새를 의미한다. 또는 맛이 나는 와인으로 이탈리아와인의 공통된 품질을 나타낸다.
- **Edikett(에디케트)** (독일) 상표
- **Effervescent(에페르베성)** 발포성의 거품을 내는 스파클링 와인을 나타낸다.
- **Elegant** 와인의 감정용어로서 그 맛이 아주 우아하고 품위 있음을 의미한다.
- **Elevage(엘르바즈)** 숙성. 양조과정에서 알코올 발효 후 오크통에서 병입이 되기 전 까지 숙성시키는 일련의 과정이다.
- **Embotellando** (스페인) 소유지에서 병에 담은 와인이다.
- **Enoteca(에노테카)** (이탈리아) 와인을 전시하고 구매할 수 있는 장소로서 유명 와인 산지에 화려하게 꾸며 놓은 곳이 많이 있다.
- **Espumante** (포르투갈) 스파클링와인
- **Espumoso** (스페인) 스파클링와인
- **Estate-bottled(에스테이트 보틀드)** 와인이 만들어진 곳에서 병입한 와인
- **Etichetta(에티케타)** (이탈리아) 상표
- **Etiquette(에티케트)** (프랑스) 상표

F

- **Fat** 와인 테이스팅에서 사용되는 용어로서 개성이 없고 무의미한 별로 바람직하지 못한 맛을 일컬으며, Elegant가 여성적임을 나타내는 반면 이는 남성적임을 뜻한다.
- **Fermentation** "열을 가하지 않은 상태에서 끓인다"라는 뜻으로서, 포도주스나 다른 설탕이 들어있는 용액에 이스트를 첨가하면 이 설탕이 에틸알코올과 CO_2로 변하게 된다. CO_2는 거품형태로 일어나기에 외형으로는 열없이 끓는 것처럼 보이는 발효과정이다.
- **Fermentation, Malo-Lactic** 주로 수확연도의 다음해 봄에 거치는 제2차 발효과정으로, 주로 테이블 와인은 1차 발효 후 짧은 기간의 발효를 거친다.
- **Fiery** 질이 좋고 적당한
- **Filtering** 포도주를 맑게 거르기 위하여 필터를 통과시키는 여과과정으로, 주로 화이트와인을 만들 때 자주 행해진다.
- **Finage(피나쥐)** 구역(지역)
- **Fine** 와인 테이스팅에서 사용되는 용어로서 좋은 와인의 산지나 포도 품종 또는 그 외에 요소 등 와인의 품질을 이루고 고유의 특성 등을 의미한다.
- **Fine Champagne** 꼬냑 지역의 중심지에서 생산된 브랜디이다.
- **Finesse** 균형 잡힌 와인을 표현하는 용어
- **Finning** 와인의 불필요한 구성요소를 없애기 위해 정화하는 것을 말한다.
- **Finish** 와인을 테이스팅할 때 입안에 남는 와인에 대한 마지막 느낌(after taste)이다.
- **Fino** (스페인) 드라이한 상급 쉐리 와인이다.
- **Flat(플랫)** 와인 테이스팅 용어로 산미와 또렷한 생동감이 결여된 와인을 플랫와인이라 한다. 플랫 와인들은 향이 좋다 하더라도 마시기가 부담이 된다. 발포성 스파클링 와인에서 플랫이라는 뜻은 와인에 탄산가스가 결여되었다는 뜻이다.
- **Flavor(플레이브)** 냄새, 맛, 입안의 촉감 등에 의해 종합된 총체적인 맛이다.

- **Flavored Wine** 일명 가향 와인이다. 가향 와인은 와인 발효 전후에 과실즙이나 쑥 같은 향을 첨가해 와인의 향을 좋게 한 것이다.
- **Flowery(플라워리)** 꽃향기 또한 작지만 빼놓을 수 없는 종류의 향이다. 대개 매혹적이고 향기가 짙은 경우에 사용한다.
- **Flute** (프랑스) 알자스나 라인지역에서 사용하는 특별한 병이나 글라스의 모양으로서 투명유리로 만들어져 있으며, 전통적인 글라스에 비해 오히려 더 매력적이다. 많은 로제 와인이 이 형태의 병에 담겨지고 있으며, 샴페인이 이 글라스에 많이 서브된다.
- **Fortification** 포트와인이나 레드와인 등의 알코올 도수를 높이기 위해 브랜디나 기타 증류주 등을 첨가시킨 주정강화와인이다. 포르투갈의 포트와인, 스페인의 쉐리 와인이 유명하다.
- **Foxy** 미국산 포도로 만든 와인향의 미국적인 냄새
- **Foulage(푸라즈)** (프랑스) 압착으로 포도송이를 터뜨리는 작업이다.
- **Frais(Fray)** (프랑스) "신선한(Fresh)"의 의미를 갖는 의미로서, 때로는 '차가운'이라는 뜻으로 사용된다.
- **Fruity(프루티)** 와인 테이스팅 용어로 발효과정에서 포도의 신선한 향을 유지한 와인을 뜻한다. 익은 포도의 맛을 표현하는 용어이다.
- **Fume Blanc(퓌메 블랑)** 소비뇽 블랑과 비슷한 테이블 화이트와인 포도품종 이름으로 대체적으로 좋은 와인을 의미한다.

G

- **Glycerol(글리쎄롤)** 포도즙의 발효에서 생긴 약간 달콤한 알코올로, 기름기 있는 와인이다.
- **Gout** 맛
- **Goutte(구뜨)** 레드와인 양조 시 나오는 자연 액체의 와인
- **Grand Cru(그랑 크뤼)** 브루고뉴의 제1급 와인 산지이며, 그대로 AOC급이다

- **Grand Vin** 보르도에서 사용되는 용어로서 좋은 와인이란 의미 외에는 특별한 의미가 없음. 샤또의 가장 잘 알려진 이름으로 판매하는 와인을 지칭하고 이런 와인의 경우 최고의 포도로만 생산된다. 이 와인을 생산하는 과정에서 사용되지 않고 제외되었던 와인들은 2차 와인, 3차 와인 등으로 분류, 생산되어 그 샤또의 다른 레이블로 판매되기도 한다.
- **Grapes Varieties** 포도의 품종
- **Grapy** 포도의 질보다 더 잘 빚어진 양질의 와인을 뜻한다. 또한 신선한 포도의 향도 좋은 질을 표시한다.
- **Grassy(그라시)** 풀 잎사귀 같은 향기인데 화이트와인의 포도 품종인 소비뇽 블랑의 대표적인 향이다.
- **Graves(그라브)** 자갈. 둥근모양의 돌맹이와 자갈로 된 토양으로 고품질의 와인을 생산하는데 매우 유리하다. 생산지 명칭으로 사용되기도 한다.
- **Greffage(그레파즈)** 포도재배 과정의 접목을 의미한다. 필록세라 파동 후 쓰여진 방법으로 필록세라 저항성이 있는 포도나무에 그 지역 접지를 대는 작업을 의미한다.
- **Gris** 프랑스 몇몇 지방의 특산물로서 아주 빛깔이 엷은 로제 와인이다.
- **Gun-flint** Fouilly Fume(뿌에 뿌메)와인 같은 화이트와인에서 나오는 아주 활기 있게 발산되는 향기이다.
- **Gallo Nero(갈로 네로)** (이탈리아) 검은 수탉을 의미하며 키안티 클라시코에 붙는 마크이다.
- **Glycerin(글리세린)** 와인의 중요성분으로 무색의 끈적끈적한 단맛 있는 액체이다. 지방이 분해될 때 지방산과 함께 생성된다.
- **Gout(구)** (프랑스) 맛

H

- **Hard** 와인 테이스팅 용어로 지나치게 탄닌이 많고, 쓰거나, 떫은맛이 강할 때 표현하는 용어이다. 또는 Young Red Wine을 강하게 하는 탄닌 성분이 강할 경우이다.
- **Harvesting** 포도수확
- **Haut(Oh)** 강조하는 의미로서 '높은', '최고'
- **Heady** 알코올 농도가 비교적 높은
- **Hectoliter(헥토리터)** 유럽 포도주 양조장에서 와인을 측량하는 표준 단위이다. 1헥토리터는 100리터 이다.
- **Herbaceous(허바시어스)** 초본류라는 사전적 뜻을 갖고 있는데 향기의 일종으로서 레드와인 포도품종 인 까베르네 소비뇽이나 메를로 또는 화이트와인 포도품종인 소비뇽 블랑에서 많이 느껴지는 향기이다.
- **Hock(호크)** 독일의 라인와인을 영어를 사용하는 나라에서 지칭 표현이다.
- **Honey** 고품질의 화이트와인에서 느껴지는 아부 복합적인 와인 맛으로, 잘 익혀지고 아주 고상하게 숙성된 것이다.
- **Hybrid** 포도 재배학에서 두 개의 다른 포도품종을 접목하여 새로운 품종을 만드는 것을 의미한다.
- **Humus(휴머스)** 부식으로 박테리아 등 미생물이 들어있는 유기물로서 토양을 기름지게 만든다.

I

- **Ice Bucket** 와인을 차게 하는 아이스 통
- **Ice Wine** 얼은 포도로 와인을 만드는 것으로 포도가 언 상태에서 압착을 하여 주스를 짜내어 발효를 한다. 아이스 와인은 항상 달콤한 디저트 와인이 되며 주

로 가벼우면서도 섬세한 특징을 보인다.

- **Imperiale** (프랑스) 프랑스 Cleret Wine의 8~9병을 담을 수 있는 와인병
- **Intense** 유용한 것이긴 하지만 말로써 표현하기 곤란한 색깔의 표현이다.
- **Iron-pan** 포도재배 토양에서 사질로 된 철이 풍부한 반 층

J

- **Jeroboam(제로보엠)** 평균 사이즈보다 큰 사이즈의 와인병으로 정확한 사이즈는 표준화 되지 않았다. 생산자에 따라 일반적인 750ml보다 4~6배 정도 큰 사이즈로서 프랑스 샹파뉴와 미국 캘리포니아의 경우에는 3리터, 보르도의 경우 3.75리터 그리고 영국에서는 4.5리터 정도를 의미한다.
- **Jug Wines** 1.5리터 사이즈 혹은 더 큰 와인용기에 담아서 적당한 가격으로 파는 와인들으로 저가 대중적인 와인이다.
- **Jahrgang(야어강)** (독일) 빈티지

K

- **Kabinett(카바넷)** 독일와인 품질 등급에서 슈페트레제(Spaetlese)보다 한단계 아래 등급의 와인이다. 비교적 저렴하지만 생산과정에서 절대로 설탕을 첨가하지 않은 품질을 가지고 있다. Q.W.M P와인과 같은 것이다.
- **Keller(켈러)** (독일) 와인 저장고

L

- **Lactique** 말로락틱 발효공정을 통해 얻은 산
- **Larmes(라르므)** 와인의 눈물. 와인잔을 흔들거나 기울였을 때 잔에 흐르며 남는 자국으로 당도와 알코올 성분의 정도를 가름할 수 있다.
- **Late-Bottled Vintage Port** Vintage Port와 비슷하나 Light Bodied하며 오크통에서 성숙된 다음에 병에 담은 와인이다.
- **Lees** 와인병 바닥에 남아 있는 앙금(찌거기)
- **Leger(레제)** 가벼운, 빛깔이 약하고 향미가 강하지 않지만 균형이 잡힌 상쾌한 와인을 나타내거나 알코올 함량이 낮은 와인의 표현이다.
- Levures(르뷔르) 와인제조에 있어서 필요한 곰팡이류의 효모이다. 효모는 다양한 효소를 생산해 내는데, 이들은 알코올 발효과정을 완성시키는데 필수적인 요소들이다.
- **Lie** (프랑스) 와인병 바닥에 남아 있느 앙금(찌거기)
- **Lively** 말로 표현할 수 없을 정도로 활기가 넘치고 살아있는 와인표현
- **Liquoreux(리코뢰)** 당분이 다량 함유된 스위트 화이트와인
- **Lodge** (포르투갈) 와인창고 또는 와인도매상
- **Loiore Valley(루아르 벨리)** 프랑스의 루아즈(Loire)강을 따라 위치한 큰 규모의 와인생산 지역이다. 주요 지역은 앙쥬(Anjou), 뮈스까데(Muscadet)그리고 뚜랭(Touraine) 등이 유명하다.

M

- **Maceration(메서레이션)** 포도 주스를 발효하기 이전에 특정기간 동안 포도와 포도즙이 잘 섞이도록 하는 침전 작업과정이다.
- **Maceration carbonique(마세라씨옹 까르보닉)** 탄산에 의한 침용. 햇와인 생산에 주로 사용되는 양조법으로 주로 보졸레 누보 와인 생산 방법이다.
- **Madeira(마데이라)** 아틀란타 내 포르투갈 섬에서 생산되는 쉐리 와인과 같은 디저트 강화 와인이다.
- **Maderized** 와인색깔이 오래되거나 산화작용으로 인해서 점차 갈색이 되었거나, 되어 가는 과정을 의미한다.
- **Maitre de chai(메트르 드 쉐)** (프랑스) 와인 양조 책임자
- **Magnum(매그넘)** 표준 와인 병의 750ml 사이즈 와인 병 보다 두 배로 큰 와인 병 사이즈이다.
- **Merot(멜롯)** 보르도의 훌륭한 포도품종 중의 하나이다. 또한 캘리포니아, 칠레, 호주 등 많은 곳에서 좋은 레드와인을 만들고 있다. 종종 까베르네 소비뇽 포도품종과 블랜딩하여 사용되기도 한다.
- **Maitre de chai(메트르 드 쉐)** 와인 양조 책임자이다. 주로 셀러 마스터로서 와인 제조와 숙성을 담당하는 일을 맡아 지휘하는 책임자이다.
- **Malbec(말벡)** 보르도의 5개의 레드와인 주요 포도품종 안에 들어가는 포도품종
- **Malo-lactic fermentation** 박테리아 발효로 때로는 1차 이스트 발효 후 새로운 와인에서 발생한다. 말로렉틱은 자연적으로 능금산에서 젖산과 CO_2로 변하게 하는 2차 발효 과정이다.
- **Marc(마르크)** 양조과정에서 와인 압착 후 남아있는 찌거기
- **Mare** 보통 포도로부터 증류시켜 만든 도수가 높은 주정 원액이다.
- **Masson Paul** 캘리포니아로 이민 간 버건디 출신의 프랑스 사람의 이름으로, 캘리포니아산 와인의 대표적 상표가 되었다.

- **Mature** 아직 팔지 않은 와인을 설명하는 단어로 숙성시키는 과정을 의미한다.
- **Medoc** 전 세계적으로 최고의 레드와인들을 생산하는 프랑스 보르도의 내에 있는 유명 레드와인 생산지역이다.
- **Methode Champenoise(샹파노아즈)** 발포성 와인을 만들 때 병속에서 발효하는 방식이다.
- **Meunier(뫼니에)** 삐노 누와르 포도품종보다 더 투박한 털이 있는 잎이 특징인 삐노에서 파생된 레드와인 포도품종이다.
- **Microfilter** 정밀여과기로서 일반세균까지 여과되므로 무균여과기라고 한다.
- **Mildew** 포도나무에서 발생하는 노균병균이다.
- **Millesime(밀레짐)** (프랑스) 수확년도
- **Mise(Mise En Bouteilles(부테이) 혹은 Au)** 와인산지 혹은 소유지에서 와인을 병입한 와인이다.
- **Mis(Mise) En Bouteilles Au Chateau** 샤또에서 와인을 병입한 와인이다.
- **Mise Par Le Proprietaire(미스 파레 프로프리에테르)** 와인 생산자가 와인을 병입한 와인이다.
- **Mise En Bouteilles Dans Nos Caves(미젱 부테이 당 노 카베)** 우리 저장고, 즉 와인 회사의 저장고에서 와인을 병입한 와인이다.
- **Monopole(모노폴)** 와인생산 및 소유자가 같은 사람이 와인을 생산, 저장, 성숙시킨 와인이다.
- **Mou(Moo)** (프랑스) 와인 테이스팅 용어로서 특별한 개성을 갖지 않고 부드럽고 깔끔한 맛을 가진 와인을 나타낸다.
- **Mout(무)** (프랑스) 발효시키기 전 청포도 주스나 으깬 적포도
- **Moulin-A-vent** 값이 비싼 Beaujolais의 가장 좋은 와인이다.
- **Mousseux** 테이블와인과 VQPRD 등급에 해당되는 발포성 와인이다.
- **Muscatel(뮈스까데)** 뮈스깟(Muscat)포도품종으로 일반적으로 달콤하고 알코올 도수가 높은 와인이다.
- **Must** 발효시키기 전 청포도 주스나 으깬 적포도

- **Musty** 와인 향에서 불쾌한 냄새가 나는 것으로, 이것은 오크통 속의 판자가 썩어서 나는 냄새를 나타내는 것이다.
- **Mutage(뮈따즈)** 포도즙의 발효를 중단시키는 작업이다.

N

- **Napa** 샌프란시스코 북부 지역의 마을로 캘리포니아의 최상급 와인들이 생산된다.
- **Nature** 별도로 인위적인 가당을 하지 않은 와인으로 강화와인에 반대되는 개념이다, 발효시켜서 그대로 만든 와인이다.
- **Negociant(네고샹)** 와인 회사에서 와인 생산자로부터 와인을 사드려 저장, 성숙, 병에 담아서 출고시키는 중간 와인판매상이다.
- **Negociant-Eleveur(네고상-엘뵈르)** 와인 상인이 첫해의 와인을 생산자에게 구입하여 상인의 저장고에서 저장, 숙성시킨 와인
- **Nero(네로)** (이탈리아) 검은색 혹은 검붉은 색
- **Nervy** 말과 같이 정력적이고 훌륭한 와인에 대한 표현이다.
- **Noble** Breed, Body, Maturity(숙성) 등이 가장 효율적으로 혼합된 상태를 나타내는 혼합적 표현이다.
- **Noble Rot(노블롯)** 주로 보트리티스 시네리아(Botrytis cinerea)라고 하는데 극소량의 훌륭한 디저트 와인을 만드는 유익한 곰팡균이다.
- **Nouveau(누보)** 보졸레 와인으로 영(young)하고 신선하며 과일 맛이 뛰어나고 오래 숙성시키지 않고 즉시 마셔버리는 와인을 말한다. 새로운 올해 수확기에 거두어진 포도로 만든 와인을 의미한다.
- **Nuts** 와인 테이스팅 표현 용어로서 잘 숙성된 와인에서 나는 견과류의 맛을 말하며, 이것은 특히 양질의 Old Sherry와인에서 잘 나타난다.

O

- **Oak** 와인 저장통을 만들 때 사용하는 나무의 종류이다. 이 오크통에서 숙성된 와인은 훌륭한 탄닌과 바닐라 향을 느낄 수 있다.
- **Odor(오더)** 코로 감지할 수 있는 와인향
- **Oenotheque(외노테크)** (프랑스) 와인을 모아서 진열해 놓는 곳
- **Old** 너무 오래된
- **Oneologue(외노로그)** 와인에 대해 학문적으로 연구하는 양조학자이다. 포도 재배과정과 양조, 숙성 과정 전반에 걸친 모든 와인을 분석하고 조언하는 와인 과학자이다.
- **Ouillage(우이야즈)** 오크통 숙성 동안 정기적으로 오크통에 와인을 부어서 항상 가득 차도록 해 공기와의 접촉을 피해 산화하는 것을 막는 작업이다.
- **Oxydation(옥씨다씨옹)** 공기의 산소가 와인에 작용하여 나타난 산화과정이다. 이 과정에서 레드와인은 점차 붉은 빛을 띤 노란색에 되거나 향이 변질된다. 와인의 경우는 공기와 과다접촉하면 변질되지만, 오크통에서는 서서히 산화되면서 숙성된다.

P

- **Panier(파니에)** (프랑스) 와인 바스켓
- **Pasada(파사다)** (스페인) 잘 숙성된 셰리 와인를 묘사할 때 사용한다.
- **Passito(파시토)** (이탈리아) 그늘에서 몇 주 동안 말린 포도로 만든 (스위트)와인
- **Pasteurisation(빠스퇴리자씨옹)** 저온살균법으로 파스퇴르가 개발한 열에 의한 살균 기술이다.
- **Pastoso(파스토소)** (이탈리아) 미디엄 드라이
- **Peaches** Loire Wine에서 볼 수 있는 과일산(복숭아향)과 관련이 있다.

- **Pelure d'Oignon** 프로방스 지방의 로제 와인의 황갈색 또는 숙성되고 있는 와인이 갈색화되는 것이다.
- **Perlant(뻬럴렁)** 와인글라스 안쪽 주위에 자연적으로 생기는 빛 좋은 기포로서 이산화탄소의 작은 기포를 일으키는 와인이다.
- **Perl Wein** (독일) 약간 발포성 와인
- **Petillant(뻬띠엉)** 약간 발포성 와인으로, 톡톡 튀는. 발포성 와인보다는 약한 거품이 있는 와인을 의미한다.
- **Petit Chablis** 샤도네이로 만드는 맛있고 신선하고 드라이한 와인으로 비교적 와인 수명이 짧은 편이다.
- **Petit verdot(쁘띠 베르도)** 보르도 포도품종으로 포도가 완전히 잘 익었을 경우 진한 색깔, 탄닌 성분, 알코올향의 달콤한 맛을 제공해 준다. 반대로 이 품종이 잘 익지 않았을 때는 와인이 시고 씁쌀한 거친 맛을 띄게 된다. 일반적으로 까베르네 쇼비뇽과 메를로와 함께 사용되는 포도품종이다.
- **PH(페하)** 용액 속에 녹아있는 수소이온 농도를 지수로 표현한 단위이다. 중성은 PH 7, PH 7보다 숫자가 크면 알칼리성, PH 7보다 숫자가 작으면 산성이다.
- **Phylloxera(필록세라)** 포도나무 뿌리에 살고 있는 미세한 진딧물로 뿌리 액을 빨아먹고 산다. 과거 유럽의 포도나무를 초토화 시켜 와인에 커다란 영향을 준 병충해이다. 반면 미국의 포도나무 뿌리는 저항력을 가지고 있다.
- **Piece(삐애스)** 216 또는 228리터들이 부르고뉴 오크통
- **Pineau d'aunis(삐노 도니스)** 루아르 지역에서 재배되는 적포도 품종으로 빛깔이 연한 와인을 생산한다.
- **Pinot(피노)** 포도품종의 한 계열로 가장 유명한 것은 피노 누아르이다. 청포도 품종으로 피노 블랑이 있다.
- **Poggio(포지오)** (이탈리아) 작은 언덕
- **Polyphenols(폴리페놀)** 와인에서 생기는 화학적인 성분으로 떫은 맛과, 쓴맛, 입안이 마르는 듯한 느낌을 준다. 폴리페놀은 포도의 탄닌과 포도 껍질의 색소에서 주로 발견되는 성분으로서 심장질환을 막아주는 것으로 알려진 포도 성분이다.

- **Pomace(퍼미스)** 포도 등을 압착하고 주스나 와인을 얻어내고 남은 찌꺼기
- **Port(포트)** 포르투갈의 오포르토(Oporto)지역에서 나오는 풍부하고 달콤하며 풀 바디(full bodied)디저트 와인이다. 디저트 와인으로서 최고의 와인으로 북포르투갈의 Duoro Valley의 한정된 지역 내에서 산출되는 세계적인 강화주이다.
- **Porto(포르토)** 미국에서 포르투갈의 포트와인을 캘리포니아 것과 구별하기 위해서, 미국으로 수출되는 모든 포르투갈 포트에 붙이는 이름이다.
- **Powdery mildew(흰사루병)** 포도나무에 생기는 곰팡균의 일종으로 건조한 기후에서 주로 발견되는 이 질병은 전 세계적으로 있는데 캘리포니아에서 가장 많이 발견되는 포도 병충해이다.
- **Pradikat(프레디카트)** (독일) 특별히 뛰어난
- **Praditkat Sekt** (독일) Sekt와 비슷하나 최소한 독일와인을 60% 이상 혼합하여 만든 와인
- **Premier Crus** 부르고뉴의 제2급 산지이며 포도밭의 명칭이 붙게 되어 있다. 여러 포도밭에서 나온 와인이면 밭의 명칭과 구역명칭이 함께 레이블에 표기된다.
- **Proprietaire Recoltant(플로폴리에테르 레콜탕)** 와인생산과 성숙을 같은 사람이 한 와인
- **Primeur(vin de)(뱅 드 프리뫼르)** 올 해 수확한 포도로 생산된 햇와인
- **Pruning(프루닝)** 포도재배에서 가지치기
- **Pudding stone** 크고 열 보유성이 좋은 자갈이 있는 역암이다.
- **Punt** 샴페인이나 와인 병 밑 부분에 찌꺼기가 고이도록 파인 부분이다.
- **Puople** 선명하게 붉은 색깔로 미성숙 보졸레 와인의 반투명한 색깔과 같다. 숙성하는데 장기간 소요되는 강한 레드와인에서 나타난다.

Q

- **Qualitats Wein Mit Pradikat** (독일)최상급 와인
- **Quinquina** 키니네와 약초들로 착향시킨 적갈색의 방향성 와인이다. 그 독특한 향미 때문에 식사 전에 마시기도 한다.
- **Quartz(퀄츠)** 사암의 주성분으로 석영은 풍화작용에 저항이 강하기 때문에 다른 광물이 분해된 후에도 그대로 남아있어 모래의 주성분이라고 할 수 있다. PH가 높아서 와인의 산도를 감소시키며, 페블(Pebble)보다 더 크면 열을 저장하고 반사시켜 와인의 알코올 함량이 높아진다.
- **Quinta(킨타)** (포르투갈) 포도밭이란 뜻이지만, 양조시설을 갖춘 곳으로 샤또와 유사한 개념이다.

R

- **Racking(랙킹)** 와인양조 과정에서 과즙이나 와인을 정치시켜 찌꺼기를 가라앉힌 다음 맑은 위 부분의 액만 따라내는 작업이다.
- **Racy** 불어의 'Race'에서 나온 말로써, 생동감과 활기 있는 상태의 와인
- **Rancio** 서남부 프랑스 및 카탈로니아 지방의 산화된 강화와인
- **Raspberies** 보르도나 론 밸리지역의 레드와인의 향
- **Recioto(레초토)** (이탈리아) 그늘에서 2~3개월 말린 포도로 만든 스위트 와인을 베네토 지방에서 가르키는 용어이다.
- **Recolte** 포도를 수확한 연도(Vintage)
- **Rehoboam** 보통 6병의 와인을 한꺼번에 넣을 수 있는 크기의 와인병
- **Remontage(르몽타쥬)** 와인 양조 때 색, 추출물, 탄닌을 최대한 추출해 하기 위해 발효 중인 와인을 주조 통 하단의 출구를 통해 뽑아 상단에 다시 펌프질해 다시 부어 넣는 와인양조 과정이다.

- **Remuage(르뮈아즈)** 침전물 제거하는 방법으로 샹파뉴지역 제조 방법으로 병을 움직이게 하여 받침대에 놓여있는 병의 마개 쪽으로 침전물을 모으는 작업이다.
- **Reserva(레세르바)** (스페인) 일정 숙성기간을 만족한 성숙된 고급와인
- **Residual Sugar(레지듀얼 슈거)** 알코올 발효가 끝나고 남아있는 잔당
- **Rhine** 독일의 유명한 강 이름으로, 모든 독일의 유명 와인들은 이 강을 따라 있는 포도원에서 생산된다.
- **Rhone(론)** 프랑스 남부에 흐르는 강으로 스위스와 지중해 쪽으로 흐르는 강이다. 이 강을 따라 포도원에서 생산되는 와인들에 이 지역 이름을 쓴다.
- **Riesling(리즐링)** 독일에서 주로 생산되는 포도품종
- **Rioja(리오하)** 스페인의 가장 잘 알려진 테이블 와인 생산지역
- **Riseva(리제르바)** (이탈리아) 최저숙성기간을 초과하는 규정을 만족시킨 와인
- **Robe(로브)** 와인의 빛깔과 외관을 묘사하기 위해 사용되는 용어이다.
- **Rond(롱)** 입안에서 원만한 느낌을 주는 유연하고 감미로우며 벨벳같이 부드러운 둥근 느낌의 와인을 나타낸다.
- **Rosado** (포르투갈) 로제와인
- **Rose(로제)** 프랑스말로 핑크색 와인
- **Rosee Wein** (독일) 로제와인
- **Rotwein(로트바인)** (독일) 레드와인
- **Rotling** (독일) 레드와인과 화이트와인을 혼합해서 만든 핑크와인
- **Rouge(루주)** (프랑스) 붉은
- **Rough** 조잡하며, 값이 싸고 엉망으로 만든 와인
- **Ruby Port** 장기간 술통에서 저장하여 비교적 짙은 색이 나는 거친 맛의 와인
- **Rudy** 포트와인의 오래된 와인의 붉은 색이 짙은 것

S

- **Salmanazar(쌀마나자르)** 와인병(750ml) 12개의 용량을 가진 대용량 와인병
- **Sandstone** 사암으로 모래나 여러 가지 광물이 압력에 의해 만들어진 퇴적암이다. 즉 모래가 점토, 규산, 산화철, 석회 등의 응결제에 의해 고결된 것이다.
- **Sandy loam(샌디 로움)** 사양토로서 따뜻하고 배수가 잘 되는 모래가 많은 토양으로 조생종 포도에 적합한 토양이다.
- **Sangria(상그리아)** 스페인의 와인펀치로서 레드와인에 레몬, 오렌지, 설탕, 소다 수 등을 넣어서 여름에 마시는 음료이다.
- **Sappy** 미 숙성된 부르고뉴 와인처럼 생동감 있고 좋은 와인
- **Sauternes(쏘떼른)** 프랑스 서부 지역에서 생산되는 고급 디저트 와인이다. 샤또 디껨이 유명하다.
- **Sauvignon blanc(소비뇽 블랑)** 청포도 품종으로 샤르도네 다음으로 전 세계적으로 많이 사용되는 테이블 와인용 포도품종이다. 주로 세미용과 블랜딩되는 경우가 많다.
- **Schaum Wein** (독일)발포성 와인
- **Schloss** (독일)성
- **Seche** 건조한, 너무 오래된 와인
- **Seco** (포르투갈, 스페인)드라이
- **Secco(세코)** (이탈리아) 드라이
- **Secondary fermentation(2차 발효)** 2차 발효는 첫 번째 이스트 발효가 끝난 후에 이루어진다. 이는 말로 렉틱(Malo-lectic)2차 발효로 주로 레드와인에서 이루어지고 극소수의 화이트 스틸 와인에서 이루어진다. 또 다른 2차 발효가 있다면 이스트 발효로 스틸 와인에서 발포성 와인으로 변환시키는 발효 방식이 있다.
- **Sec** (프랑스)드라이
- **Sediment(세더먼트)** 와인 침전물
- **Sekt(젝트)** (독일) 발포성와인

- **Semi-dry** 너무 드라이하지 않고 스위트하지도 않을 정도의 당도를 가질 때 흔히 표현하는데 당도가 0.5%내외가 된다.
- **Semillon(세미용)** 그라브, 소떼르네와 같은 보르도 지역에서 고급 화이트와인 포도 품종 중의 하나이다.
- **Short** 후미가 없는
- **Slate** 점판암. 점토, 사암, 혈암 등이 강한 압력에서 판상으로 형성된 것으로 빨리 더워지고 열을 잘 간직하며 서늘한 지역에서 고급 와인이 나오는 지역이 되며 모젤이 유명하다.
- **Silky** 비단결처럼 부드러움
- **Smoke** 많은 화이트와인에서 Smokiness라고 지칭한다.
- **Soave(소아브)** 이탈리아 화이트와인의 포도품종 중의 하나이다. 항상 여러 포도품종과 블랜딩하게 되고 주로 북부 이탈리아에서 생산된다. 특히 병입 후 1~2년 이내에 마시는 것이 좋다.
- **Sommelier** 와인이 준비 되어 있는 레스토랑에서 와인을 전문적으로 서브하는 종사원을 말한다. Wein Captaun(포도주 파는 사람), Wine Steward, Wine Waiter 등
- **Sonoma(소노마)** 캘리포니아 나파 벨리와 버금가는 최고의 와인을 생산하는 지역으로 샌프란시스코의 북부 해안에 위치한다.
- **Souple** 유연한 약간의 산미와 떫은맛이 균형 잡혀 있는 순한 와인이다.
- **Sour** 신맛을 느끼는 와인 테이스팅 용어로 탄닌이 약간 있는 쓴맛 구별해야 한다.
- **Soutirage(쑤띠라즈)** 와인에 나쁜 영향을 끼칠 수 있는 찌끼를 제거하기 위해 와인을 다른 오크통으로 옮기는 작업이다.
- **Spatlese** (독일) Kabinett보다 나은 와인
- Spicy 와인의 맛을 표현할 때 쓰이는 와인 테이스팅 용어로 게뷰르쯔트레미너 포도 품종으로 만든 와인일 경우 스파이시 하다는 표현을 주로 쓴다.
- **Spritzig** (독일)아직 화이트와인 상태에다 생명을 불어넣어 주는 2차 발효과정
- **Spumante(스푸만떼)** (이탈리아) 발포성 와인

- **Stalks** 잘 익지 않은 포도로 만들어진 와인에서 나는 포도꼭지 냄새
- **Stabilisation(쓰따빌리자씨옹)** 와인은 발효 후 일정 기간 동안 안정화가 필요한 일련의 과정이다.
- **Stiff** Dumb와 같은 의미
- **Still wine** 발포성이 아닌 탄산가스가 없는 일반적인 와인
- **Structure** 와인의 골격과 와인의 전반적인 구성을 의미한다.
- **Stuffing** 코트 더 뉘나 생테밀리옹 등의 레드와인에서 주로 나타나는 바디나 특성을 의미한다.
- **Sugar Content and Acidity** 설탕 함량과 산도
- **Sulfitage** 아황산염처리로서 질병이나 사고를 예방하거나 효모를 선별하기 위해 포도즙이나 와인에 유황액을 첨가하는 것을 의미한다.
- **Sulphury** 방부제로서 황성분이 있는 값싼 화이트와인에서 흔히 나는 뜨겁고도 코가 근질거리는 와인이다. 와인이 공기와 충분히 접촉되면 이 성분은 없어진다.
- **Supaetlese(슈페트레제)** (독일어) "늦은 수확"이라는 뜻이다. 이 와인들은 주로 달콤하고 품질이 좋으며 일반 와인등급 보다 좀 더 비싼 와인들이다.
- **Superior(수페리오르)** (포르투갈) 알코올 함량이 규정보다 1% 더 높은 고급와인
- **Supple** Hard의 반대 의미이다.
- **Sweet** 달콤한
- **Sweetness** 으깨어진 포도즙의 천연 당분은 효모에 의해 분해되어 알코올로 변하는데 완전히 분해되지 않고 약간의 당분을 남겨둘 수 있다. 이러한 발효 과정 시 당도 측정을 하여 잔류당분의 양을 조정할 수 있다. 와인의 단맛은 잔류당분의 양에 따라 차이가 나고 보통 당도가 최저 0.5~1%일 때 느끼기 시작되며, 당도가 2~2.5%일 때 단맛이 강하여 맛있게 느껴진다.
- **Syrah(쉬라)** 더운 기후인 프랑스 남부 론강, 랑그독 루씨옹에 지역에서 많이 재배되는 적포도 품종이다. 쉬라를 사용한 와인은 초기에는 쓴맛이 많이 나지만 오랫동안 보관해 두었다가 마시면 제 맛이 특징이다.

T

- **Table Wine** 14%미만의 알코올 도수를 함유한 와인으로서 주로 식사할 때 함께 마시는 와인이다. 일명 Beverage Wine 이다.
- **Tablier(타블리에)** (프랑스) 소믈리에가 사용하는 앞치마
- **Tafelwein** (독일) 일반적인 테이블 와인
- **Tannin** 자연적인 폴리페놀 물질로서, 쓴맛 혹은 수렴성이 있어서 입안에서 떫은맛을 느끼게 한다. 탄닌은 포도의 껍질과 줄기 그리고 씨앗에서 생기게 되고, 오크통에서 숙성할 때 나무와의 접촉에서도 이 물질이 생긴다.
- **Tartrate(타르트레이트)** 주석산과 칼슘이나 칼륨이 결합하여 생긴 주석 결정체
- **Taste** 혀로 느낄 수 있는 맛
- **Tastevin(따스트 방)** (프랑스) 은으로 만들어진 얇은 잔으로서, 소믈리에 전문 와인 테이스팅 기구이다. 프랑스의 부르고뉴 지역에서 사용하기 시작했는데 레스토랑에서 많이 사용되고 있다.
- **Tawny** 나무통 속에 숙성된 적갈색의 포트와인의 호박색
- **Tawny Port** 오크통에서 약 5년 이상 숙성되는 동안 황갈색으로 변화된 와인이다.
- **Terroir(떼루아)** (프랑스) 와인을 재배하기 이한 제반 자연조건을 총칭하는 용어로서, 토양, 포도품종, 기후 등이 떼루아을 구성하는 주요 요인이다.
- **Tete de Cuvee(테트 드 쿠베)** 브루고뉴의 제1급 와인 산지이며, 그대로 A.O.C 급이다.
- **The Grape Cycle** 포도생육의 1년 주기
- **Tino** (스페인) 붉은
- **Tinto** (포르투갈) 레드와인
- **Tire-bouchon(티르 부숑)** (프랑스) 코르크스크루
- **Toasty** 그을린 오크통에 숙성한 와인의 오크향은 어딘지 모르게 숯불에 구운 듯한 향을 의미하며 이때 표현되는 단어로서 특히'Heavily toasted'라는 표현은 구운 듯한 향이 아주 강할 때에 한다.

- **Topping(토핑)** 오크통에서 숙성 중인 와인은 그 양이 조금씩 감소하기 때문에, 정기적으로 빈 공간을 동일한 와인으로 가득 채워주는 작업을 의미한다.
- **Tranquille(트렁낄)** 발포성이 없는 일반적인 와인
- **Treading(트리딩)** 스페인이나 포르투갈에서 포도를 밟아서 으깨는 작업
- **Trie(트리)** (프랑스) 선별, 선택의 뜻으로 잘 익은 포도만 골라서 수확하는 일. 보 트리티스 곰팡이가 낀 포도의 수확은 이렇게 한다.
- **Trocken** (독일) 드라이 와인
- **Trockenbeerenauslese(트로켄 베렌하우스레제)** 독일에서 생산되는 비싼 디저트 와인이며 가장 당도가 높은 범주에 속하는 감미로운 와인이다. 독일어로 "건포도의 선택"이라는 뜻을 가진 이 와인은 거의 건포도 가 될 정도로 농축된 포도를 하나씩 골라서 만든 와인이다.
- **Truffles** 은밀한 송로향

U

- **Uni Blanc(위니 블랑)** 코냑에 사용되는 포도품종
- **Unresolved** 와인이 복합적인 조화를 이루기에는 아직 충분치 못한 상태
- **Uva(우바)** (이탈리아) 포도

V

- **Vanilla** 참나무통 속의 성분이 밴 와인이나 브랜디에서 볼 수 있는 향
- **Variety** 포도품종
- **Vat** 오크통, 와인이나 일반주류의 발효 및 저장용 단위탱크

- **V.D.N.(뱅두나뛰렐)** 사향포도, 그루나슈, 마까베오와 그리스산 많은 당분이 있는 포도로 생산하는 천연 감미 와인이다. 재배법에 관한 엄격한 기준에 부합하는 와인이다.
- **Vendimia** (스페인) 빈티지
- **Vegetal(베제딸)** 풀이나 식물을 연상케 하는 와인 향이나 향기
- **Vermouth Dry** 감미가 없는 방향성 아페리티프 와인으로서, 주로 칵테일 조주 시에 사용된다. 일명 프렌치 버무스 라고도 한다.
- **Vermouth Sweet** 감미가 있고 방향성이 높은 적색 아페리티프 와인으로서 주로 칵테일 조주 시에 사용된다. 일명 이탈리안 버무스 라고도 한다.
- **Vert(베르)** 산미가 강하여 완성되지 않은 풋풋한 비숙성 와인
- **Vieille Reserve(빌레 레저베)** 꼬냑의 일종으로 6년 이상 숙성된 꼬냑
- **Vif(비프)** 신선하고 약한 와인을 나타내며 신맛이 있으나 지나치지 않아 상쾌한 느낌을 준다.
- **Vigorous** 젊고 발랄한 와인
- **Village(빌라즈)** 넓은 의미인 원산지명내의 특별지역을 구분 짓기 위해 일부 지역(보졸레, 꼬뜨 뒤론)에서 사용하는 용어로서 마을을 의미한다.
- **Vin(뱅)** (프랑스)와인
- **Vin Blance** (프랑스)화이트와인
- **Vin De Mesa(or De pasto)** (스페인) 테이블 와인
- **Vin Doux Naturel** 프랑스산 감미주(Fortified Sweet Wine)이다. 이 와인 종류의 대부분이 스페인 국경 근처의 지중해 연안 Grand Roussillon 지역에서 생산되며, 브랜디를 첨가하여 발효를 정지시키므로 높은 알코올 도수(약 17°)와 미 발효된 당분이 함유되어 있어서 감미를 느끼게 한다.
- **Vine(바인)** 포도나무
- **Vineyard(빈야드)** 포도밭
- **Vin Jaune** 프랑스 주라 지방에서 생산되는 황색 와인
- **Vin de garde(뱅 드 가르드)** (프랑스) 오래될수록 좋아지는 와인

- **Vin de Liqueur** (프랑스) 매우 스위트한 와인, 브랜디의 첨가로 알코올 도수가 약 18°의 높은 주정강화 와인
- **Vin Mousseux** 프랑스 샹파뉴 지방 이외에서 생산되는 발포성 와인
- **Vin Ordinaire** 테이블 와인
- **Vin Rose** (프랑스) 핑크빛 로제와인
- **Vin Rouge** (프랑스) 레드와인
- **Vina Vinedo(비나 비나도)** (스페인) 포도원이라는 뜻이다. 캘리포니아에서도 포도원의 이름으로 널리 사용하기도 한다.
- **Vinifera(비나베라)** 와인 제조 때 주로 사용되는 용어로 비티스(Vitis–포도나무)라는 최초 포도종의 학명이다. 현제 전 세계에 분포되어 있는 대부분의 좋은 포도종은 비티스 비니페라(Vitis Vinifera)에 속한다.
- **Vinfication(비니프꺄시옹)** 와인양조
- **Vinho(비뉴)** (포르투갈) 와인
- **Viniculture(비니컬쳐, 비니퀼티르)** 포도재배
- **Vino(비노)** (이탈리아, 스페인) 와인
- **Vino Bianco(비노 비안코)** (이탈리아) 화이트와인
- **Vino Corriente** (스페인) 병에 담지 않은 일반적인 와인
- **Vino De Cosecha Propria** (스페인)포도밭 소유자가 직접 만든 와인
- **Vino Tinto** (스페인) 레드와인
- **Vintage(빈티지)** 포도가 성장하는 계절 혹은 그해를 의미한다. 빈티지 와인은 적어도 95%이상이 같은 해에 수확된 포도로 생산되었을 경우이다. 와인을 만드는 포도를 수확한 연도를 의미하고 이는 와인의 레이블에 표기된다. 와인의 품질을 예측하고, 그 와인을 가장 좋은 시기에 마실 수 있는 중요한 정보이다.
- **Vintage Character Port** Crusted와 비슷하다.
- **Vintage Chart** 포도주의 생산년도와 작황을 알기 쉽게 표시해 놓은 표이다.
- **Vintage Port** 특별한 해의 와인으로 일찍 병에 담아서 저장한 와인이다.
- **Vintage Wine** 포도 농사가 잘 된 해에 제조한 우량 와인으로서, 해당 연도와 품종을 레이블에 표시하여 판매한다.

- **Viognier(비오니어)** 프랑스 론 벨리 지역에서 생산되는 화이트와인 포도품종
- **Violets** 여러 가지로 표현되는 와인 향기의 총칭이다.
- **Viticulture** 포도재배
- **Vosne Romance** 프랑스에서 잘 알려진 레드와인
- **VSOP(Very Superior Old Pale)** 4년 반 이상 숙성된 꼬냑

W

- **Weeper** 코르크 마개가 잘못된 와인 병
- **Wein** (독일어) 와인
- **Weingut(바인굿)** (독일어) 독일에서 와인이 생산되는 포도원
- **Weissherbst** 독일의 로제와인
- **Wein Kellerei** (독일) 와인 저장고
- **Weiss Wein** (독일) 화이트와인
- **White Port** 청포도로 만든 와인으로 드라이하므로 식전주로 사용된다.
- **Wine & Soda** 여름철에 즐겨 마시는 여름용 와인베이스 칵테일
- **Winemaker** 와인 양조장에서 와인제조를 책임지고 있는 사람으로 와인의 발효, 숙성 그리고 병입 작업까지 전반적인 과정을 책임진다.
- **Winery** 와인이 만들어지는 장소로서 와인 제조공장에 대한 미국식 명칭이다. 불어로는 샤또(Chateau)혹은 도멘너(Domaine)라고 한다.
- **Winzer(빈처)** (독일) 포도 재배자
- **Wood tannin(우드 탄닌)** 나무에서 생산된 탄닌으로 오크통 숙성에서 발생한다.
- **Woody** 와인을 테이스팅할 때 주로 쓰는 용어로 오랜 기간 동안 오크통 속에 보관된 경우 나무 향과 맛이 강해진다.

Y

- **Yeasty** 병 속에서 약간 발효가 되어 불안정한 냄새이긴 해도 이 효모의 냄새는 미성숙 와인에 있어서는 아주 매력적인 것일 수도 있다.
- **Yield** 제품을 전부 합쳐 구운 전량 또는 계산된 단위의 개수

Z

- **Zakuska** 전채요리 의미로, 식욕촉진제 또는 술안주
- **Zinfandel(진판델)** 캘리포니아에서 널리 생산되고 있는 포도품종

부록 2

와인매너와 상식

와인은 편안하고 즐겁게 마시는 외국의 술이다. 그동안 우리나라에서는 너무 형식적인 면에 치우치다 보니 오히려 와인을 가까이 하기 어렵게 되어 와인의 대중화에 한계가 되었다. 하지만 몇 가지 매너와 상식을 통해 얼마든지 와인을 즐길 수 있다. 와인은 공식만찬에서 식사의 하나의 코스로 취급되어 지는 테이블매너의 중요한 부분이다.

① 와인은 다른 음료와 달리 전문적인 다양한 표현들이 있다. 특히 영어뿐만 아니라 불어, 독일어 등 다양한 외국어 표기가 많은 것이 특징이다. 처음 와인을 접하는 사람들에게 와인이 어려운 이유는 아마도 이 때문일 것이다. 하지만 당황하지 말고 천천히 레이블 정보를 중심으로 소믈리에의 도움을 요청하고 레스토랑에서 엄선하여 준비한 하우스와인을 먼저 경험할 때 점차 재미있는 와인의 매력에 빠질 것이다.

② 남녀 구분 없이 그날의 호스트가 와인을 주문한다. 와인을 주문하고 테이스팅하는 과정에서 호스트는 상대방보다 너무 앞서가서는 안 된다. 상대방의 와인에 대한 수준에 맞추면서 배려하는 것이 중요하다. 와인 초보자에게는 편안하고 부담 없는 와인의 선택이 좋다. 복잡 미묘한 맛의 숙성된 고급와인은 오히려 초보자에게는 오히려 와인에 대한 거부반응이 있을 수 있다. 와인에 대한 장황한 설명은 자제한다. 대신에 선택한 와인에 관련된 에피소드와 재미있는 이야기를 몇 가지쯤 준비하는 것도 요령이다. 만일 와인에 익숙하지 않은 경우라면 와

인리스트를 요청하여 내용을 살펴보고 소믈리에 도움을 요청하도록 한다. 때로는 비즈니스 파트너에게 와인 선택을 양보하는 것도 매너이다. 모임의 형식이나 분위기이고 중요하다.

③ 비즈니스 미팅 시 적절한 와인가격대는 어느 정도가 좋을까? 공식적인 기준이 있는 것은 아니지만 주문한 요리가격과 비례해서 결정하면 된다. 만일 와인 한 병의 가격이 일 인의 식사가격 정도라면 충분할 것이다. 이때 레스토랑 와인리스트 가격은 내려갈수록 비싼 수준으로 제시되고 있는 점을 기억하면 도움이 된다. 또한 국가별 요리에 따라 양에 차이가 있으므로 요리에 대한 정보 요청도 필요하다.

④ 와인종류가 워낙 많기 때문에 자신이 경험하고 알고 와인을 찾아 주문하는 것은 한계가 있다. 이를 레스토랑 측에 불만을 표시해서도 안 된다. 따라서 레스토랑에서 와인선택 주문은 보통 주문한 음식의 색상, 요리방법, 소스와 어울리는 와인을 선택하면 된다. 음식의 맛과 와인이 조화롭게 섞여 최적의 맛을 내기 때문이다. 하지만 너무 형식에 구속받지 말고 자유스럽게 자신의 개성과 경험에 따라 선택을 하면 된다.

⑤ 레스토랑에서 가끔 변질된 와인이 나오는 경우가 있다. 이는 와인은 산화가 빠르기 때문에 병을 따두거나 보관 상태가 좋지 못하면 산화가 진행되어 불쾌한 냄새가 난다. 이때 환불이나 교환을 표시하기 보다는 다른 와인을 서브해 줄 것을 공손히 요청하는 것도 진정한 와인에 대한 매너이다.

⑥ 자신이 선호하는 와인을 외부에서 직접 레스토랑으로 반입할 경우에는 미리 가능여부를 확인한 후 이에 따라 준비한다. 특히 서비스를 받은 경우에는 코키지 비용에 대한 확인 후 요청하도록 한다.

⑦ 주문한 와인의 품질을 확인하는 것(테이스팅)은 호스트의 몫이다. 테이스팅을 할 경우에는 당황하지 말고 세련되고 자연스럽게 천천히 주문한 와인과 동일한 레

이블 여부 확인, 코르크의 상태, 와인색깔, 와인 향을 감상하고 한 모음을 머금고 와인 맛을 은미하고 평가하도록 한다. 이때 테이블에 쏟는 일이 없도록 주의한다. 또한 공식적인 자리에서는 와인을 입에 넣고 소리를 내거나 테이블 위에서 흔들어 테이스팅은 자제한다. 전체적인 와인의 밸런스가 좋으며 동의에 표현을 한다. 식사를 하다가 와인을 마실 때에는 냅킨으로 가볍게 입술을 닦아내어 립스틱이나 소스가 잔에 묻는 것을 주의하여 글라스가 깨끗하도록 한다.

⑧ 우리나라 술 문화와 달리 와인은 글라스를 들고 와인을 받지 않으며 첨잔(잔을 다 비우기 전에 채운다.)도 가능하다. 또한 같은 테이블에 앉은 사람들 끼리 서로 따라주는 경우도 드물다. 만일 글라스에 와인을 따를 경우에는 와인 병이 글라스에 닿지 않도록 주의하고 한 번에 많은 양의 따르지 않는다(1/3정도). 특히 병을 들어 올릴 때 와인이 흘러내리지 않도록 세심한 주의가 필요하다.

⑨ 와인글라스를 받을 때에는 두 손으로 잔을 들지는 말고 그대로 놔둔 채로 와인글라스 베이스 부분에 살짝 손을 올려놓고 가벼운 목례를 하면서 고마움을 표현한다. 와인을 사양할 경우에는 손바닥을 와인 잔에 살짝 올려놓는다. 이후 와인글라스의 다리를 잡고 중앙부분을 가볍게 부딪치며 건배한다. 잔을 돌리듯이 부딪치면 울림이 좋고, 깨질 염려도 없어 안전하다. 첫 잔의 건배는 호스트가 먼저 제안한다. 술을 못 마시는 경우에도 한 잔 정도는 받아 분위기를 맞추어 주는 것이 매너이다. 원 샷 하지 말고 천천히 음미하며 매너 있게 마신다. 와인 또한 알코올성 음료이기 때문에 취하도록 과음과 여러 종류의 와인을 섞어서 마시는 행동은 삼가도록 한다.

⑩ 모임의 형식이나 분위기를 정확히 파악하여, 공식적인 자리는 기본적인 서비스 절차에 입각해서 서비스를 진행해야 하고, 가족모임이나 가벼운 자리는 격식에 크게 위배되지 않는 범위 내에서 편안하게 서비스를 진행하면 된다.

복잡한 와인의 매너와 더불어 기본적인 상식은 다음과 같다.

① 비싸고 오래된 와인이 반드시 좋은 와인은 아니다. 와인은 포도품종에 따라 오래 보관할수록 좋을 수도 있지만 반대로 와인 본연의 맛을 잃을 수도 있기 때문이다. 보졸레 누보는 6개월에서 1년 내에 마셔야 하며, 샤또 블랑루스는 10년 이상 보관이 가능하다. 보통 레드와인은 1~5년 사이에 마시는 것이 좋으며 화이트와인은 1년 이내에 마신다. 비싼 고가의 와인이 반드시 좋은 와인으로 와인 맛이 우수하다는 것은 맞지 않는다. 와인을 마시는 사람의 개별적인 취향과 와인에 대한 경험에 따라 큰 차이가 있기 때문이다.

② 여러 종류의 와인을 마실 경우에는 생산 연도가 가까운 것부터 오래된 순으로, 샴페인, 화이트와인에서 레드와인으로, 라이트바디 와인에서 풀바디 와인으로, 시원한 와인에서 실온의 와인으로, 드라이한 와인에서 스위트한 와인으로 마시도록 한다. 하지만 이 보다 더 중요한 상식은 각 와인에 적합한 적정 온도를 준수하고 오감을 활용하여 천천히 마시는 것이 필요하다.

③ 와인 레이블은 신세계와 구세계에 따라 차이가 있다. 신세계 와인은 포도품종, 제조사, 제조연도가 표시되고 구세계 와인은 품종이 표시되지 않고 원산지 · 산지의 양조자가 표시된다. 구세계의 경우 한 품종이 아니라 2개 이상의 품종을 섞어 제조하기 때문에 별도로 품종을 표시하지 않기도 한다.

④ 마시기 좋은 와인은 순도가 높은 결점이 없는 것, 투명도가 높은 것이 좋다. 냄새를 맡았을 때 향이 풍부한 것이 좋으며 특히 과일향이 진한 것과 와인의 맛이 입 속에 오래 남는 것이 좋다. 이 밖 에 뒷맛이 깔끔하고 독특한 향이나 맛을 지녔거나 달고 시고 쌉쌀한 맛이 조화와 균형을 이루는 정도도 필요하다.

⑤ 육류에는 레드와인, 생선류에는 화이트와인이 궁합이 맞는다. 물론 대부분의 레드와인은 탄닌이라는 성분을 포함하고 있기 때문에 육류의 맛을 더 해주고 육질을 부드럽게 하는데 도움을 준다. 또한 화이트와인의 신선하고 상큼한 맛

이 생선의 비린내를 없애주어 생선의 맛을 한층 돋우어 주기도 한다. 하지만 와인은 그 음식의 주재료 뿐만 아니라 서양 요리에서 중요시하는 소스에 의해 좌우되기도 한다. 와인을 선택함에 있어 가장 중요한 것은 마시는 사람의 취향과 입맛이며 스스로 가장 맛있다고 느끼는 것으로 선택하는 것이 최상의 궁합이 된다.

⑥ 와인 레이블에 '샤또'라는 표기는 모두 고급 와인을 의미하지 않는다. 샤또는 프랑스에서 나오는 극히 제한된 와인에 붙이는 상표이다. 물론 그 중에는 1등급 샤또와 같이 맛과 품질이 보증돼 있는 와인들이 있기는 하나 샤또가 무조건 좋은 와인 보증은 아니다.

⑦ 와인은 마시기 전(30분~1시간)에 코르크를 미리 개봉해 놓고 기다리면 맛이 더 좋아진다. 하지만 이 과정을 통해서 새로운 와인향이 생성되는 것은 아니다. 와인의 질이 나쁜 와인은 미리 코르크를 열어두면 맛이 개선되는 것이다. 단순히 코르크를 열기 보다는 디켄딩이나 다른 용기에 옮기는 것이 더욱 효과적이다. 디켄딩이 여의치 않을 경우에는 차라리 글라스에 따라 놓고 음식이 나올 때까지 기다리는 것도 방법이다.

⑧ 와인 병 바닥이 움푹 깊게 파인 와인일수록 반드시 고급와인은 아니다. 이 모양은 부피가 줄어들어 같은 용량이라도 더 크게 보이는 효과는 있지만 와인 자체의 품질을 판단하는 기준은 아닌 것이다.

⑨ 와인의 알코올 도수는 12~14도가 대부분이다. 유럽 지역의 와인은 12~13도를 보이고, 미국 지역의 와인은 13도 이상을 가진다. 특히 주정강화의 포르투갈 포트와인과 스페인의 쉐리 와인은 30도 이상을 보이고 있다.

참고문헌

1. 국내 문헌

강무근 · 조한용 · 우문호, 관광외식 원가관리, 도서출판 효일, 2001.

강영욱 · 최인섭, 와인입문, 대왕사, 2010.

강찬호, 와인백과, 기문사, 2013.

고상동 · 김범태, 호텔서비스매너와 실무, 백산출판사, 2011.

김기재, 와인을 알면 비즈니스가 즐겁다. 2004.

김기홍, 와인문화와 산업, 대왕사, 2012.

김대철, 와인과 포도, 한올출판사, 2009.

김제간, 손에 잡히는 맛있는 와인이야기, 새로미, 2014.

김진국 · 김학재 · 조영효, 최신 와인학개론, 백산출판사, 2013.

김진수, 호텔외식식음료관리론, 새로미, 2013.

김준철, 와인, 백산출판사, 2007.

김희수 · 전홍진, 생활 속에서 만나는 와인이야기, 시공사, 2003.

김춘호 · 이상준, 와인소믈리에실무, 새로미, 2014.

남택영, 와인&소믈리에, 새로미, 2016.

박한표, 와인 아는 만큼 즐겁다, 대왕사, 2007.

서진우, 와인바이블, 대왕사, 2009.

신재용 · 박기용 · 정청송, 호텔레스토랑 식음료 서비스관리론, 대왕사, 2003.

손진호, 와인 테이스팅의 이해, Barom Works, 2007.

안대희 · 박병렬 · 최해수, 와인&소믈리에, 지식인, 2015.

이석현, 현대 칵테일과 음료이론, 백산출판사, 2002.

이순주 · 고재윤, 와인소믈리에 경영실무, 백산출판사, 2001.

이준재 · 안성근, 와인의 세계와 소믈리에, 대왕사, 2010.

원홍석 · 전현모 · 권지영, 와인과 소믈리에, 백산출판사, 2012.

허용덕 · 허경택, 와인&커피 용어해설, 백산출판사, 2009.

최병호 · 최희진, 최신 와인소믈리에 이해, 백산출판사, 2010.

최풍운 · 김효근, 호텔경영관리론, 백산출판사, 2013.

2. 국외 문헌

Angela Mariani, European Wine Exports: The Key Role of Trade Policy, Euro Choices : Agri-food and rural resource issues. vol. 13, 2014, p.46-53.

Bas van Bockel, Peter Wattel, New Wine into Old Wineskins: The Scope of the Charter of Fundamental Rights of the EU, European law review. Vol. 38, 2013, p.866-883.

Bradley J. Rickard, The economics of introducing wine into grocery stores, Contemporary economic policy, Vol. 30, 2012, p.382-398

Borras, Montse, Hotel Spaces, Rockport Publishers, 2008.

Durmus, The demand for Turkish wine, Applied economics letters. Vol 22, 2015, p.1355-1360.

Edward Oczkowski, Hristos Doucouliagos, Wine Prices and Quality Ratings, American journal of agricultural economics. Vol. 97, 2015, p.103-121.

Eisenbeis, Annette, Best Practice : Human Resource Management in the Hotel Business, AV Akademikerverlag, 2011.

Elroy Dimson, Peter L. Rousseau, Christophe Spaenjers, The price of wine, Journal of financial economics. Vol. 118, 2015, p.431-449.

Ferry, Steven, Hotel Butlers, the Great Service Differentiators, Booksurge Publishing, 2009.

General Books, Catering Management, General Books, 2010.

Jack A. Gilbert, Daniel van der Lelie, Iratxe Zarraonaindia, Microbial terroir for wine grapes, Proceedings of the National Academy of Sciences of the United States of America Vol. 111, 2014, p.5-6.

James Tar Tsaaior, New Wine, Old Wineskins, Journal of Asian and African studies. Vol. 48, 2013, p.97-113.

Kavana, Michael & Brooks Richard, Managing Service in Food and Beverage Operations, AHEI, 2011.

Matthieu Crozet, Keith Head, Thierry Mayer, Quality Sorting and Trade: Firm-level Evidence for French Wine, The review of economic studies. Vol. 79, 2012, p.609-644.

Richard Mitchell, Steve Charters, Julia Nina Albrecht, Cultural systems and the wine tourism product, Annals of tourism research Vol. 39, 2012, p.311-335.

저자 이력 및 경력

김효근(金孝根)

- 장안대학교 호텔관광학부 호텔경영과 부교수
- 충남대학교 법정대학 졸업
- 세종대학교 호텔관광경영학과 석사
- 세종대학교 호텔관광경영학과 박사
- 와인소믈리에마스터
- NCS 와인소믈리에 전문위원
- 한국국제소믈리에학회 이사
- 한국호텔관광학회 이사
- 호텔서비스사 자격검정 심사위원
- 조주기능사 자격검정 심사위원
- 와인소믈리에 자격검정 심사위원

WINE
BASIC
와인 & 소믈리에
서비스

발행일 2022년 8월 16일

저 자 김효근
발행인 모흥숙

발행처 도서출판 새로미
주 소 서울 용산구 한강대로 104 라길 3
전 화 TEL : (02)523-5903~4
팩 스 FAX : (02)2693-2437

E-mail seromi@seromi.kr
Homepage www.seromi.kr

ISBN 978-89-6476-799-3 93590
정가 20,000원